An Intellectual Odessey to the East

西途东归

朝向中国道路的思想突围

章永乐 —— 著

中国出版集团 东方出版中心

图书在版编目（CIP）数据

西途东归：朝向中国道路的思想突围 / 章永乐著.
－上海：东方出版中心, 2023.8
ISBN 978-7-5473-2244-4

Ⅰ.①西… Ⅱ.①章… Ⅲ.①社会科学－文集
Ⅳ.①C53

中国国家版本馆CIP数据核字（2023）第144578号

西途东归：朝向中国道路的思想突围

著　　者　章永乐
责任编辑　万　骏
封面设计　钟　颖

出 版 人　陈义望
出版发行　东方出版中心
地　　址　上海市仙霞路345号
邮政编码　200336
电　　话　021-62417400
印 刷 者　上海颛辉印刷厂有限公司

开　　本　890mm×1240mm 1/32
印　　张　11
字　　数　260千字
版　　次　2023年10月第1版
印　　次　2023年10月第1次印刷
定　　价　68.00 元

我捞起岛屿

和星星般隐逸的情感

我亲吻每一座坟头

让它们吐出桑叶

在所有的河岸上排成行

划分着大江流向

划分着领土

——海子《东方山脉》

献给外祖父，逝去的老竹篾匠、游击队员

一个品书人的"西途东归"（自序）

一

　　据《大唐大慈恩寺三藏法师传》记载，玄奘法师前往天竺取经，在那烂陀寺等地精修佛法十余年，学成之后，代表戒日王朝君主信奉的大乘佛教，参加在曲女城举办的辩论会，向代表其他教派的天竺高僧发起论战，大获全胜。[①] 玄奘法师载誉东归后，十九年内翻译经论达七十五部共一千三百三十五卷，其翻译强调译文的忠实、精准，成为佛典翻译史上的一大分水岭。而玄奘法师奉唐太宗之命口述成文的《大唐西域记》，可谓法师学术工作之外的"智库"工作成果，获得了唐太宗亲笔批示，为唐初中央政府处理西域军政事务提供了重要的参考，后来更是成为那些疏于记录历史的南亚国家考古发掘和历史叙事重建工作的重要指南，可谓中国古代"区域国别学"研究的经典文献。这段故事在今天成为多元文明交流与互鉴的佳话。玄奘仰视天竺的经典，而他背后的大唐在政治与文化上是充满自信的。

[①] 慧立、彦悰：《大唐大慈恩寺三藏法师传》，高永旺译注，北京：中华书局 2018 年版，第 297—299 页。

不过，《西游记》所普及的玄奘法师形象是围绕着"西天取经"展开的，并没有涉及法师写作《大唐西域记》的情节；故事的背景里只有"东土大唐"在西域的威望，但没有大唐在西域的开拓，这大概和明朝的讲述者、编辑者与西域的心理距离感有关。自20世纪80年代以来，不知道有多少负笈海外的中国留学生的脑海中浮现过这个普及版的玄奘身影：他前往"西天"取经，在留学目的地获得殊荣；"西途东归"之后致力于精译佛经，"普渡众生"。这个形象对我们这些留学生来说，具有极大的激励意义。玄奘所求取的"真经"，乃是精神秩序的经典，大唐在物质层面是否比天竺更发达，并不会影响这些经典的价值。与此不同的是，20世纪80年代以来，中国留学生之所以踊跃前往西方，首先是因为长期以来，西方在物质力量的层面对非西方世界形成"降维打击"，进而在精神层面将自身树立成现代文明的典范，造就了一种深入人心，乃至于不言自明的信念：要建设现代文明，不能不师法西方。

留学成为一股大潮，并非从20世纪80年代才开始。如果说选派"留美幼童"只是清政府小范围内的试验，在1905年清廷废除科举制度这个本土传统积淀最为深厚的人才认证与选拔机制之后，留学作为晋身之途的地位不断上升，而日本在当时是接受中国学生最多的留学目的国。仅1905年，中国留日人数就从1904年11月的2557人猛增至8000余人。[①] 而从1908年到1910年前后，中国留欧学生总数亦不过约500余人[②]，留美人数更少。留日路途近、耗资少，中日语言相近，更重要的是，日本经过明治维新，从西方眼中与中国同列的所谓"半文明国家"跻身于与西方列强同列的"文明国家"，其"速成"的改革包含了对西学的选择性吸收与转化的经

---

① 董守义：《清代留学运动史》，辽宁人民出版社1985年版，第196页。
② 王奇生：《中国留学生的历史轨迹》，湖北教育出版社1992年版，第57页。

验，对当时中国的许多决策精英具有很大的吸引力。如此，东渡就成为一种间接的"西天取经"，而法政类专业则是最为热门的留学专业。许多近代中国的大人物与大事件都与留日有关——同盟会是在日本成立的，晚清革命派与立宪派的主要论战，也是在日本发生的，民初革命派阵营仍然以日本为基地进行反对袁世凯的动员；许多重要的思潮都是从日本传入的。即便在北洋政权内部，留日精英从数量上同样远超留美、英、法、德、俄等国的精英。

第一次世界大战摧毁了战前的"大国协调"体系①，战后的巴黎和会与华盛顿会议未能重建有效的"大国协调"。随着大国之间模式与道路的竞争加剧，中国留学生的目的国进一步多样化，在日本之外，英、美、法、德、比、奥都吸纳了不少中国留学生。但随着时间的推移，留学美英两国的比例不断上升。国民政府又比北洋政府对于全国教育具有更强的掌控力，对留学的学科方向进行调节，使得学习理工农医（即所谓"实科"）的比例有所上升。钱锺书的小说《围城》描绘了当时的留学生态以及不同留学生群体之间的"鄙视链"。而代表了新的社会模式与道路的苏联，则成为日本与西方列强之外的选项，许多怀抱革命理想的中国青年前往莫斯科东方劳动者共产主义大学、中国劳动者孙逸仙大学（简称"中山大学"）、伏龙芝军事学院学习政治与军事。

自从 19 世纪以来，中国已经有好几波"西天取经"的潮流，但是不管中国人多么虔诚地学习，认真地自我批判，总是很难获得列强的接纳，甚至不断遭遇到新的打击。在 1949 年所作的《论人民民主专政》中，毛泽东梳理了 1840 年以来中国人向西方寻求真理的浪潮，提出了这样一个问题："很奇怪，为什么先生老是侵略学生

---

① 参见章永乐：《"大国协调"的重负与近代中国的"旧邦新造"》，《学术月刊》2023 年第 3 期。

呢？"①这是个发人深省的问题，直击旧国际体系的本质。

事实上，在近代世界史上，自居文明"教师爷"的列强不仅喜欢侵略"学生"，它们相互之间的相处之道也好不到哪里去。近代欧洲战争法产生于列国并立的格局，主要关注战争应当以什么样的程序来发动和进行，但并不限制战争本身。在美国通过第二次世界大战确立在西方阵营内"定分止争"的霸主地位之前，欧洲列强相互之间开战是家常便饭。俄军、普军曾经占领巴黎，法军曾占领莫斯科、柏林，而欧洲的弱国命运甚至可以比中国更悲惨，比如波兰曾经数次被列强瓜分。在 20 世纪战争法进入到"限制战争"阶段后，它在很多时候又成为区域或全球霸权国家借以实现自己利益的工具，中东欧的地图一再被重画。

法国学者、七月王朝的首相弗朗索瓦·基佐（François Guizot）曾经为欧洲列国并立的状态而自豪，认为在这种状态下，没有一种原则、组织或势力能够主导欧洲，这使得欧洲孕育了充满多样性和丰富性的文明，具有极大的优越性。②基佐用"自由"和"多元"的话语将猛兽式的竞争乃至战争包裹起来。后来的事实告诉我们，20 世纪的两次世界大战都发源于欧洲，21 世纪规模最大的战争，也同样发生在欧洲。在 18—19 世纪，即便是欧洲的国家，在实力弱小并缺乏有利的大国均势条件时，其生存往往也是岌岌可危，亚非拉广大殖民地和半殖民地的民族和人民，面对的游戏规则只会更加严酷。

批判的武器终究无法替代武器的批判。在中国赢得抗美援朝，证明自己的组织力已经今非昔比之后，各位自诩的"教师爷"们就

---

① 毛泽东：《论人民民主专政》，《毛泽东选集》第 4 卷，北京：人民出版社 1991 年版，第 1470 页。

② 基佐：《欧洲文明史：自罗马帝国败落起到法国革命》，程洪逵等译，北京：商务印书馆 2005 年版，第 25—28 页。

不敢随便对中国发动侵略战争了。在东西方对立的冷战环境下，虽然国家曾向意大利、丹麦、英国、法国、瑞士选派过少量留学生，但留学的主要目的国还是苏联、南斯拉夫等社会主义阵营国家，留学生以学习经济管理和自然科学为主。1949 年，在莫斯科养病的任弼时曾经向留苏学生提出建议，不主张他们学习政治、军事学科，原因在于其一，中国已经经历过马列主义的中国化，以后在政治上固然还要和苏联互相交换意见，但是苏联实行的现行政策中有很多是不适合中国情况的；其二，中国的军事干部主要从经过抗日战争和解放战争的军队干部中选拔，所以留学也没必要去军事院校。因此，留苏的学生最好去学中国紧缺的经济管理和自然科学知识。[①]任弼时对留苏学生的意见表明，留苏对于确立了新的政治主体性的中国来说，已经不是像清末民初的留日那样的人才晋升"快车道"了。而后来的中苏交恶，更是产生了深远的影响。与早年的留日与后来的留美相比，留苏很难说形成了一场持久而声势浩大的"运动"。

在冷战的高峰期，中国致力于突破两极格局，一方面按照"三个世界"理论争取"第三世界"国家支持，另一方面也致力于改善与美国的关系。自 1972 年恢复出国留学教育到 1976 年底，中国向 49 个国家派出 1629 名留学生[②]，留学目的国中大部分是亚非"第三世界"国家，但也有英、法、意、西德、西班牙、加拿大、澳大利亚等西方发达国家，体现出 1972 年尼克松访华带来的深远影响。中美在 1979 年正式建交前一年即达成非官方协议，中国向美国公派留学生。1981 年又在国家统一公派之外增加了单位派遣和个人自费

---

① 李鹏：《李鹏回忆录（1928—1983）》，北京：中国电力出版社 2014 年版，第 164—165 页。

② 冉春：《留学教育管理的嬗变》，济南：山东教育出版社 2010 年版，第 179—180 页。

留学两个渠道。随着中国对外开放的推进，新一波的留学大潮形成了。统计表明，从 1872 年到 1978 年的百年间，我国出国留学人员总数不过 14 万人，但从 1978 年至 2017 年底，我国各类出国留学人员总数达到 585.71 万人。[①] 在 20 世纪 80 年代，中国就已经成为世界上向国外派遣留学生最多的国家，而美国成为中国留学生第一目的国，如 1987—1988 年度派出的 42481 名留学生中，有 25100 人流向了美国，同期前往英国的仅 410 人。[②]

在冷战结束之后，作为单极霸权的美国所代表的模式和道路获得了前所未有的影响力。20 世纪 90 年代以来，自费留学的规模不断扩大，至今已经呈现"中产化"的趋势。虽然国家公派留学生逐渐重视留学目的国的多元化，美国政府近年的限制政策也导致部分留学生转向英联邦国家，但对于自费留学大军而言，美国作为第一目的国的地位仍然不可撼动。与之前的留苏学生相比，留美学生学习人文与社会科学者为数众多。在许多领域，留美归国人员在很长一段时间里也拥有"快车道"待遇。但对于有情怀的留学生而言，留学并不仅仅是一条让自己向上流动的进身之途，它更是"为中华崛起而读书"的需要，而向最"先进"的现代化国家学习，是中国加快自身的现代化建设的必由之路。毫无疑问，派遣留学生，对于中国学习先进科技和治理经验，推动科技进步、产业升级和国家治理体系与治理能力现代化，起到了非常重要的作用。

然而，21 世纪的留学潮流开始出现了不同以往的历史走向。2001 年加入 WTO 之后，中国进一步加快了经济发展的步伐，在 2010 年名义 GDP 赶超日本，成为世界第二大经济体，进而不断缩小与美国经济总量的差距。同时，中国的科技进步与产业升级也呈

[①] 姜乃强：《40 年，归去来兮话留学——改革开放 40 年我国留学工作的回顾与展望》，载《教育家》2018 年第 31 期。

[②] 《中国留学生居世界之首》，载《人民日报》1989 年 4 月 2 日。

现加速之势。时势的变易，让美国执政精英对中国的发展产生深刻的戒备心理。在奥巴马的第二个任期，美国已经试图从其他地方进行战略收缩，以将资源集中到亚太地区，实际上就是针对中国。2017 年特朗普上任以来，更是剑指中国，发动贸易战、科技战，并在全球新冠疫情暴发之后四处散布关于中国的不实信息。2021 年上台的拜登政府继承了特朗普的诸多经贸和科技政策，同时更重视在国际上搞小圈子，进行舆论造势。在此背景下，美国政治精英对中国留学生的态度也在发生变化。在特朗普任内，美国共和党鹰派联邦参议员汤姆·科顿（Tom Cotton）强烈主张限制中国留学生学习 STEM（科学，技术，工程，数学）专业："我们可以让他们来美国学习莎士比亚和《联邦党人文集》，而不需要在美国学习量子计算和人工智能。"[1] 不久，美国形成了限制中国学生学习 STEM 的决策，大量中国学生拿到了美国高校的录取通知书，却因为签证受阻而无法成行。

如果说近代中国反复遭遇的是"先生为什么老是打学生"的问题，当代中国碰到的却是"教师爷"担心自己饭碗不保的问题了。科顿们所期待的是中国的政治社会制度向美国靠拢，但科技和产业水平保持在低端，便于美国资本"割韭菜"，而现实发生的情况恰恰相反，他们的失望和强烈反应可想而知。但是，科顿们认为让中国留学生学习莎士比亚和《联邦党人文集》，就可以改变现状，那还是把事情想得太简单了，因为在"教什么""学什么"之外，还有"怎么教""怎么学"的问题，不同的教法和学法，带来的结果是非常不一样的。

---

[1]　Alexandra Sternlicht, "Senator Tom Cotton Ramps Up Anti-China Rhetoric, Says Chinese Students Should Be Banned From U.S.", Apr 26, 2020, https://www.forbes.com/sites/alexandrasternlicht/2020/04/26/senator-tom-cotton-ramps-up-anti-china-rhetoric-says-chinese-students-should-be-banned-from-us/?sh=197733d999a2.

二

我恰好属于科顿参议员想象的读莎士比亚和《联邦党人文集》的留学生群体。在 21 世纪初赴美攻读政治学专业博士学位的学生之中，大部分人读的其实是比较政治学（comparative politics）。我在 2003 年初进入加利福尼亚大学洛杉矶分校政治学系的时候，也被分派了研究比较政治学的导师，但我很快转向直接研读西方经典文本的政治思想史研究。这固然跟我原来的理论兴趣有很大关系，但另外一个重要原因在于，在美国做比较政治，当然不能不在美国的学术知识体系内提出问题，几乎不可能避免"民主/威权"这样一种两极对立的政体分类；长期以来，业内对中国的根本兴趣也在于政体的变革。中国留学生通常被期待做既有理论范式之下的学徒，如果要在国际刊物上发表文章的话，套用已有的理论范式通常是最为便捷的路径，"另起炉灶"者必然会面临职业发展上的巨大阻力。然而，"民主/威权"这样的对于政治事物的简单命名，在重申美国的制度自信同时，也将中国客体化了，阻碍了对中国政治文明自身的价值观和理想图景的深入探讨。

相比之下，研读莎士比亚和《联邦党人文集》这种西方历史上的经典作品，反而让我感到更放松一些，因为它们与当代中国及当代西方都有一定距离。而在政治理论研究领域，还留有一点"经学"色彩的规范政治理论（normative political theory）本身已经多元化了，有自由主义的进路，但也有社群主义、女性主义等进路；但更具有跨学科影响力的并不是将文本神圣化的"经学"路径，而是强调差异和变迁的史学路径。值得一提的是，虽然是在政治系就读，我受到的最大的学术影响来自博士论文导师委员会上的两位历史学教授，一位是西方马克思主义史学的重镇佩里·安德森（Perry

Anderson），另外一位是"微观史"的重镇卡洛·金兹堡（Carlo Ginzburg），我的博士论文实际上是在金兹堡教授的指导下完成的。

我是在 2004 年左右认识佩里·安德森的。几次交流之后，他就让我把自己写的比较满意的文章发给他看。我给他发了两篇写得比较用心的课程论文，一篇论尼采对莎士比亚《哈姆雷特》的探讨，一篇论托克维尔的帝国观念。他很快给我回复，先赞扬我选了很好的题目，然后很快给出他的诊断：我有比较强的寻找经典文本中的张力的意识，但是，我的努力方向基本上是假设作者有一个一以贯之的意图，然后帮助作者把话说圆，这在很多情况之下，是非历史的（a-historical），因为作者自己未必有那么连贯的意图；那些充满创造性的经典作者的文本中往往充满着断裂和滑动，而这些断裂和滑动往往源于作者运用他们所继承的语言来面对前人未能深入思考的问题进行探索所带来的困难，它们往往是一个作者文本中极有启发性的部分，通过对它们的反复推敲，有可能创造新的理论语言。这些评论给我带来了很大的触动，只不过在当时，我还不知道他的这些心得体会直接源于他对葛兰西《狱中笔记》的深入分析。此后不久，我担任了安德森的研究助理，帮助他在图书馆查找和复印资料。我们经常就一些思想文献的解读进行讨论，而他每次的评论总是包含着许多让我感到意外的思想火花。

在安德森的引荐下，我又认识了卡洛·金兹堡教授，选修了由他讲授的一个马基雅维利研讨班。这是一个细读马基雅维利文本的研讨班，我们经常就一小段文字讨论两三个钟头，比较不同的研究进路所给出的解释。但我们不仅是在读马基雅维利，更是在探讨马基雅维利是如何阅读古人和同时代人的，探讨他的阅读方式中究竟有哪些习惯和倾向。他对施特劳斯学派和剑桥学派，都有自己的判断，认为前者具有惊人的洞察力，但对文本的解读方式经常是非历史的；后者虽然强调历史性解读，但其"历史语境"的线条过于粗糙。在选课的同时，我读了金兹堡的成名作《奶酪与蛆虫》(*The Cheese and the Worms*)[①]，这本书的核心部分是探讨一个 16 世纪的磨坊主如何以自己特有的方式阅读了 11 本书，形成一个在天主教宗教裁判所看来荒诞不经的世界观。合上《奶酪与蛆虫》，我也理解了金兹堡对马基雅维利解读方法的来路：从根本上，马基雅维利也类似于磨坊主梅诺乔，通过自己头脑中的一个漏斗，来接受和转化信息，阅读马基雅维利的关键，在于找到那个接受和过滤信息的漏斗。不久后，金兹堡教授加入了我的导师委员会，全程指导了我的博士论文写作。

回望过去，批判式的阅读方法，大概是我在美国留学期间学到的最有价值的东西，而那些具体的知识细节反而是其次的收获。我反复目睹国际顶尖的学者是如何对一个西方经典文本进行庖丁解牛式的阅读，其结果是，那些经典文本失去了其半神圣的光环。我学习它们，不是为了把它们供起来顶礼膜拜，而是要理解它的作者是如何生产出这些文本的，这些文本针对什么样的听众，提出了什么样的问题，给出了什么样的答案，进行了什么样的论证，包含了什么样的盲点和内在矛盾，最后引发了什么样的反响。我想，这大概不会是汤姆·科顿参议员乐于见到的留学生在美国接受的教育方式——这种教育方式培养出来的绝不可能是将美国当代暂时的秩序原理奉为圭臬的"接轨论"者。

2008 年，在美国金融危机全面爆发之前，我从加利福尼亚大学回到北大任教。与玄奘时代相比，今天在物理上的"东归"可谓极其便利，只要十个钟头，就可以从美国回到中国。但是，在当时，我所回归的是一个充满争议的学术思想环境。中国的经济正在高速

---

① 中译本为卡洛·金兹堡：《奶酪与蛆虫：一个 16 世纪磨坊主的宇宙》，鲁伊译，桂林：广西师范大学出版社 2021 年版。

发展，但它引发的知识反应是分化的，一种意见认为中国的经济崛起恰恰为总结和弘扬中国自己的秩序原理提供了条件，讨论"中国道路"乃至"中国模式"的条件已经成熟；另一种意见认为经济崛起恰恰为社会政治秩序上的进一步"接轨"准备了条件，比如说，更为活跃的市场，更为庞大的中产阶级群体，更为强烈的个人权利意识，等等。在后者的眼里，前者代表着对"中国特殊论"的张扬，对普遍主义的否弃，是"民族主义"和"民粹主义"的知识表现。用"尊经"的态度对待当代西方的主流秩序主张，在当时是更为常见的立场。

推动思想版图演变最重要的因素，仍然是时势的变化：第一是中国经济的持续发展和国际影响力的持续增长，尤其是随着"一带一路"建设的持续推进，中国的发展道路获得了越来越多发展中国家的重视；第二是"接轨论"试图去接的"西轨"，不断遭遇新的危机——美国的金融危机、欧洲的债务危机，还有美欧在中东"输出民主"造成更大乱局，并加剧了欧洲难民危机，而欧盟的危机又导向了英国的"退欧"……而特朗普在2016年竞选上台，更是对"接轨论"造成了巨大的打击，这位总统主张"美国优先"，反对"全球主义"，其言行经常具有浓厚的种族主义色彩；特朗普的很多政策，又被后续政府所继承。"接轨论"对这两个方面都无法给出令人信服的解释，不是陷入失语状态，就是认为当下出现的各种状况是中国过于"高调"所造成的，回归"低调"将有可能带来关系的修复。但这完全是一种一厢情愿的想法，完全低估了美国统治精英的智商和产业情报能力。

在今天，中国的战略决策层已经提出了"中国式现代化"与"中华民族现代文明"的概念，由此确认，当代中国的社会政治秩序具有自身的秩序原理，而且这种秩序原理并不是在近代以来才形成的，而是根植于中国的五千年文明历史。阐明这种秩序原理可以在认识上带来更为深入的"道路自觉",但阐述者必须有勇气穿越层层累积的成见和通说,辨认与界定中国特有的一系列观念与实践,进而提炼这些观念与实践中包含着的可适用于更广泛时空的原理,而不仅仅是描述其对于特殊时空的嵌入和回应。如果说近代中国积极从西方的经验中寻求真理,而现在恰恰要打破多年以来的"路径依赖",从"做题家"转向"出题人",有勇气以自身的经验为出发点来寻求具有更大解释力与更广泛适用性的原理。"西途东归"的指向,不是别的,而正是中国"自主知识体系"的建构。

一定会有人追问:在倡导文明交流互鉴和全人类共同价值的今天,为什么还要区分"西"与"东"呢?"无问西东"难道不是更有德性的思想姿态么?对这一问题,可以有两个方面的回答:第一,无论是"文明交流互鉴",还是"全人类共同价值",都是以承认不同文明之间的差异为前提的,如果人类真的已经融合成了一个单一文明,那也就无所谓文明交流互鉴,也无所谓从差异之中努力提炼"共同价值"(common values);第二,从语言的用法上说,我们确实需要假定,真正的普遍性的"大道",就其定义而言,就应当具有广泛的通用性。但问题的复杂之处在于,人类社会即便对于何谓"普遍性",都未必有完全一致的共识。

正如赵汀阳在《关于普遍性与特殊性的一个注解》中所指出的那样,西方形而上学对于"普遍性"与"特殊性"的界定,与中国传统哲学思想存在很大的差异。中国传统哲学思想一般认为,普遍性不是事物(thing)的性质,而是方法(way)的性质,"这种方法论意义上的普遍性等价于通用性,即在多种时间或多处空间中都管用"[①]。但绝大多数的方法也是"有限普遍"的,真正达到完全通用

---

① 对这一差异的洞见,参见赵汀阳:《关于普遍性与特殊性的一个注解》,载《东方学刊》2021年第1期。

性的方法只能是"无法之法",即能够顺应一切可能性的应变之道。正是在这种思维模式的基础之上,当代中国形成了关于经济与政治发展的如下常识:在经济发展方面,自由贸易也好,贸易保护也好,都是一些具体的做法,都很难被视为"普遍"之物,但是,如何根据不同的时势综合运用自由贸易和贸易保护来获得更大发展的方法,却可以具有更大的通用性;在政治发展方面,具体的政党制度和选举模式,很难被视为普遍之物,但如何满足人民不断增长的物质文化需求和精神需求(包括政治参与的需求)的方法,却具有更大的跨国、跨区域和跨文明的借鉴价值。

中国战略决策层提出的"全人类共同价值",其对应的英文翻译是 the common values of humanity 或 the shared values of all humanity,但不是 the universal values of all humanity。这并不是偶然的。"普遍性"(universality)是一个具有沉重负担的词汇。赵汀阳指出,在西方形而上学中,普遍性是属于存在本身的一个本质,与存在本身的其他本质密切相关甚至互相注解,包括必然性、永恒性、确定性乃至完美性,而特殊性的存在因为不能满足以上标准,所以是暂时的、局部的、表面的而且是终将消失的。西方形而上学由此确立了普遍性高于特殊性的价值等级。要严格证明必然性、永恒性、确定性乃至完美性,无疑需要极高的标准。但在这种观念结构之下,我们经常看见一种"短路式"的操作,就是将"普遍的"等同于"成功实现普遍化"的,即将人为推广的一种特殊事物,直接断定为"普遍性"的代表。

这种"短路"式的操作对于霸权(hegemony)力量而言经常是有利可图的,因为霸权不能光靠强制(coercion)来运作,它还会努力论证自己主张的选项是普遍的,其他的选项都是特殊的、个别的乃至于邪恶的,不具有上升为普遍性代表者的资格,一旦这样的论证带上真理的光环,获得受众的同意(consent),就可以极大地降低霸权的统治成本。① 比如说，自从 20 世纪 80 年代以来，许多人认定和论证撒切尔、里根和哈耶克的新自由主义代表着普遍的道路。在苏联解体后，正是这种知识进路推动俄罗斯的决策者主动接受计划经济体制转轨的"休克疗法"，而俄罗斯的经济实力也被这场改革进一步削弱，产业结构进一步单一化，人民的自信遭到了沉重的打击，从而进一步减轻了美国的地缘政治压力。而更多的发展中国家在新自由主义影响下，放弃了"进口替代"，拆掉了金融的"防火墙"，允许国际资本大进大出。转向新自由主义之后，一些国家也见证了暂时的繁荣，然而随之而来的就是国民财富被国际资本大规模"收割"，贫富分化进一步加剧。

新自由主义真的具有西方形而上学所界定的那种普遍性吗？站在今天来看，即便在西方内部，新自由主义也不过是一时的主流，美国的新政自由主义、欧洲的社会民主主义，都显然不同于新自由主义主张，更不要说追溯到更古老的经济主张了。即便在美国内部，反对新自由主义全球化的力量也已成燎原之势。2023 年 4 月，美国总统国家安全事务助理沙利文在布鲁金斯学会发表主题为"重振美国经济领导地位"的演讲，提出所谓"新华盛顿共识"，从根本上颠覆了 20 世纪 80 年代新自由主义的"旧华盛顿共识"，质疑市场配置资源的有效性，批评过度发展金融业对实体工业的伤害，主张政府应当推行产业政策，批评贫富差距对民主政治的伤害。因而，在今天，即便是美国官方也不会再主张新自由主义的普遍性。然而，不管西方的"今日之我"与"昨日之我"之间存在多大的矛盾，将自己一时一地的主张上升为"普遍性"并不断加以宣扬的行为习惯，依然根深蒂固。而且，由于非西方国家经济与政治影响力

---

① 本书对于"霸权"的探讨，采用葛兰西关于"霸权"包含"强制"与"同意"两方面的见解。关于葛兰西的霸权理论，参见佩里·安德森：《原霸》，李岩译，北京：当代世界出版社 2020 年版。

的上升，由于其他具有示范性的发展道路的出现，西方更需要通过不断重申自身的普遍性，来巩固内部的团结，这其实是一种防御性的，甚至是应激性的姿势。

毋庸讳言，我自己就是 21 世纪初从中国涌向西方的留学大潮中的一员。但幸运的是，我在加利福尼亚大学的老师们，恰恰给了我反思这种留学大潮所需要的学术思想训练。这种训练首先关注的不是一个文本的真理性，而是它是如何被生产出来的。而一旦关注生产的过程，认识到生产的各个环节都存在着各种不同的可能性，那么最后形成的文本，就可以被视为一系列选择的结果，是众多可能性中成为现实的那一种。这种思维方式天然倾向于追问"界面"背后的"源代码"，而对界面本身的"普遍性"持一种怀疑态度。

在研究西方的时候，这种思维方式总是倾向于将所见的事物历史化，关注西方内部包含的巨大差异和矛盾，揭示不同的力量持有的大相径庭的见解。一旦采取这样的观察与思考进路，就会慎于从一时一地占据主流的事物中直接推出普遍性。当然，只要西方关于普遍与特殊的观念结构保持稳定，哪怕遭遇种种基于历史的反证，前述"短路式"的操作仍然会层出不穷。

在过去的二十多年里，中国西学研究取得的一个长足进展，就是深入认识西方内部的"古今之争"。这对于破解各种简单化的西方面孔，具有极其重要的意义。毕竟，认识到西方的古人有可能会如何激烈地批评西方的今人，有助于阐明西方今人思维的局限性。不过，仅以"古西"来限制"今西"，距离认识当代中国道路包含的共通性因素还有一段路程。因为"古西"与"今西"的辩护者可以相互之间打得天昏地黑，但在碰到当代中国的时候，又可能很快结成统一战线。比如说，"古西"的辩护者施特劳斯（Leo Strauss）和沃格林（Eric Vogelin）对于"今西"的旗手波普（Karl Popper）不屑一顾，但三个人在冷战中其实是站在同一阵营之中，都支持美国，反对苏联与中国，只不过反对的理由有所不同：波普认为苏联与中国代表着"封闭社会"，而施特劳斯和沃格林认为社会主义代表着西方现代性发展出的一种极端形态，是对他们所推崇的古典更严重的背离。而他们对古代中国的评价会好多少呢？比如说，沃格林认为人类社会早期的帝国代表的是一种"宇宙论的真理"，超验真理和帝国秩序之间融为一体，这是一种"紧致"（compact）状态，缺乏超验价值和现世秩序之间的分殊（differentiation）。沃格林引以为豪的是，在西方文明中，超验价值与现实秩序的分离走得最远。这种自豪包含了对于近代西方将超验价值与现实秩序重新合一的种种思想的拒斥和批判，但同时也表明了对中国古典文明的态度。一系列问题会接踵而来：古代中国存在苏格拉底式的哲人思辨吗？存在多少真正的天启宗教体验？古代中国人的精神经验具备古代欧洲人的丰富性、多样性和内在张力吗？而这正是一种以"西古"俯视"中古"的态度。①

因此，挑起"西方"内部的"古今之争"，破解过于简单化的"西方"图景，把水搅得更浑一些，还只是"思想解放"的第一步。下一步工作是将各种从西方历史经验中形成的理论与中国经验相对照，从二者之间的张力出发展开进一步的理论工作。所谓"中国经验"并不是一个躺在那里等着我们发现的窖藏，其本身就是一个移步换形的迷宫，观察者与参与者在不同的方位上可能会看到不同的景象。当我们试图描述它的时候，我们经常就不经意地运用某些理论来锁定和分析对象，而且经常运用的不止是一种理论，然后拼接出"中国经验"的图像。

但一旦我们更为自觉地进行这样的工作，意识到在描述的过程中就已经在使用理论，也就能够反过来利用所获得的拼图对理论工

---

① 　参见埃里克·沃格林：《新政治科学》，段保良译，北京：商务印书馆2018年版。

具进行反思。事实上，不同理论体系的根本差别，首先是对于世界的命名方式不同，比如一些新自由主义者认为"社会"并非一种实在之物，甚至不必要有"社会"这个名称，但社会主义者则会将社会的实在性作为自己的理论出发点，不同的命名方式，就产生了不同的范式；其次是从不同的命名系统中产生的不同的提问方式乃至问题，对于不承认"社会"之实在性的理论体系而言，也就难以发生"社会如何保护自身"的问题，同样，对于一个无神论者，"灵魂如何才能得救"的问题是无意义的，不同的理论范式会提出自己特有的问题；最后，在不同理论体系能够提出类似问题的前提之下，我们才能够来细致比较它们的回答方式与答案的不同。要形成能够更深入描绘和解释中国经验的理论，我们不能不进行大量的比较工作，比较各种理论体系的命名、提问和回答的方式，比较它们所呈现出的"中国经验"的图像。

如果安于学科建制所分派的角色，安于在既有的成熟研究范式下做一些增量工作，我恐怕很难有机会来进行这样的"理论掘进"工作。但由于种种机缘，我经常收到报刊与出版社的约请，为他人的著作撰写评论，十多年下来，陆续积累了超过二十万字的文稿，覆盖了众多研究领域与研究议题。书评的写作与论文写作中的文献综述部分的写作具有共通之处，都是要展开学术史和思想史的梳理，提炼学术脉络，衡量不同选择的轻重得失。差别在于，给自己的论文写文献综述是有固定方向的，肯定是要论述别人的提问和回答存在不足，论述自己居于最前沿的位置，而且通常论述的主题是自己做过大量研究的。但给别人写书评，就存在更多的可能性，而且论述的主题未必是自己所熟悉的，为了言之有物，就必须要加强学习，仔细阅读被评论人的文本，把握相关领域内的学术脉络。更重要的是，书评写作给了我一个契机，接触和进一步思考"古今中西"问题的各种理论范式，并对它们做出评论。将这十多年的书评放在一起，可以清晰地看到它们从不同的方向，指向同一个主题：中国道路。

三

平心而论，书评在当代中国学界是一类位置比较尴尬的学术作品。首先，在一个"人情社会"中，书评该怎么写，需要考虑的学术之外的因素很多，写得尖锐了容易得罪人，所以我们在报刊上见到的书评往往是概括一下被评著作的基本内容，挑几个亮点强调一下，来一点不痛不痒的批评，但往往缺少将著作置于学术传统之中进行实质考察的努力。因而，在书评之中，不容易出现重量级的作品。其次，因为上述原因，有自身考核压力（如引用率）的"核心期刊"很少发表书评。而由此产生的连锁反应是，在既有的学术激励机制之下，写书评的直接回报是比较低的，也很难吸引学者认真投入大量精力，由此形成了一个负面循环。

不过，我其实是在英文学术环境里开始书评写作的。佩里·安德森教授的书评写作为我树立了榜样。他曾经约我为《新左翼评论》（*New Left Review*）撰写对汪晖《现代中国思想的兴起》的书评，并在写作过程之中给予很多操作性指导。而他自己常年为《伦敦书评》（*London Review of Books*）撰写书评，他的著作《交锋地带》（*A Zone of Engagement*）和《思想的谱系：西方思潮左与右》（*Spectrum: From Right to Left in the World of Ideas*）就具有一定书评集的性质。在他的指导和影响之下，我也形成了一套书评写作的操作流程：

首先，当然是要认真地读完待评论的著作，能够总结它提出的问题、核心观点、基本论证结构与研究方法。

其次，作横向对比。我会强迫自己阅读相关领域中比较有代表性的著作，了解学术脉络，然后进行对比和定位，比如说将作者的著作与同时期的其他同类著作相比较，但何谓"同类"，其范围大小，依赖于比较者的问题意识。他可能会接受作者的问题意识，从这一问题意识出发来界定"同类"，但也可能从自己的问题意识出发，从而将一些作者意料之外的作品归为"同类"。

再次，是作纵向对比：着眼于作者自己的著述历程，探讨其问题意识发生了什么变化，论述方式和研究路径发生了什么样的推进，对于某些关键问题的看法发生了什么样的改变，又有哪些思想内核保持不变。

最后，在大部分情况下，必须关注作者著述活动之外的人生经历，关注其著述的时代背景。一些看似跟学术思考无关的历史细节，很多时候恰恰可以帮助我们把握作者问题意识的来源。

一般而言，在阅读文本的时候，把握作者的意图是非常重要的，但是作者的意图中也可能存在游移不定的成分，其意图也不一定能贯彻到文本的每个部分，在一些论述中，还可能会出现滑动、漂移、逸出、自相矛盾等现象。这可以为我们评估作者的提问方式和回答方式提供重要的线索。

在过去的 10 年里，我出版了三本独著专著，分别是《旧邦新造：1911—1917》《万国竞争：康有为与维也纳体系的衰变》《此疆尔界："门罗主义"与近代空间政治》，有评论者将这三本书称为"重估近代以来中外秩序的三部曲"[1]。与这三本专著相比，这本小书可以说具有更强的"文集"的性质，收录了我自 2009 年以来所撰写的一系列书评，尝试讨论一系列重要著作的学术史与思想史意义。这些书评的主题初看起来是相当分散的，涉及现代性、全球化、帝国、国家、主权、民主、法治、贤能政治、历史叙事等关键词，但

---

[1]　王锐：《门罗主义变形记》，《读书》2021 年第 6 期。

它们都隐含地指向对于"中国道路"的思考，也许可以尝试性地将它们概括为朝向"中国道路"的"思想掘进"。根据这些书评内容的相互关联，我将其编为以下四编：

第一编"历史推迟终结？"收录了三篇书评。这一部分记录了我对一个时代问题的回应：当下的全球化进程意味着西方政治标准的全球化吗？对于一位在美国霸权如日中天之时赴美学习政治学的留学生来说，这一度是最令我困扰的问题。福山《政治秩序的起源》是在这个急剧变化的时代对于"什么是好的政治秩序"的思考，作者已经从20世纪90年代初的"制度自负"有所后退，但在讨论中国时，讨论"国家"时存在"多/少"的量的判断，但在讨论"法治"与"负责任政府"时候转向"有/无"的质性判断，这种标准的不一致可以表明作者隐含的态度；奈格里和哈特的《帝国》《诸众》《大同世界》则是美式全球化进程所催生的西方左翼作品，想象了民族国家主权的衰落和一个至大无外的全球资本帝国的兴起，其理论在很大程度上基于发达国家的历史经验，并在很大程度上漠视列宁的思想遗产，倾向于低估中国与诸多第三世界国家反抗霸权秩序的意义；孔飞力《中国现代国家的起源》则提出了中国现代国家建设基本议程的三个维度，作者对于中国有远比福山更深入的研究，但其理论框架包括的三要素同样存在着一种显著的失衡，其分析中存在着对20世纪中国的一些历史经验的"失焦"现象，背后依然隐藏着对于西方政治秩序优越性的自我肯定。通过对这些作品的评论，我试图回归到中国的经验，从中思考推进不同的理论化路径的可能性。

第二编"异域的穿越者"收入四篇书评。前两篇分别处理了马基雅维利研究领域的两种不同的进路：施特劳斯学派进路和"平民主义"进路。通过对施特劳斯《关于马基雅维利的思考》的重新解读，我尝试概括和思考曾经对我产生巨大影响的施特劳斯学派的文本解读方法，简而言之，这是一种以作者意图的同一性来处理文本中的差异和断裂的方法，然而文本的历史性，在解读之中经常被置于边缘位置；文章同时也触及施特劳斯与冷战的关系，从而触及西学内部的"古今之争"对于中国研究的意义与局限性。麦考米克则代表着与施特劳斯不同的马基雅维利解释路径，引入了更多历史情境的考量，将马基雅维利解读为一个平民主义者，但仍从根本上仍然基于对马基雅维利意图的特定假设。由此提出的问题是，如何将马基雅维利作为一位真正的历史人物来进行研究？如何让对西方思想家的研究，与中国思想的主体性发生关联？后两篇论文处理两位西方作者对于欧洲传统与未来走向的思考。伯尔曼的《法律与革命》在中国法学界影响深远，而我更愿意将其视为一部受到战争经验深刻塑造的作品。参加过二战的伯尔曼受到他的老师、参加过一战的罗森斯托克－胡絮的深刻影响，《法律与革命》的历史叙事继承了罗森斯托克－胡絮关于欧洲历史上的"五场革命"并强调"教皇革命"具有开端重要性的观点，更受到了冷战格局的深刻影响——作为一名苏联法专家，伯尔曼始终不断思考苏联法给美国带来的挑战，通过重构西方法律传统的叙事进行回应。克拉斯特耶夫《欧洲的黄昏》则是一位东欧作者对于欧洲前途命运的悲观思考。我的评论既肯定他的论述之中深刻的洞见，又指出其片面性，但立足点始终在于：中国可以有一种什么样的"欧洲观"？

第三编"过去之未来"侧重于对历史叙事的探讨，主要处理了四个当代文本：第一个是汪晖的《现代中国思想的兴起》，第二个是黄兴涛的《重塑中华》，第三个是苏力的《法治及其本土资源》中对《秋菊打官司》的讨论，第四个则是络德睦的《法律东方主义》。四个文本都涉及如何构造历史叙事的问题。汪晖立足当下和未来，发掘中国历史中所包含的"早期现代性"的种子；黄兴涛探讨"中华民族"如何从"自在"状态走向"自觉"和"自为"，形成清晰的身份认同；苏力对《秋菊打官司》的思考涉及到镶嵌在乡村伦理世界中的农妇秋菊与国家法层面的各种"超前立法"之间的关系；络德睦的《法律东方主义》则利用近代中西交流的史料，探讨"东方主义"在法律领域的体现。而我对四个文本的评论，都涉及了当代中国的主体性问题。在我看来，历史叙事既涉及对历史真相的探究，更关系到叙事主体自身的需求，后者正是尼采的《历史的用途与滥用》所处理的核心主题。同一个主体，在不同的历史情境之下，面对不同的实践需求，产生的就是不同的叙事构造。作为补充，第三编对尼采《历史的用途与滥用》也进行了一个粗浅的解读，可以在一定程度上表明我的思考进路。

最后一编"概念的刀锋"集中探讨在核心概念的阐述上有突出贡献的三个文本：贝淡宁的《贤能政治》以"贤能政治"来概括中国的政治模式，王绍光的《抽签与民主、共和》从抽签制度的演变入手，探讨"民主"概念的古今演变；欧树军的《国家基础能力的基础》第一次将"国家认证能力"建构成为学术研究对象，并论证其为"国家基础能力的基础"。我对《贤能政治》的评论旨在将"贤能政治"置于20世纪中国复杂的政治语境之下，尤其是探讨中国20世纪革命所建立的新传统与"贤能政治"之间的关系；我选取了王绍光《抽签与民主、共和》对于卢梭的论述作为切入点，反观《抽签与民主、共和》的核心思考，并认为，考虑到卢梭极其重要的思想史地位，如何把握卢梭对民主和抽签的理解，具有全局性意义；《国家基础能力的基础》则是同辈学人欧树军具有开拓性的作品，我的书评在阐述其学术史意义的同时，也讨论了它所富蕴的学术生长点。

借助对一系列具有影响力的著作的评论，本书对若干源于西方的理论范式乃至具体理论主张进行了检测与质疑，并探讨了若干立足于中国经验的理论建构的尝试，这些探讨代表了一位曾经的负笈西渡者"西途东归"的步伐。但是，仅凭这些粗浅的尝试，很难说已经实现了"东归"。我所期待的"东归"，是能够充分揭示既有的理论范式所依据的历史经验的狭隘性，从而基于更为丰富的历史经验，提炼出更大的共通性的要素，而不是用一种狭隘性，代替另外一种狭隘性。我们需要认识的中国，是"世界之中国"，是一个不断与世界其他国家和区域发生交往交流乃至交融的中国。"西途东归"，正是要回到这样一种普遍联系的认识方法，"反刍"我们与世界相互联系的经验，从中生长出新的理论。

本书包含着基于"世界之中国"的经验寻求新的共通性理论的追求，但距离实现这样的理论仍然遥远，它在很多时候揭示的不过是诸多不同的西方理论流派之间的张力，以及面对中国经验表现出的描述力与解释力赤字，但尚未提供新的替代选项。对于建制性的学科认证体系而言，本书更是一部难以归类的作品，它究竟属于法学、政治学，还是历史学，抑或是属于2022年刚成立的一级学科"区域国别学"？但在这个问题上，也许可以借用苏力的一句话说，"别太在意通向何处"①。这就是一部交叉学科的著作，而且寻求的是一种"根部交叉"；它所期待的读者，也是对问题本身感兴趣的读者，而非执着于厘清学科"此疆尔界"，将特定学科外信息视为与己无关的读者。

我们现在已经知道，玄奘法师不仅是大唐当时的"西学先锋"，同时也是大唐宗教界资政服务先进工作者。但上文尚未提及的是，玄奘法师在"东归"后展开的另一项工作，是按照佛教原典的精神，力传法相宗（亦称唯识宗），其教义反对"一切众生皆可成佛"的立场，而且理论复杂烦琐。法相宗数传而衰，在中国本土最终胜出的，实际上是主张"一切众生皆可成佛"的佛教教派。任继

① 苏力：《别太在意通往何处》，载《开放时代》2022年第1期。

愈先生评论指出，法相宗衰落的原因在于"这一宗派不适合中国的需要"①。玄奘法师将一系列佛教经典翻译为汉语，这只是佛教中国化的起点，但在这一方向上，玄奘法师并未成为集大成者。如果说回到长安的玄奘法师可能也没有走完"西途东归"的旅程，等待着我们完成的道路，也许更加曲折与漫长。本书分享自己"突围"的经历，也许至少可以让具有同样关怀的同行者感觉到"吾道不孤"，从而克服疲惫，振作精神，将这条道路走下去。

作为作者，我同样期待从同行者那里，得到类似的馈赠。

---

① 任继愈主编：《中国哲学发展史（隋唐）》，北京：人民出版社1994年版，第175页。

目录

第三编　过去之未来

第四编　概念的刀锋

第一编
历史推迟终结？

我认出风暴而激动如大海。

我舒展开来又卷缩回去，

我挣脱自身，独自

置身于伟大的风暴中。

——里尔克《预感》（北岛译）

历史推迟终结？[*]

读福山《政治秩序的起源》

很少有学者像日裔美国政治学者弗朗西斯·福山（Francis Fukuyama）那样，在其学术生涯的开端立场如此鲜明，论断如此斩钉截铁，但在此后三十年多年里"转进"的身段又如此柔软。欢呼"历史终结"于自由民主的是福山，哀叹美国国内社会对立深化，政治衰败加剧[1]的，也是福山。

2022 年是福山《政治秩序的起源——从前人类时代到法国大革命》（*The Origins of Political Order*，以下简称《起源》）中文版推出十周年。该书在风格上与福山的成名作《历史的终结与末人》（*The End of History and the Last Man*，下文简称《终结》）有很大差异。在该书中文版出版之初，尽管出版者和销售者在广告中用"巨著"这样的词来描绘该书，但该书在中国知识界只能说是激起一朵小水花，并没有带来显著的思想震动。

---

* 本文的一个较早版本，曾以"后知后觉者中的先醒者"为题，刊于《中国图书评论》2013 年第 11 期。本文在之前版本的基础之上，根据时势与福山论述的进一步发展，作了一些增补和订正。

[1] Francis Fukuyama, "One Single Day. That's All It Took for the World to Look Away From US", *New York Times*, January 5, 2022, https://www.nytimes.com/2022/01/05/opinion/jan-6-global-democracy.html, 2022 年 1 月 11 日最后访问。

原因并不复杂:《起源》提出的核心命题——良好的政治秩序由国家、法治以及负责任政府三要素构成——在西方舆论界也许具有一定的新颖性,但对于当时的中国知识界来说,已经算不上什么了不起的新发现;而那些认为福山"历史终结论"已经很好表达了自己心声的人,则对福山的新姿态感到困惑不解。因而人们首先感到好奇的是福山为何写这么一本书,而不是这本书本身的内容带来多大的思想冲击。

10年之后,国际国内形势进一步变化,美国的舆论界已经在严肃地讨论美国发生内战的可能性。[①]《起源》在中国国内的关注度更进一步下降了。但是,这本书对于我们理解福山这三十多年中的转变所代表的思想动向,理解福山晚近为了论证自己首尾一致而给出的"历史推迟终结"[②]的说法,却具有重要的意义,因而不妨予以重新讨论。

一、从《终结》到《起源》

在西方世界,福山一度看起来像是一位"先知先觉者"。1989年,正值苏东阵营岌岌可危之时,当时从事苏联政策研究的福山在当年夏季号的新保守主义刊物《国家利益》(*The National Interest*)刊物上发表一篇名为《历史的终结?》的文章,在其中,他应用了从他的老师阿兰·布鲁姆(Alan Bloom)汲取的亚历山大·科耶夫(Alexandre Kojève)的黑格尔解释,将柏拉图《理想国》中所述的灵魂三部分之一 Thymos(θυμός,英译"spiritedness",中译"意

---

① 如 Barbara F. Walter, *How Civil Wars Start: And How to Stop Them*, New York: Crown, 2022。

② Francis Fukuyama, "Das Ende der Geschichte ist vertagt", 19 March 2017, *Neue Zürcher Zeitung*, https://nzzas.nzz.ch/notizen/francis-fukuyama-ende-geschichte-ist-vertagt-ld.152130。

气")解释为寻求"承认"的部分;寻求"承认"的斗争驱动历史的前进,而"自由民主"满足了个体寻求相互"承认"的需要,从而带来"历史的终结"。"历史的终结"并不意味着天底下再也没有新的事件发生,而是意味着不会有比"自由民主"更具正当性的新选项出现。

福山发表该文之时,柏林墙尚未倒塌,捷克的所谓"天鹅绒革命"尚未发生,哪怕是在美国情报界,也很少有人能想到整个苏东阵营会在短短几年内全面崩溃。福山的预言似乎很快应验,西方世界沉浸在巨大的喜悦之中。1992年,福山又将此文扩充为《历史的终结与末人》一书,预言书变成办喜事的礼花,一时洛阳纸贵。

然而,如果换一个参照系,福山的"先知先觉"又不乏巨大的盲点。1991年,时任耶鲁大学政治学系助理教授王绍光发表了一篇题为《建立一个强有力的民主国家:兼论"政体形式"与"国家能力"的区别》的论文,以尖锐的方式提出了"国家能力"问题。[①]在王绍光看来,将政体形式与国家能力混为一谈的关键原因是未能区分国家干预社会经济的外延范围(how extensive)与力度或有效程度(how intensive)。"威权政府"的国家能力未必强,"民主政府"的国家能力也未必弱,值得追求的是"民主"与"强国家能力"的某种结合。此时的王绍光尚未对"转型"的政体目标提出质疑。但在接下来的一些年里,王绍光不仅在"国家能力"研究上走得越来越深,甚至也对"转型"的政体目标本身发生了质疑,认为完全可以在现有的西方自由民主模式之外探索新的民主模式。王绍光在这两个方向上的探索,都对中国国内的政治学研究产生了显著的影响。

---

① 王绍光:《建立一个强有力的民主国家:兼论"政体形式"与"国家能力"的区别》,载《香港中文大学当代中国研究中心论文》1991年第4期。

推动王绍光思考的是两方面的经验：一方面，是中国20世纪80年代改革开放的经验，这场改革一开始采取中央向地方分权的方式，以调动地方积极性，但到了80年代后期，已出现了中央财政拮据，相对于地方权威下降的局面。《建立一个强有力的民主国家》一文就是在围绕中国中央政府财政汲取能力是否应当加强的辩论背景下发生的。另一方面，是苏联解体之后的原加盟共和国的经历。苏联解体并不仅仅是政体的转换，同时更伴随着国家能力的大幅度弱化，但在大部分原加盟共和国，尤其是俄罗斯，"转型"之后并没有出现大繁荣，反而出现了经济萧条、民生凋敝、治安混乱、腐败盛行的局面。同时代的一些西方学者尽管不关注中国80年代的探索，但对俄罗斯的转型经验产生了深刻印象。如霍姆斯（Stephen Holmes）与桑斯坦（Cass R. Sunstein）两位美国学者于1999年出版了《权利的成本：为什么自由依赖于税》（*The Cost of Rights*：*Why Liberty Depends on Taxes*）一书，质疑对"消极自由"与"积极自由"的经典区分，认为所有自由的保护其实都依赖于国家的税收。[①] 由此看来，在对"国家"的研究上，20世纪90年代的福山不仅远落后于王绍光，甚至也落后于霍姆斯与桑斯坦这样的西方"先知先觉者"。

但福山除了受到阿兰·布鲁姆的政治哲学影响之外，还受到了亨廷顿基于经验研究的比较政治学影响。[②] 在长期为美国政府做政策咨询的实践中，福山接触到许多国家建构的经验材料。2011年"9·11"袭击之后，美国先后入侵阿富汗和伊拉克，在两个国家展开"国家建设"的实践，这更是为福山提供了当下的鲜活经

---

① 史蒂芬·霍尔姆斯、凯斯·R.桑斯坦：《权利的成本——为什么自由依赖于税》，毕竞悦译，北京：北京大学出版社2011年版。

② "亨廷顿所讲的政治秩序，相当于我在本书中所论的国家建设。""本卷呈现的历史材料确证了亨廷顿的基本见解，即发展中的各方面应分开对待。"（弗朗西斯·福山：《政治秩序的起源——从前人类时代到法国大革命》，毛俊杰译，桂林：广西师范大学出版社2012年版，第450页）

验。在出版于 2004 年的《国家构建：21 世纪的治理与世界秩序》（*State-Building*：*Governance and World Order in the 21st Century*）一书中[1]，他将国家作为自己的直接研究对象，区分"国家活动的范围"与"国家权力的强度"，并批评在这两个维度之间的混淆。与王绍光相比，福山作出这样的区分已晚了十多年，但这是其思想创造活动中迈出的重大一步，并且为其写作《起源》奠定了重要的基础。

二、《起源》的雄心与有限成就

《起源》的风格与《终结》大相径庭，在其中我们找不到对《终结》中驱动历史进程的"Thymos"（意气）的探讨，它的立足点是对历史经验的研究，而非基于某种人性特质的政治哲学推演。《起源》的基本观点是，良好的治理需要三个因素的结合：国家、法治及负责任政府（民主是问责方式之一，即政府对大多数人负责；但一个贵族或寡头政府也可能存在问责）。《起源》的努力方向是追溯这三个要素的历史起源及其在世界不同地区的组合。比如在讨论国家时，福山将中国作为国家建构的经典例子，认为中国国家的发育远早于西方国家。而在讨论法治与负责任政府时，福山主要以欧洲为例子，伊斯兰世界、印度与日本在福山的体系中也有一席之地，中国的存在感则极为微弱。

《起源》的雄心是建构一个关于"政治发展"的理论体系。该书文风明白晓畅，可读性强。作者虽然不是专业的历史学家，但引入一个新的理论体系，对许多常见史料进行重新解释，有可能给世

---

[1]　弗朗西斯·福山：《国家构建：21 世纪的国家治理与世界秩序》，郭华译，上海：学林出版社 2017 年版。

界史研究者们带来一些新的启发。然而，作者建构的这个理论体系，从很多方面来看，却给人以某种"急就章"的感觉，对之前的学术研究成果缺乏较为系统的梳理和吸收。试举一例：

> 统一中国的秦朝做出雄心勃勃的努力，想把中国社会重新整顿为一种原始极权主义国家。这个工程最终失败了，因为国家没有工具或技术来实现这个野心。它没有激励人心的意识形态来为自己辩解，也没有组织一个党派来实现它的愿望，凭借当时的通信技术还无法深入中国社会。它的权力所到之处，它的专制是如此暴虐，以致激起了导致自己迅速灭亡的农民起义……后世的中国政府学会收敛雄心，学会与现有的社会力量并存不悖。在这一方面，它们是专制的，但不是极权的。[1]

福山以所谓"现代极权政体"为参照，审视了秦朝的脆弱之处，但这只是描述了现象，并没有对这些现象进行较为精细的理论解释。引文中所提到的国家的"工具"或"技术"，其实在迈克尔·曼（Michael Mann）发表于1984年的论文《国家的自主性权力：其起源、机制与结果》（*The Autonomous Power of the State: its Origins, Mechanisms, and Results*）中就已有相当系统的理论化。迈克尔·曼对"专制性权力"（despotic power）与"基础性权力"（infrastructural power）作出区分，前者指的是国家精英可以在不必与社会各集团进行例行化、制度化讨价还价的前提下自行行动的范围（range），是"强加于社会的权力"（power over society）。后者指的是国家事实上渗透社会，在其领土范围内有效贯彻其政治决策的能力，是一种"通过社会行

---

[1]　弗朗西斯·福山：《政治秩序的起源——从前人类时代到法国大革命》，第 145 页。

使的权力"（power through society）。[①] 用这一对概念来分析，秦朝无疑具有强大的"专制能力"，同时，尽管秦朝的统一文字、统一度量衡等努力标志着国家"基础性权力"某些方面的惊人飞跃，但要统治如此广阔的国土，仍然在许多方面力不从心。

由于绕开了更为精细的理论工具，福山的研究只能描述作为制度的"国家"的兴起，而无法为分析国家的能力强弱提供一个细致的理论框架。而在"国家能力"研究方面，王绍光在迈克尔·曼等学者研究基础上提出由认证能力、强制能力、汲取能力、濡化能力、监管能力、统领能力、再分配能力、吸纳能力、整合能力和学习－适应能力构成的国家能力理论体系，这一体系已经具备相当的成熟度[②]，能够很好地描述和解释"国家"兴起之后的演变。但很遗憾，我们看不出福山对如此系统的成果有什么借鉴。

即便在描述和分析国家的兴起时，福山的视角也较为单一。《起源》非常强调国家"去血缘化"的维度，因为这是国家区别于部落社会的核心特征之一。由此，福山将中国的国家发育历史描述为一个不断脱离家族关系影响的历史，而他所关注的魏晋南北朝的政治衰退，其表现也在于退回到家族政府。他批评韦伯忽视中国国家制度所表现出来的"去血缘化"的特征，这无疑对韦伯具有一定的"纠偏"作用。

不过，我们需要看到的是，古代中国官僚制度中的"去血缘化"进程和对于民间亲族关系的强调并行不悖。福山笔下那个"几乎符合现代官僚机构的全部特征"的西汉政府是讲"以孝治天下"的；在福山非常重视的宋朝，士大夫在主动维护科举制的同时，也

①　Michael Mann, "The Autonomous Power of the State: Its Origins, Mechanisms and Results", *European Journal of Sociology*, 1985, vol. 25, pp.185—213.

②　Shaoguang Wang, "Democracy and State Effectiveness", in Natalia Dinello & Vladimir Popov edi., *Political Institutions and Development: Failed Expectations and Renewed Hopes*, London: Edward Elgar Publishing, 2007, pp.140—168.

在基层进行宗族自治的建设，以弥补正式的国家机构治理能力的不足；明代批准"许民间皆联宗立庙"并取消只祭祀上溯五代的规定，使得宗族祠堂大量出现。在第21章，福山解释说"也许因为中国社会如此重视家庭，国家建设者认定，他们的特别任务就是在政府中杜绝腐败根源的家族或裙带的影响"[①]。但需要看到的是，中国的统治者恰恰有意推动和维护基层社会对于宗族组织的重视。由于国家汲取能力的不足，中国古代的正式官僚机构能够承担的治理任务非常有限，因而需要鼓励基层的宗族自治，维持基层秩序，辅助朝廷完成一些治理任务。但这带来的一个结果是，数量极其有限的地方官员经常发现自己处于宗族势力的汪洋大海的包围之中，难以按照朝廷的正式规则来处理政务。

同时，中国的官僚制度虽然长期领先于欧洲，但它的"去血缘化"程度也不应该被夸大。比如说，宋朝一方面扩展了科举取士的范围，另一方面，在取消爵位世袭制之后，推行"恩荫"制度，给了大量中高级官员子弟不经科举考试直接出仕的机会，结果出现了众多的父子、兄弟、祖孙三代为官的现象。明朝压缩了"恩荫"制度，虽规定文官七品以上皆得荫一子，但品官荫子通常要送国子监读书，经过科举考试，而武官荫子则无须参加科举考试。可以说明朝官僚制度的"去血缘化"程度高于宋朝，但清朝在一定程度上出现了回调，规定文职京官四品以上、外官三品以上、武职二品以上，俱准送一子入国子监读书，监生可由国子监选拔后参加乡试，或参加吏部组织的考试以获取任职资格，其待遇等同于科举"正途"，而旗人官员子弟可以参加特殊的宗室科或翻译科科举，更有诸多科举之外的仕途渠道，如世爵世职为官、议叙、捐纳等。因此，古代中国，科举取士本身就伴随着"封妻荫子"的特权，更不

---

① 弗朗西斯·福山：《政治秩序的起源——从前人类时代到法国大革命》，第308页。

用说科举之外的种种权力世袭现象了。在很长一段时间里，这些权力世袭现象相对于同时期的欧洲可谓是小巫见大巫。但19世纪西方的官僚制度建设出现了飞跃，而长期缺乏质变的中国官僚制度，在对比之下，其过于粗放的一面就凸显出来了。

《起源》把中国作为"国家建构"的经典例子，认为中国国家的发育成熟远远早于西方国家，这与将古代中国视为"帝国"而非"国家"的常见理论范式有很大差异。福山也有意把对中国历史的论述放在前面，仿佛西方道路是对中国道路的偏离，这在叙述模式上与马克思、韦伯等经典作家恰恰相反。这似乎是一种对中国更为"友好"的叙述模式。但是，叙述模式的调整并不等于理论上的突破。在福山看来，古代中国虽然有强国家能力，但没有法治与负责任政府，直到今天仍然如此。① 而西方的国家建构进程虽然较晚发生，但三个要素发展较为均衡，各个国家的发展路径虽有差异，但最终都实现了"达到丹麦"的目标。福山对西方历史进行了细致的分析，探讨这三个因素在不同的历史关节点如何逐步发展。但在分析中国的时候，他的关注点几乎都在第一个因素上，并致力于论证后两个因素的缺失。

这一分析进路是失衡的。在探讨欧洲的时候，福山能够用细致的历史分析，展现三个要素从低到高的发展光谱，在其中法治与负责任政府无疑存在高低、强弱之分。在《起源》中我们可以看到这种修辞性十足的表述："欧洲法治的基础始建于12世纪，其最终巩固还得有赖于数世纪的政治斗争。"② 而所谓"基础"，实际上是在"有""无"之间的模糊表述。但在分析中国时，尽管国家维度呈现了"强/弱"之分，但在另两个维度上，问题就变成了"有/无"问题，而非"强/弱"问题，仿佛中国还根本没有达到谈"强/

---

① 弗朗西斯·福山：《政治秩序的起源——从前人类时代到法国大革命》，第308、309，466，472页。

② 同上书，第282页。

弱""高 / 低"的门槛。不过，在具体的分析中，我们又可以看到福山这样的一些表述：中国存在能支撑经济发展的"足够好"的产权制度[1]；中国虽然缺乏正式制度来迫使统治者负责任，但统治者往往有强烈的道德责任感[2]。这些表述提示出了在中国案例上发展出更为精细的理论分析框架的可能性。但很遗憾，我们并没有看到福山这方面的积极努力。

也许我们可以因为古代中国的遥远而忽略福山在这个问题上的粗糙处理，但当福山将其对古代中国的判断原封不动地用到以后的时代时，我们就不能不怀疑其理论的敏锐性了。众所周知，许多美国政治学家一直用"威权主义"来称呼中国的政治体制，但这展现的其实只是理论的贫困：这些学者没有足够的概念工具来分析历史上中国巨大的政治变迁。这种"分辨率"极低的理论，用来指导美国政府的外交实践都不够，更不用说进口用来指导中国的民主法治建设了。

与前面对"国家"的论述相比，福山对"法治"的论述甚至更弱。熟悉欧洲法制史的读者可以看出，福山对西方法治的论述高度依赖于苏联法专家伯尔曼在《法律与革命》中提供的叙事：（1）教皇格里高利七世在 11 世纪启动的改革，迫使世俗统治者倾向于承认自己不是法律的最终来源，而天主教统一教会法规，并通过发展行政官僚机构，向领土型国家提供了官僚和法律制度建设的样板，并刺激了世俗君主之下的集团组织的成长；（2）在中世纪欧洲独特的条件下，在不同治理体系的竞争中，法治在很大程度上获得了建制化[3]；福山自己进一步总结了（3），即近代以来，尽管天主教会衰

---

[1] 弗朗西斯·福山：《政治秩序的起源——从前人类时代到法国大革命》，第461页。

[2] 同上书，第309页。

[3] 哈罗德·J.伯尔曼：《法律与革命：西方法律传统的形成》，高鸿钧等译，北京：中国大百科全书出版社1993年版。

落，法治却通过负责制政府的兴起而得以继续发展。

苏联法专家伯尔曼的《法律与革命》本身就是一部将欧洲历史描述成为"从一个胜利走向另一个胜利"的西方"主旋律"作品，其提供的历史叙事相当平滑。他将"教皇革命"视为一个"扣动扳机"的事件，一旦发生即引发连锁反应，最终导致西方法治文明的形成，在史学方法论上也颇受争议。[①] 福山又对《法律与革命》进行了高度浓缩的概括和进一步的发挥，这就难免会暴露出更多的问题。比如在讨论教会与罗马法的关系时，福山的叙事给人的印象是，教会是罗马法运动的全力推动者，而且教会是为了与世俗统治者辩论而推动这场运动的。这就忽视了罗马法与教会法之间的竞争关系，忽视了世俗君主在罗马法中看到的推动君主主权建设的作用，以及在与教廷的辩论中对罗马法的大量引用。罗马法与普通法之间的张力，也以一种非常类似的方式在福山的笔下消失了。教廷职业官僚体制的建立，在福山的叙事中仿佛是推动法治的积极因素。但在他讨论中国更早建立的职业官僚制时，却将其与"法治"截然分离开来。职业官僚制究竟是有利于法治还是不利于法治？这一问题的答案在此也是模糊的。

关于第三个要素——负责任政府的论述是三个部分中学术上最为成熟的。在这一部分，历史叙事突然变得比较精细，也较能展现出许多惊心动魄的断裂和冲突，而不是展示"从一个高潮到另一个高潮"。之所以能有这一提升，可能跟几个因素相关：第一，福山是研究民主理论起家的，对"负责任政府"的主题自然会更熟悉一些；第二，他用的例子基本上都是欧洲国家或者前欧洲殖民地（如拉美），可用的研究文献较多，驾驭起来也较为得心应手。但这也

---

① 郭逸豪：《反思伯尔曼：〈法律与革命〉叙事中的几大谬误》，鲁楠、康宁编：《清华法治论衡》（第28辑），北京：清华大学出版社2021年版。

提醒我们，如果福山要在三个要素的论述上都达到同样的水平，还需要做多少进一步的研究工作。

但在理论框架的搭建上，最值得推敲的恐怕还是在当代语境下，国家、法治与负责任政府这三个要素如何能够在同一个层面上并列为良治三要素。尽管从长时段看这种并列不无道理——毕竟，欧洲中世纪的法治和负责任政府是在近代国家诞生之前的封建时代就得到了相当程度的发展，但在当代，法治和负责任政府无疑都是在国家这一"平台"上运作的"软件"，将国家这个"平台"与运作其上的"软件"简单并列，多少给人以一种失衡之感。而王绍光的理论更专注于当代国家治理实践而非长时段的历史解释，将各要素统一于国家，形成包括认证能力、强制能力、汲取能力、濡化能力、监管能力、统领能力、再分配能力、吸纳能力、整合能力和学习-适应能力在内的国家能力体系。这十大能力已经深入整合了"负责任政府"的要素，是否以同等的力度整合了"法治"，或许还有可推敲之处，但在这一框架下，是可以通过增补国家能力条目来完成的。

同时，"国家"这一平台的搭建本身需要诸多软硬件，也需要"负责任政府"与"法治"的某些要素在其中发挥作用。比如说，排除家族血缘影响的官僚制度的建设，本身就需要加强制度运作的规则导向，减少权力行使中的恣意因素。中国古代法家所倡导的"法治"包含了这样的功能，虽然它并不意味着对于君主权力的刚性约束，但至少指向对官僚权力的基于规则的控制。这种具有工具主义色彩的"法治"与福山所讲的"法治"有差异，但并非完全无关——君主在驾驭一个庞大的官僚体系的同时，也不可避免地受制于这个官僚体系的许多规则，无法随心所欲。王朝所推崇的儒家意识形态本身，也会对君主构成某种制约。比如说，正德（明武宗）突破官僚制常规的做法，就遭到了官僚集团强大的抵制，以至于在士大夫书写的史书中留下了荒诞不经的名声；万历（明神宗）试图突破立嫡长子的立储惯例，就遭到士大夫极大的抵制。这些故事究竟是完全放在"国家建构"之中呢，还是也可以和"法治"和"负责任政府"发生关联？福山的分析框架并没有给出明确的答案。

三、《起源》与《终结》的关联

在分析完《起源》的内容之后，我们也许可以来评估一下它与《终结》之间的关系。在我看来，《起源》体现了福山对于亨廷顿理论传统的某种接续，与基于黑格尔—科耶夫理论传统的《终结》在理论风格上存在极大差异。在《起源》中，福山致力于从历史经验中探究不同因素之间的关联性，而非在设定人性的基本特征的基础之上进行理论推演。在《起源》政治发展三要素（国家、法治、负责任的政府）的框架里，福山清晰地认识到三个要素在建设顺序上所发生的矛盾，一些要素的发展，可能会抑制另外一些要素的发展，好事很难总是一起发生。古代中国是先有国家建设，但是国家建设也抑制了法治和负责任政府的发展。而在美国，则是法治和负责任政府的发展，在很大程度上抑制了国家建设，导致美国在今天出现了"否决政体"（vetocracy），政治衰败在美国也会发生。[①]

通过这一经验性与历史性的进路，福山对自己所推崇的自由民主制，有了相比以往更为清醒的认识。他指出："如果制度无法适应，社会将面临危机或崩溃，可能被迫改用其他制度。不管是非民主政治制度，还是自由民主制度，它都一视同仁。"[②] 而对自由民主制，他作了这样的评论："自由民主制今天可能被认为是最合理

[①] Francis Fukuyama, "America in Decay: The Sources of Political Dysfunction", *Foreign Affairs*, Vol. 93, No. 5, 2014, pp. 5—12, 13—17, 18—26.

[②] 弗朗西斯·福山：《政治秩序的起源——从前人类时代到法国大革命》，第473页。

的政府，但其合法性仰赖自己的表现。而表现又取决于维持恰当的平衡，既要有必要时的强大国家行为，又要有个人自由……现代民主制的缺点有很多，呈现于21世纪早期的主要是国家的软弱。"[1]这些论述都"软化"了《终结》中"人类历史终结于自由民主"的主张。

然而，转身如果过于峻急，姿势毕竟难以做到华丽，福山仍然努力地维持其"不忘初心"的形象。在此我们还可以讨论《起源》与《终结》之间的一个理论罅隙：按照《起源》中的看法，世俗主义并不是三要素模型中的必要要素。由于其宗教传统，基督教世界和伊斯兰世界都存在法治，那么，一个建立了某种负责任政府的伊斯兰国家，也可以体现国家、法治和负责任政府的结合，这样的模式肯定不可能是自由民主模式。在他看来，拒绝政教分离的宗教因素，构成建构负责任政府的障碍，而要扫清这一障碍的关键是给予宗教新的解释，正如历史上欧洲所发生的那样。[2] 如此，对于福山而言，伊斯兰世界并不存在稳定的新政治模式，其未来的出路仍然是向西方的"自由民主"模式靠拢。而在论及中国时，在《起源》三要素隐含的排序中，福山谈国家时论"强/弱"，谈法治与负责任政府时论"有/无"，这一谈法本身就体现出福山对后两个西方国家引以为豪的要素赋予的特殊分量。他认为古代中国就有国家建设，但在法治和负责任政府方面，却乏善可陈，这一判断的经验基础当然是薄弱的，但可以体现福山对"自由民主"制的偏爱。[3]

那么，福山究竟如何协调自己对自由民主制的偏爱以及他对当

---

[1] 弗朗西斯·福山：《政治秩序的起源——从前人类时代到法国大革命》，第472页。
[2] 同上书，第395—396页。
[3] 在《政治秩序与政治衰败》之中，对于中国的处理变得更为复杂了一些，增加了对程度的讨论，而不仅是在讨论"有/无"。（参见弗朗西斯·福山：《政治秩序的起源——从前人类时代到法国大革命》，第323—349页）

代自由民主制出现的大量问题的批评呢？福山后来的解决方案，不是否定自己的"历史终结论"，而是宣布历史终结"推迟了"。① 推迟的关键在于，他对导向"历史的终结"的"承认"（recognition）以及作为其基础的"Thymos"给出了新的解释。在 2018 年出版的《身份：尊严需求和怨恨政治》（*Identity：The Demand for Dignity and the Politics of Resentment*）一书中，福山承认，现代自由民主只是承诺和实现了最小程度的平等尊重，体现在个人权利、法治和选举权之中，但在实践中不能保证民主政体中的群体获得政府和其他人的平等尊重，尤其是那些在历史上曾被边缘化的群体成员。在现实中，人们经常会因为肤色、性别、族群身份、外表、性取向等获得不同的对待。"自由民主"更难以满足那些要求被承认为优越者的欲望。② 福山用忧心忡忡的目光看待西方兴起的种种具有强烈"部落主义"色彩的身份政治运动。而在这本新书中，我们可以看到，曾经被他视为导向历史终结的"Thymos"，变成了影响自由民主稳定性的内在因素。

既然"Thymos"变成了面目可疑的激情，那么历史究竟"推迟"到多久，才能真正"终结"呢？这就不再是一个根据以往历史经验可以轻易推断的事情。到了 2022 年 10 月，福山在《大西洋月刊》（*The Atlantic*）上发表了一篇新评论，浮光掠影式地点评了他眼中的不同阵营在当下的治理表现，断言有更多的证据表明，另类的可能性正在遭遇失败，历史终究还是要终结。但他仍然对美国国内的形势表示忧虑。我们不知道再过一段时间，福山是不是还是会宣

① Louis Menand, "Francis Fukuyama Postpones the End of History", *The New Yorker*, September 3, 2018, https://www.newyorker.com/magazine/2018/09/03/francis-fukuyama-postpones-the-end-of-history

② Francis Fukuyama, *Identity：The Demand for Dignity and the Politics of Resentment*, New York：Farrar, Straus and Giroux, 2018, p.9,133.

布历史再次"推迟终结"。[1] 但是，从最深层的理论建构来说，他的"历史终结论"的核心要素已经发生了移动，他被迫以更具经验性的视角去研究人类的激情及其行动后果，而非从对"Thymos"特性的简单判定出发进行逻辑推演。

四、余　论

总体而言，《起源》是一部"速成"之作，它综合了前人的诸多研究，并体现了作者对当代美国"国家建构"薄弱点的实践关注。作者试图在亨廷顿而非科耶夫的学术传统中进行著述，试图建构一个比亨廷顿更为宏大的理论框架，但并没有比亨廷顿更为深入的历史研究和经验研究作为基础；它也不是在充分揭示前人研究局限的基础之上进行新的开拓，而经常只是对其他学者的研究进行提炼、重述，进而重新组合。本文的讨论至少可以表明，《起源》对于迈克尔·曼与王绍光的研究都缺乏实质回应。

《起源》将"三要素"分析运用到中国历史的时候，更是呈现出某种失衡的形态。福山承认中国"国家建设"的成就，但对于"法治"与"负责任"政府两个要素，倾向于作质性判断，而拒绝作程度和水平的量化分析，恰与其对欧洲历史的处理形成鲜明对照。不管《起源》装作是多么尊重历史经验本身，福山对历史材料的处理仍然深深浸润着他的政治正统意识。[2] 当代中国的崛起是对

---

[1]　Francis Fukuyama, "More Proof That This Really Is the End of History," https://www.theatlantic.com/ideas/archive/2022/10/francis-fukuyama-still-end-history/671761/, 2022 年 10 月 18 日最后访问

[2]　福山在《起源》的续篇《政治秩序与政治衰败》增加了一些对当代中国在法治与负责任政府两方面的表现的分析，但基调并没有根本的变化。（参见弗朗西斯·福山：《政治秩序与政治衰败：从工业革命到民主全球化》，毛俊杰译，桂林：广西师范大学出版社 2015 年版，第 323—349 页）

他的"历史终结论"的巨大挑战，福山承认这是他在1992年完全没有料到的[①]，但很难说今天的福山对此也有了充分的准备。

因而我们可以说，《起源》是这样一部作品，它对福山本人而言具有突破意义，但对于学界而言却并非如此。但从另一个角度来看，这部著作又具有某种不可取代的价值：首先，福山作为"历史终结"之梦的制造者，非常清楚那个梦的精神构成，因此当他对自己作出哪怕是相当有限的修正的时候，对于那些同样沉浸在这个梦中的人来说，就具有某种引领的意义。其次，就切身利益而言，福山客观上需要一个比现实更为光明的美国形象来维护他的"历史终结论"，因而，当福山说美国已经出现很大问题的时候，我们可以相信，美国真的遇到危机了。福山以他的理论"转进"向我们证明，后冷战的单极霸权时代正在走向终结，该到了我们在思想领域突破单极霸权的时候了。

---

① "China's authoritarian way can rival liberal democracy if it doesn't tear itself apart, says End of History author", 27 March 2019, *South China Morning Post*, https://www.scmp.com/news/china/diplomacy/article/3003547/chinas-authoritarian-way-can-rival-liberal-democracy-if-it, 2022年1月5日最后访问。

"帝国式主权"降临了吗？*

重思奈格里与哈特的主权与全球化论述

尽管拜登已经取代特朗普成为美国总统，"特朗普主义"①的阴影却仍然笼罩着白宫。特朗普在全球化高歌猛进的时代，突然举起"美国优先"大旗，不仅挑战了人们对美国的许多常见印象，也让许多理论概念的用法进一步"问题化"了，而"Sovereignty"（主权）概念即其中之一。

---

* 本文的一个简略版发表于《开放时代》2022 年第 2 期。本文构思与写作得益于与汪晖、中岛隆博、石井刚、国分功一郎、殷之光、李放春、王钦、张政远、雷少华、刘晗等师友的讨论，在此一并感谢。

① "特朗普主义"（Trumpism）究竟应该如何界定，存在很大的争议。一种常见的界定方式，是将其视为右翼威权民粹主义（Right-wing Authoritarian Populism）在当代美国的具体表现。相关争论，参见 Dylan Riley, "What is Trump," *New Left Review*, No.114, Nov/Dec 2018。从一个外部观察者的角度来看，"特朗普主义"（Trumpism）是一个全球性的"非正式帝国"的"本部"在反思自身在帝国中的位置时所产生出来的充满机会主义色彩的政治意识，这种政治意识的持有者抱怨自己承担了过重的帝国负担，从而以一种具有强烈情感色彩的方式重新区分"内／外"，但又不愿意放弃帝国所带来的利益，试图按照一种狭隘界定的国家利益来重新塑造国际秩序的规则，因而从根本上仍然是一种霸权主义。至于种族主义、本土出生主义、特定宗教偏好等方面，都是重新区分"内／外"过程中所涉及到的政治动员因素。就拜登政府与特朗普主义的关系而言，尽管拜登政府在话语上弱化了特朗普对于"内／外"的色彩鲜明的区分，但在行动上仍然继承了特朗普的很多政策，因而在很多方面仍然是"特朗普主义"的执行者。

从其诞生以来，"Sovereignty"概念与宣称"至大无外"的帝国之间就存在着某种紧张关系。"主权"一词指向一片确定的领土之上最高的与永久的权威，这种权威排除其他外部权威的主导与控制。就此而言，"主权"观念预设了一种清晰的"内/外"区分。在西方语境中，自命为"至大无外"的帝国，其关键词是"Imperium"而非"Sovereignty"，前者原来是罗马共和国高级官员以及后来的皇帝行使的最高治权，随着罗马的对外扩张逐渐获得了空间上的"至大无外"的意涵。帝国倾向于将种种外部威胁从观念上纳入内部，进而以内政的逻辑加以规训。而"主权"概念，因其对"内/外"的区分，有可能成为附庸国和地方单位的理论武器，帮助它们主张自身相对于帝国权力中心的自主性。在欧洲中世纪，罗马教皇与神圣罗马帝国皇帝强调的都是"最高性"的逻辑而非区分"内/外"的逻辑，正如中世纪政治思想研究大家沃尔特·乌尔曼（Walter Ullmann）指出的，恰恰是桀骜不驯的法兰西王国和那不勒斯王国强调"内"与"外"的绝对区分，主张国王在自身的领土上享有和帝国统治者一样的"Imperium"，从而排除教皇与皇帝的外来控制。[1]1648年"三十年战争"结束后的《威斯特伐利亚和约》对于"主权"观念的强化，更是建立在对神圣罗马帝国的普世治权的实质性否定基础之上。

第一次世界大战结束以来，随着一系列殖民地半殖民地的独立建国与去殖民化，"主权"从少数自诩的"文明国家"（civilized state）才能享受的特权，变成更大范围的政治实体能够获得的

---

[1] Walter Ullmann, "The Development of the Medieval Idea of Sovereignty", *The English Historical Review*, Vol. 64, No. 250（Jan., 1949）, pp. 1—33. 国王们通过宣布自己在领地中享有类似于皇帝的 Imperium，排斥皇帝的管辖权，这一策略实际上是限制 Imperium 在空间上的"至大无外"诉求，使其产生区分"内/外"的意义。

政治与法律承认，一系列新独立的国家纷纷借助以"自主性"（autonomy）为核心诉求的"主权"话语，推进自身的国家建构（state building）、民族建构（nation building）和独立工业体系的建设。然而，冷战结束之后，原有的两极国际体系转变为单极体系，美国得以在全球范围内推进其"非正式帝国"的建构。1993 年，欧洲联盟正式建立，在不断对外扩张的同时，也不断削弱成员国的主权。此外，国际法上"保护的责任"（Responsibility to Protect）观念与实践不断加强，"主权"坚硬的外壳在不断"软化"。[①] 在这样的时势之下，许多学者与时俱进，给"主权"加上各种各样的形容词，讨论"关系性主权"（relational sovereignty）、"赢得的主权"（earned sovereignty）、"共享式主权"（shared sovereignty）、"可分的主权"（divisible sovereignty）、"被悬置的主权"（suspended sovereignty），"转型主权"（transitional sovereignty），或"后国家主权"（post-statist sovereignty）[②]。"全球治理"（Global Governance）话语的兴起，同样包含着对主权的经典形态的深刻怀疑。[③] 中国于 2001 年加入世界贸易组织，有评论者认为，随着全球化的推进，甚至中国也软化了其一贯主张的威斯特伐利亚式的主权观念。[④]

[①] See Anne Orford, *International Authority and Responsibility to Protect*, Cambridge: Cambridge University Press, 2011; Sara Davies, Alex J. Bellamy & Luke Glanville, *The Responsibility to Protect and International Law*, Leiden: Martinus Nijhoff Publishers, 2011.

[②] Joseph Camilleri, "Sovereignty Discourse and Practice-Past and Future," Trudy Jacobsen, Charles Sampford & Ramesh Thakur, *Re-envisioning Sovereignty: The End of Westphalia?* Farnham: Ashgate, 2008, pp.33—34.

[③] 奈格里与哈特在其后续作品《大同世界》（*Commonwealth*）中梳理了"全球治理"话语的类型，Antonio Negri & Michael Hardt, *Commonwealth*, Cambridge, Massachusetts: The Belknap Press of Harvard University Press, 2009, pp.223—227。

[④] Yongjin Zhang, "Ambivalent Sovereignty: China and Re-Imagining the Westphalian Ideal," Trudy Jacobsen, Charles Sampford & Ramesh Thakur, *Re-envisioning Sovereignty: The End of Westphalia?* Farnham: Ashgate, 2008, pp.101—115.

后冷战时期的这些变化催生出一种更为激进的信念，即传统主权国家的内／外区分正在归于无效。这种想象在新自由主义全球秩序的赞美者与批评者那里都同样存在。美国新闻评论家托马斯·弗里德曼（Thomas L. Friedman）曾在 2005 年出版以"世界是平的"（The World is Flat）为题的畅销著作[1]，当时，无论是在美国还是中国，许多知识人和弗里德曼一样，想象正在进行的历史进程会带来一个资本、商品与技术知识自由流动的、日益均质化的全球空间。[2] 2000 年，西方左翼理论家奈格里（Antonio Negri）与哈特（Michael Hardt）出版名著《帝国》（*Empire*），论证资本主义的新发展已经使得传统民族国家的内／外区分归于无效，民族国家的主权已经过时了，一个去中心化、去领土化的全球资本帝国正在兴起。两位作者在 2004 年出版的《诸众》（*Multitude*）一书中对之前的判断略作修正，认为世界正处于从民族国家向帝国转变的"王位空缺期"（interregnum），民族国家并非丧失了重要性，但已经被纳入一个全球的框架之中。[3] 2009 年出版的《大同世界》（*Commonwealth*）更明确地主张，世界正处于从"帝国主义"向"帝国"过渡的"王位空缺期"（interregnum），美国的单边主义正在遭遇失败。奈格里与哈特区分"帝国主义"（imperialism）和"帝国"（empire），他们绕开列宁的《帝国主义是资本主义发展的最高阶段》所奠定的思想传统，将"帝国主义"界定为欧洲民族—国家的主权超出自身疆域的

[1] Thomas L. Friedman, *The World Is Flat: A Brief History of the Twenty-first Century*, New York: Farrar, Strauss and Giroux, 2005。

[2] 奈格里与哈特对"世界是平的"这一论述的回应是微妙的，他们一方面认为国家之间的边界在弱化，另一方面，全球化带来的新秩序仍然是等级性的。但事实上，弗里德曼讲"世界是平的"，主要还是在第一层意义上说的，并不否认世界仍存在等级性。（Antonio Negri & Michael Hardt, *Commonwealth*, Cambridge, Massachusetts: The Belknap Press of Harvard University Press, 2009, p.228）

[3] Michael Hardt & Antonio Negri, *Multitude: War and Democracy in the Age of Empire*, New York: The Penguin Press, 2004, pp.162—163.

扩张，但终究以民族——国家的主权为基础。[①] 而全球化时代的"帝国"不建立权力的中心，不依赖固定的疆界和界限，它是一个无中心、无疆界的统治机器。[②] 两位作者公开地使用"帝国式主权"（imperial sovereignty）这一术语，认为这一"主权"的掌控者并不是一个具体的政府，包括美国政府在内。[③]

当奈格里与哈特讨论"帝国式主权"的时候，他们实际上谈论的是"至大无外"的"Imperium"，而不是强调"内/外"之分的"Sovereignty"，只是他们用了"Imperial Sovereignty"而非"Imperium"，而没有在意"Imperium"和"Sovereignty"在欧洲历史上的紧张关系。在2000年，他们当然无法预见到十多年后特朗普的上台。但是他们的理论对于特朗普政府的某些言辞和行动能够提供某些解释。奈格里与哈特正确地预见到，美国一度大力推动的全球化，甚至对于美国自身来说也已经成为一种异己的力量。用《帝国》的理论逻辑来解释特朗普的执政，产生的可能是这样的观点：特朗普是在"去中心化"的"帝国式主权"时代，徒劳地重申更为传统的、基于疆域的"帝国主义"的逻辑。比如说，特朗普试图通过贸易战促成制造业向美国回流的努力遭遇到巨大的挫败，其根本原因在于，制造业是否回流美国，不是美国的联邦政府与少数跨国资本所能主导的，而是由全球跨国（transnational）资本网络的基本形态和经济规律来决定的，而这就是"帝国"的力量。

---

① 萨米尔·阿明坚持列宁的帝国主义论传统，严厉批评了两位作者对于"帝国主义"的这个政治性定义，认为它的问题在于，"与资本积累和再生产的要求没有关系"，这样就"随意地把罗马帝国、奥斯曼帝国、奥匈帝国、俄罗斯帝国、英法殖民帝国等混为一谈，而不考虑到互相之间完全不同的历史环境的特殊性"（萨米尔·阿明：《自由主义病毒》，王麟进等译，北京：社会科学文献出版社2007年版，第14页）。

② Antonio Negri & Michael Hardt, *Empire*, Harvard University Press, 2000, pp.xii—xiii.

③ Ibid, pp.183—204.

然而，总体而言，《帝国》仍是美式全球化时代的理论产物。两位作者看到了当代资本主义演变呈现出来的某些阶段性趋势，但过早地将这些趋势作为已经凝固下来的现实。四年后出版的《诸众》和九年后出版的《大同世界》对《帝国》的一些判断有所修正，推迟了"帝国"实现的时间，将当下的时代界定为从民族国家或"帝国主义"向"帝国"过渡的"王位空缺期"（interregnum），但其基本理论框架仍然是稳定的。在本文看来，无论是将当下的时代称为"帝国"时代，还是过渡性的"王位空缺期"（interregnum），都是先入为主地预设了全球化会不可逆地削弱主权的观念和制度，预设美国会从一个追求自身国家利益最大化的霸权力量，"和平演变"为"去中心化"的帝国秩序的螺丝钉；然而，无论是传统的南北矛盾，还是作为民族国家的美国与作为全球单极霸权的美国之间的矛盾，以及作为全球霸权的美国与全球资本主义进一步发展和升级之需要之间的深刻矛盾，都会不断地生长出"内／外"区分，从而赋予"主权"观念以新的生命力。本文试图将时势的变化与奈格里、哈特的帝国理论相对照，探讨其主权理论的内在困难，进而思考一个问题：什么样的主权理论，才能够有助于我们把握当下全球秩序的新演变？

一、"美国优先"：特朗普的"主权"话语与行动

美国的历史经验在奈格里与哈特的《帝国》中占据着重要地位。《帝国》不是从 20 世纪苏联或中国的探索中寻找未来秩序的线索，而是从美国的联邦制宪法中找到了一个不断"化外为内"的非中心化的网状（network）的秩序，认为这一秩序可以为人们想象未

来的帝国秩序提供某种线索。① 同时，两位作者又基于 1991 年海湾战争的经验，认为当代的战争已经是"帝国战争"而非"帝国主义战争"，原因在于美国是基于联合国安理会的决议，扮演了"帝国"的警察力量的角色。② 从这些细节来看，《帝国》倾向于认为，美国不仅为"帝国式主权"提供了基础历史经验，而且以类似于"和平演变"的方式融入了其运作，以至于其自身作为民族国家的主权已经变得无足轻重。

美国总统特朗普的施政，无情地打破了"美国已经融入全球帝国秩序"的想象。在其任内，特朗普激烈批判"全球主义"（globalism），并不断通过诉诸"主权"观念，重申区分"内 / 外"的重要性。特朗普对于"主权"的理论阐发，集中出现于其在 2017—2019 年在联合国大会上发表的演讲：其 2017 年联大演讲使用 "Sovereignty" 一词 10 次，"Sovereign" 一词 11 次；2018 年联大演讲使用 "Sovereignty" 一词 6 次，"Sovereign" 一词 4 次。2019 年联大演讲使用 "Sovereignty" 一词 3 次，"Sovereign" 一词 2 次（但其中一次是在"主权基金"这一固定用法中出现的）。2020 年的特朗普联大演讲稿中未出现 "sovereignty" 或 "sovereign" 字样，但重点仍是"美国优先"以及对自己政绩的自吹自擂。从

---

① Antonio Negri & Michael Hardt, *Empire*, Harvard University Press, 2000, pp.160—182. 这一分析实际上是非常表面化的。奈格里和哈特根本没有深入探讨美国联邦政府在整个美国政府体系中的人员比例以及各方面的能力。同时，在《诸众》一书中，两位作者甚至直接批判列宁的先锋党理论，赞扬麦迪逊在《联邦党人文集》中的探索。（Michael Hardt & Antonio Negri, *Multitude: War and Democracy in the Age of Empire*, New York: The Penguin Press, 2004, p.354）

② 在战争方面，奈格里与哈特界定，帝国主义战争、帝国主义间战争和抗击帝国主义战争的历史已走到了尽头，全球已经已进入了小规模内战冲突的年代，"……每一场帝国战争都是内部事务，是警察行动……实际上，对外武装力量和对内武装力量之间（在军队与警察之间，在 CIA 和 FBI 之间）在任务上的区分也已越来越模糊，越来越不明确了。"（Antonio Negri & Michael Hardt, *Empire*, Harvard University Press, 2000, p.189）

2017—2019 三次演讲来看，特朗普的"主权"论述主要包含了以下方面。

第一，国际秩序的基础仍然是民族国家。特朗普的 2017 年演讲强调，联合国本身就是建立在主权国家的基础之上的，民族国家仍然是提升人类境况的最佳的工具。① 2018 年演讲坚持这一基调，甚至宣布"美国将一如既往选择独立与合作，拒绝全球治理、控制和支配"②，在此特朗普明确无误地攻击了奈格里与哈特在《大同世界》中浓墨重彩地描绘过的"global governance"（全球治理），从而将"国家间"（inter-state）关系置于比"跨国"（trans-national）关系更为优先的位置。2019 年的演讲称"自由世界必须拥护其国家基础，不得试图抹杀或更换这些基础"，并将自由、民主与和平与爱国关联起来③，并宣称"在一个其他人寻求征服和控制的世界上，我们国家必须保持强盛的财富、实力和精神"。

第二，主权负有义务。特朗普的 2017 年演讲指出，美国政府将支持一种"有原则的现实主义"（"principled realism"），希望每个国家认识到主权担负着两项义务：尊重自身人民的利益，尊重其他

---

① 特朗普在其 2017 年演讲中引用杜鲁门总统的演讲，称联合国的力量依赖于"它的成员的独立力量"（the independent strength of its members）。二战后美国援助欧洲的马歇尔计划，在特朗普看来，体现了和平的三根支柱：主权，安全与繁荣（sovereignty, security, and prosperity）。美国期待的是一个由"自豪而独立的国家"（proud, independent nations）所组成的世界，人民在这些国家里享有尊严与和平。（Remarks by President Trump to the 72nd Session of the United Nations General Assembly, https://www.whitehouse.gov/briefings-statements/remarks-president-trump-72nd-session-united-nations-general-assembly/, 2021 年 8 月 28 日最后访问）

② Remarks by President Trump to the 73rd Session of the United Nations General Assembly, https://uy.usembassy.gov/remarks-by-president-trump-to-the-73rd-session-of-the-united-nations-general-assembly/, 2021 年 8 月 28 日最后访问。

③ 特朗普总统在第 74 届联合国大会上的讲话，网络链接：https://china.usembassy-china.org.cn/zh/remarks-by-president-trump-to-the-74th-session-of-the-united-nations-general-assembly/, 2021 年 8 月 28 日最后访问。

主权国家的权利。特朗普在此无端指责一些国家，称这些政府威胁到了他们自身人民的利益与其他主权国家的权利。[①] 在后续几年的演讲中，特朗普还蛮横批判过尼加拉瓜，并对"社会主义与共产主义"进行了无差别攻击。

第三，美国的"人民主权"要求"美国优先"政策。特朗普在2017年演讲中论证，美国宪法序言中对"我们人民"作为主权者的宣示，内在要求"美国优先"的政策。美国仍然是世界的朋友，但并不会加入那些美国无法受益的片面的交易。[②] 在其一系列演讲中，特朗普攻击联合国人权理事会、国际刑事法院、石油输出国组织（OPEC）、《全球移民协议》（*Global Compact on Migration*）、联合国乃至世界贸易组织（WTO）对美国不公平，尤其在其2019年的演讲中声称"全球主义对过去的领导人施加了一种宗教吸引力，使他们忽视了本身的国家利益"，从而给了中国在国际贸易体系中的有利地位。

特朗普的论述背后，是否有一个一以贯之的"主权"理论呢？美国布鲁金斯学会研究员塔鲁·奇哈布拉（Tarun Chhabra）发表评论，认为特朗普的"强主权"源于"负责任的主权"（responsible sovereignty）这一理论。奇哈布拉指出，早在2001年，加拿大政府设立的国际干预与国家主权委员会（International Commission on Intervention and State Sovereignty）已经主张"国家主权内在包含了义务，国家首先负有保护人民之责任"。对"负责任的主权"更具体系性的阐述，来自2009年布鲁金斯学会的三位研究员布鲁斯·琼斯（Bruce

---

① 特朗普演讲的干涉主义意涵浓缩在这句短语之中："我们对主权的尊敬，也是对行动的号召"（our respect for sovereignty is also a call for action）。

② Remarks by President Trump to the 72nd Session of the United Nations General Assembly，https://www.whitehouse.gov/briefings-statements/remarks-president-trump-72nd-session-united-nations-general-assembly/，2021年8月28日最后访问。

Jones)、斯提芬·斯戴德门（Stephen Stedman）与卡洛斯·帕斯库尔（Carlos Pascual）的一本合著《权力与责任：在跨国威胁时代建构国际秩序》，强调"主权需要承担对其他国家与本国人民的义务"以及"各国政府需要进行跨境合作，以保护共同资源，防止共同威胁"①。

　　然而仔细阅读《权力与责任》一书，我们可以发现它探讨的主权国家需要遵守的诸多义务，包括了应对全球气候变化、核扩散、生物技术安全、民间暴力与区域冲突、跨境恐怖主义威胁，维护全球经济安全等等。这从根本上是一本全球主义论调的著作，假设美国应当在全球化中承担领导责任。②也许特朗普2017年联大演讲的起草人的确受到了"负责任的主权"理论的影响，但是特朗普政府的所作所为，却在多方面与这一理论的期待相背离。比如说，特朗普政府退出了《巴黎气候协定》（后拜登政府重新加入），并且放松环境保护方面的行政规制，以发展美国的化石能源工业。《权力与责任》期待更多的国家在稳定全球经济方面分担责任，但特朗普一方面使用"责任"的修辞来攻击他眼中的"流氓国家"，另一方面，一旦涉及美国应当承担的责任，他马上转变调门，强调美国已经承担太重的全球责任，需要的是减负。

　　由此看来，特朗普团队最多只是以一种机会主义的态度，从

---

①　Tarun Chhabra, "Why Trump's 'Strong Sovereignty' Is More Familiar than You Think," https://www.brookings.edu/blog/order-from-chaos/2017/09/20/why-trumps-strong-sovereignty-is-more-familiar-than-you-think/, 2021 年 8 月 28 日最后访问。

②　Bruce Jones, Stephen Stedman, and Carlos Pascual, *Power and Responsibility: Building International Order in an Era of Transnational Threats*, Brookings Institution Press, 2009. The key idea that sovereignty has its responsibility is not a fresh one. The two UN secretary general Boutros Boutros-Ghali and Kofi Anan have presented the basic idea when in power, see Boutros Boutros-Ghali, *An Agenda for Peace*, New York: United Nations, 1995, p.44. Kofi Annan, 'Two Concepts of Sovereignty,' *The Economist*, 18 September, 1999, p. 49.

几位亲民主党的智库学者的"负责任的主权"论述中借用了一些符号，为美国减少国际责任与义务的诉求作一些掩护。[①] 在特朗普政府的种种行动中，有两个例子特别能表明其"主权"观念中所包含的"内/外"之分：

第一是对边境政策的收紧。自从 2001 年的"9·11"事件以来，美国虽然加强了对边境的管控，但在接收移民和难民问题上仍保持了较大的开放性。特朗普回应许多选民对墨西哥非法移民涌入美国，夺走美国人的工作，威胁社会治安，以及改变美国人口结构的恐慌，宣布要在美墨边境修筑一道"长城"。为了解决修墙所需要的资金，特朗普在 2019 年 2 月 14 日甚至宣布了一个国家紧急状态。特朗普还以国家安全的修辞，限制了来自若干伊斯兰国家的国际旅行者。特朗普对国际难民更是采取关门政策，大幅减少接纳国际难民。[②] 特朗普甚至批评瑞典与德国对于难民的开放政策，鼓励欧洲的疑欧右翼民粹势力。再结合特朗普在其内阁中重用基督教福音派以及其选民结构中欧裔白人的主导地位，可以看到特朗普对于

---

① 正是这种"减负"的思路，导致了特朗普时期美国的频繁"退群"：美国退出了跨太平洋伙伴关系协定（TPP）、《巴黎协定》、联合国教科文组织、《全球移民协议》、《武器贸易条约》、《伊朗核问题全面协议》、联合国人权理事会、《中程弹道导弹条约》、万国邮政联盟（特朗普政府后撤回）、《开放天空条约》乃至世界卫生组织（拜登政府取消退出），等等，甚至威胁退出世界贸易组织。在 2018 年 8 月 13 日，特朗普签署《美国外国投资风险评估现代化法案》（The Foreign Investment Risk Review Modernization Act，简称 FIRRMA）法案，该法案扩张了美国外国投资委员会（The Committee on Foreign Investment in the United States）对于国外个人与实体投资美国或并购美国企业时的国家安全审核权限。这就是以国家安全的名义，加强对外国投资的限制，重点在防止其他国家收购美国的高科技企业。

② 奥巴马政府为 2016 财年设定的移民接纳上限有 8.5 万名，特朗普政府将 2017 财年接纳移民上限砍到了 5 万名，2018 与 2019 年则分别为 4.5 万名与 3 万名，最后，特朗普政府还将 2021 财年安置难民的上限定为 1.5 万人。（Asylum and the Refugee Law Update，June 8，2021，链接：https://www.rpc.senate.gov/policy-papers/asylum-and-the-refugee-law-update，2021 年 8 月 28 日最后访问）

美国"内部"的界定不仅强调物理边境，而且在种族和宗教上都具有狭隘性：种族上的欧裔白人，宗教上的基督徒——在很大程度上与美国保守派政治学家塞缪尔·亨廷顿（Samuel Huntington）对于美国的"我们"（We）的界定[①]相呼应。

第二是对世界贸易组织（WTO）的不满与攻击。从《帝国》的理论逻辑出发，作为一个国家间（inter-state）组织、奉行"一国一票"原则的WTO，尽管"跨国"（trans-national）的程度达不到按照"特别提款权"份额来分配决策权的国际货币基金组织（IMF），但无疑比美国政府更具"帝国性"[②]。然而特朗普不断抱怨WTO已经构成对美国主权的外在限制，进而基于美国国内法发动301调查并采取制裁措施，并阻挠WTO的上诉组织的运作。这表现出美国将自己主导建立的国际贸易秩序视为异己之物的倾向。

早在2017年3月，美国贸易代表办公室（the Office of the United States Trade Representative）发表了《特朗普总统的2017年贸易政策议程》（*President Trump's 2017 Trade Policy Agenda*），将"主权"作为关键词，其中陈述了四个目标：（1）捍卫美国对于贸易政策的主权；（2）严格执行美国贸易法；（3）使用所有可能的手段鼓励其他国家向美国货物与服务开放，并为美国知识产权的保护提供充分而有效的保护与执行机制；（4）与处于世界关键市场的国家协商新

---

① 亨廷顿：《我们是谁：美国国家特性面临着的挑战》，北京：新华出版社2004年版，第52—89页。

② 两位作者对于WTO更为系统的分析，参见 Michael Hardt & Antonio Negri, *Multitude : War and Democracy in the Age of Empire*, New York : The Penguin Press, 2004, p.171. 两位作者梳理了全球市场力量与政治-法律制度互动的三个层次，分别为：（1）全球市场上的公司所创造的私人的规则和权威；（2）民族国家围绕着全球市场进行互动所产生的规则和权威，如WTO，奉行"一国一票"原则；（3）超国家的经济管理机构，如IMF和世界银行，它们并不遵循"一国一票"的原则。在两位作者看来，WTO是"全球贵族真正的讲坛"，体现了从国家法、国际法到全球法或帝国法的过渡阶段。

的、更好的贸易协议。该文件将 WTO 的纠纷解决机制视为对美国主权的限制。该办公室制定的《2018 年贸易政策议程和 2017 年年度报告》进一步指责 WTO 给予巴西、中国、印度、南非等比收入非常低的国家要更为发达的经济体以发展中国家特殊待遇，但并没有提供清晰的发展中国家标准，"削弱了 WTO 规则的可预测性，减损了新自由化协定之下的谈判结果的确定性。"[1] 该报告攻击"中国拥有国家主义经济模式，其政府在其中扮演着重要而且不断扩张的角色"（China has a statist economic model with a large and growing government role），指责中国"在近年来进一步偏离了市场原则"，并有极大的能力在全球范围造成市场的扭曲。然而，从关贸总协定（GATT）到 WTO，都并没有提供任何"非市场经济体"的实质认定标准。[2] 各国基本上是从自己的国内法出发来认定何谓"非市场经济体"。

《2018 年贸易政策议程和 2017 年年度报告》貌似承认主权包含了对等的内容："作为一个主权国家，中国可以自由选择自己偏好的贸易政策。但是美国作为一个主权国家也可自由做出回应。"[3] 美

---

[1] Office of the United States Trade Representative, *2018 Trade Policy Agenda and 2017 Annual Report of the President of the United States on the Trade Agreements Program*, March, 2018, https://ustr.gov/sites/default/files/files/Press/Reports/2018/AR/2018%20Annual%20Report%20FINAL.PDF, 2021 年 8 月 28 日最后访问。

[2] 在 1954 年至 1955 年 GATT 审议期内，缔约国决定为 GATT 第 6 条添加"注释二"，笼统规定："人们意识到，当进口商品是来自一个贸易由国家完全垄断，或几乎完全垄断的缔约方，而且价格在这些缔约方也是由政府控制时，根据 GATT 第 6 条第 1 款确定的价格比较方式有其特殊困难。在这种情况下，进口缔约方有可能认为将出口缔约方的国内价格作为比较价格并不合适。"但该规定并未对何谓"非市场经济体"给出界定，在 GATT 基础上建立的 WTO 也没有对"非市场经济体"给出实质界定。

[3] Office of the United States Trade Representative, 2018 Trade Policy Agenda and 2017 Annual Report of the President of the United States on the Trade Agreements Program, March, 2018, https://ustr.gov/sites/default/files/files/Press/Reports/2018/AR/2018%20Annual%20Report%20FINAL.PDF, 2021 年 8 月 28 日最后访问。

国"自由作出回应"的方式，就是挥起贸易制裁大棒。2017年，特朗普指示美国商务部部长根据《1974年贸易法》第301条正式对中国启动调查。301条款授权美国总统及贸易代表（USTR）应就外国政府不合理或不公正的贸易做法进行申诉或自行决定调查，并采取制裁措施。接下来，特朗普政府曾经四次对中国商品加征关税。[①]但拜登政府上台后，继承了特朗普对华加征的关税，并将其作为与中国谈判的筹码。这些加征关税政策不仅是为了降低美国的对华贸易逆差，同时也指向对全球价值链的重组——引导跨国公司将制造环节搬回到美国本土，至少是搬到中国以外。

从美国一贯的国际行为方式来看，这些做法都并不新鲜。在冷战时期，当GATT谈判正在进行的时候，美国就在其1974年贸易法中规定了所谓的301条款，进而以单边的贸易调查和惩罚取代GATT的纠纷解决机制，以惩罚所谓的外国不公平贸易活动。美国此举迫使关贸总协定的其他成员考虑修改GATT的纠纷解决机制。1994年，WTO的成员方终于达成了吸纳了美国主张的《争端解决谅解》（DSU）。DSU的第23条试图加强多边纠纷解决机制，明确禁止任何成员方在DSU程序之外单方寻求救济，决定其他国家是否违反WTO义务或侵犯了起诉国的权利。按理说，其他国家已经对美国做出让步，美国应该全身心拥抱DSU。然而，美国仍然不放弃在贸易争端中使用301条款，甚至还在最近的贸易战中使用了1962年

---

① 2018年7月、8月，美国对华第一批和第二批共500亿美元商品加征25%关税生效；2018年9月，第三批2000亿美元商品加征10%关税生效；2019年5月，第三批2000亿美元商品关税税率升至25%；2019年9月，3000亿美元A清单（约1000亿美元）商品加征15%关税生效；2020年1月中美两国谈判并签署了"第一阶段"贸易协议，2月，3000亿美元A清单（约1000亿美元）商品关税税率从15%降至7.5%。值得指出的是，WTO成员方只有在获得WTO授权的情况之下，才能够对另一个成员方进行贸易报复，美国此举有违WTO所规定的国际义务。

贸易法中的 201 与 232 条款，以国家安全为名发动了一系列贸易调查。美国还存在其他形式的对 WTO 规则的违反，比如在与其盟友协商钢与铝的贸易的时候，美国甚至祭起了"自愿出口配额"（Voluntary Export Quotas），而这是 WTO 的前身关贸总协定的乌拉圭回合就已经严格限制的做法。①

然而，美国会因为这些违反 WTO 规则的行为受到惩罚吗？一个致命的问题是，美国有能力阻挠 DSU 机制发挥作用。根据 DSU程序，法庭在处理一个案件的时候至少要有 3 名法官，如涉及回避的状况，则需要更多名额。上诉机构原来有 7 名法官，不断有法官完成他们的任期。但美国连续 30 次利用一票否决权阻止新任法官的遴选，导致 WTO 上诉机构于 2019 年 12 月 11 日正式进入"停摆"状态，这是 24 年以来的第一次。至 2020 年 11 月 30 日，WTO上诉机构最后一名成员正式期满卸任。② 拜登政府在话语层面弱化了特朗普的"美国优先"说法，鼓吹"基于规则的秩序"（rules-

① Statement by H.E. Ambassador Dr. ZHANG Xiangchen at the WTO General Council Meeting, http://wto2.mofcom.gov.cn/article/chinaviewpoins/201805/20180502741686.shtml，2021 年 8 月 28 日最后访问。在 20 世纪，美国无数次使用了这一做法，以保护自己的工业。自愿出口配额对于相关国家来说，从来就不是自愿的，总是美国的压力迫使相关国家限制自己的对美出口。2018 年 5 月 8 日在日内瓦举行的世贸组织总理事会会议上，中国常驻世界贸易组织代表张向晨指出，美国在与其他 WTO 成员方就钢铝关税进行的豁免谈判中寻求世贸规则禁止的"自愿出口限制"，明显违反世贸组织规则。

② WTO 上诉机构的"停摆"必将影响全球贸易合作。为改变现状，中国、欧盟等21 个世贸组织成员发起成立"多方临时上诉仲裁安排"（MPIA），通过仲裁程序解决参加方提起的上诉争端案件。2020 年 7 月 31 日，中国、欧盟等参与方成功组建了由 10 人组成的仲裁员库。2020 年 9 月 15 日，由 3 名贸易专家组成的一个小组委员会裁定特朗普政府对中国商品加征的额外关税违反了国际贸易原则。但值得注意的是，美国并不是 MPIA 的参加方，也没有参与相关谈判和磋商。WTO 实际上没有能力让美国执行相关裁决。

based order）①，然而在对 WTO 如何继续正常运作问题上，迟迟没有实质性动作，对 WTO 上诉机构"停摆"的问题也迟迟未作回应。②

WTO 上诉机构"停摆"这一现象，事实上具有重大的理论意义。WTO 是全球自由贸易秩序的象征，然而美国祭起"主权"口号轻轻一击，就使 WTO 陷入如此深刻的危机，这可以反映出，虽然美国在全球贸易秩序中的主导者地位正在失落，但其作为"否决者"的地位仍然相当巩固。这恰恰表明，奈格里和哈特在《帝国》中重视的诸多体现去中心化、去疆域化"帝国"特征的国际组织和国际法规则，从根本上来说仍然缺乏抵御美国霸权、独立运作的能力。而对于那些不奉行"一国一票"原则、更倚重以出资比例来分配投票权的国际组织，如 IMF 与世界银行，这一特征更加明显。

在 2009 年出版的《大同世界》里，两位作者对 2000 年的判断做出调整。现在他们认为，20 世纪末，新的帝国正在形成，但美国政府"并没有直接致力于帝国的形成过程，而是否定和压制新鲜事物"③。他们认为，新世纪以来，美国发动了一场"政变"（coup d'état），试图让所有正在崛起的"贵族"权力（其他主导性的民族

---

① 芝加哥大学的保罗·波斯特（Paul Poast）指出，"基于规则的秩序"一词正是在小布什未获联合国安理会授权就入侵伊拉克后才开始流行开来的，用于批评美国政府对于国际法的无视。这一概念被拜登政府回收利用，但拜登政府从不明确他们遵守的是什么规则。（参见 Peter Beinart，"The Vacuous Phrase at the Core of Biden's Foreign Policy，"链接：https://www.nytimes.com/2021/06/22/opinion/biden-foreign-policy.html，2021 年 8 月 28 日最后访问）

② 这或许表明，拜登政府所谓"基于规则的秩序"的表述，其实从根本上意味着"基于美国主导制定的规则的秩序"，这不是联合国领导下的以国际法为基础的国际秩序。事实上，在联合国的会场中，由于大量发展中国家的参与，美国及其发达国家盟友在表决中经常不占优势。而 WTO 是美国及其发达国家盟友主导建立的，当美国感觉对其发达方向失控时，轻而易举就使其陷入半瘫痪状态。

③ Antonio Negri & Michael Hardt，*Commonwealth*，Cambridge，Massachusetts：The Belknap Press of Harvard University Press，2009，p.203.

国家和跨国公司等力量）服从于美国的"君主"权力，从而将正在崛起的"帝国"转变为"帝国主义"。[①] 从这一新论述来看，特朗普对"主权"的强调，就可以被解释为与阿富汗战争、伊拉克战争类似的以"帝国主义"来对抗"帝国"的行为。这一新判断无疑比《帝国》中的判断看起来更圆润，但它制造了新的问题：第一，两位作者既然用了"政变"（coup d'état）这个词，那就是假设"帝国"的正当性在20世纪末已经树立起来了，所以美国的行为可以被理解为对某种正统的颠覆，但这个假设成立吗？第二，两位作者说20世纪90年代美国"并没有直接致力于帝国的形成过程"，相当于说，美国并没有推动"全球化"，这符合现实吗？

两位作者实际上是根据后冷战时期的全球化进程的某些现象，制造出他们的"帝国"概念的。然而冷战后的全球化进程真的可以和美国的推动作用相分离？如果没有东欧的剧变和苏联的解体[②]这个政治事件，全球化只会限于美国领导的资本主义阵营，或许会部分波及从20世纪70年代起就不参与两极争霸的中国。冷战的终结确立了美国的单极霸权，美国外部已经不再存在像苏联这样的强敌，这就在地理空间上为西方资本打开了超额利润的新边疆。美国控制着大多数产业最为尖端的技术，控制以远程军事打击能力为基础的全球运输网络，并拥有金融霸权。正是基于地缘政治层面的巨大自信，美国的统治精英推动了"垂直分工"模式的普遍化——许多产业的制造环节被转移或外包到发展中国家，从而形成全球价值

---

① Antonio Negri & Michael Hardt, *Commonwealth*, pp.205—206.

② 值得注意的是，两位作者对苏联解体提供了这样的解释："苏联的解体也并非因为冷战的军事和政治压力，而是因为国内对不自由境况的造反，尤其是因为以极端规训形式对机器大工业进行的社会主义管理和新出现的生命政治生产所要求的自主性之间的矛盾。"（Antonio Negri & Michael Hardt, *Commonwealth*, Cambridge, Massachusetts: The Belknap Press of Harvard University Press, 2009, p.235）

链，美国的跨国公司控制了价值链利润最为丰厚的标准制定和销售环节，广大发展中国家只获得了加工费和极少量供应链利润。利润不断从全球各地流向跨国企业的美国总部，进而在金融市场上给这些企业的股东带来丰厚回报。①

20世纪末的全球化模式，本来就是以美国的单极霸权为基础的。两位作者眼中的去中心化、去疆域化的"帝国"，其通行的货币仍然是美联储发行的美元，而且并没有一支真正超越民族国家的强大的跨国军事力量。美军可以在美国国内政治需要的时候执行联合国安理会决议，但"帝国"并没有军事力量防止美军的单边主义行动。美国在"9·11"之后发动阿富汗战争和伊拉克战争，那绝不是对之前的某个历史过程的逆转，或者用两位作者的话说，某种"政变"（coup d'état）。这只是美国在充满自信地行使其不久前确立的单极霸权而已。更贴切的说法是，美国并非用自己的单边主义"攻击"了一个与美国自身平行发展的全球化，而是美国原本以极大的自信推动的"全球化"脱离了美国自身的控制，产生了诸多"意外后果"。

比如说，美国在"垂直分工"模式中原本给中国这样的发展中国家安排的只是产业链的中低端位置，然而20世纪中国通过革命与社会主义建设打造出了强大的国家主权，早在对西方开放之前，就已经有相当完整的工业体系和可观的自主研发能力。在推行"自主性开放"之后，中国不仅在产业链的中低端站稳脚跟，而且不断向高端"逆袭"。而一旦中国掌握一个产品的生产技术，往往就会凭借强大的制造规模，将其变成"白菜价"，使美国的跨国公司失去在全球榨取超额利润的能力。如此，美国的跨国公司在全球价值链上为中国安排的位置，就被颠覆了，部分跨国公司陷入对丧失

① 雷少华：《全球产业结构变迁与政治裂隙》，《北京大学学报》2019年第6期。

超额利润的恐慌，产生了诉诸美国国家政权打压中国相关产业的强大动力。而同时，制造业转移和外包带来的本土制造业中心的衰落和大量工作机会的消失，也使得大量美国中产阶级成员出现社会地位下降的恐慌，同样产生了诉诸国家政权遏制这一进程的动力。但是，美国的跨国公司尽管有动力借助国家政权的力量打击其他国家的竞争对手，却很难在没有利益补偿的条件下，接受将制造环节转移回美国的要求——这相当于要求它们承担更高的成本，忍受更低的利润。更何况，多年的"去工业化"已经使得美国本土制造业的产业配套水平大大下降，许多行业缺少工程师和熟练工人，"再工业化"需要持久的投入，不利于跨国公司背后的金融资本获得短期收益。于是，出选票的主力和出政治献金的主力之间，就出现了矛盾。

当然，全球化本身并没有终结。美式全球化让许多发展中国家参与到全球价值链之中，但同时又将其锁定在利润微薄的环节。中国能够突破美国跨国公司在全球价值链上锁定的位置，向价值链的高层攀升，这本身对于广大发展中国家就是一种激励，预示着一种在价值分配上更有利于广大发展中国家的全球化模式的可能性。但从可能性到现实性，还需要经历一个复杂的历史过程。美国运用"主权"观念重新区分"内/外"，重组全球价值链，必然会激发其他国家和区域对自主性的追求。在种种因素的共同作用之下，我们正在迎来一股以"主权"观念重新区分"内/外"的潮流。

值得附带讨论的是，奈格里与哈特津津乐道的西方出现的以"非物质生产"与高度弹性为基本特征的"生命政治"生产方式（biopolitical production），恰恰建立在上述"垂直分工"基础之上——西方正因掌握了价值链的上游，其部分劳动者才得以从枯燥乏味的流水线生产中解脱出来，进入"非物质劳动"状态，产品的生产和劳动力的再生产、社会关系的再生产似乎聚合为一个过程。

然而，这恰恰是以充满枯燥和重复劳动的制造环节已经被转移到亚洲的代工厂为前提的，发展中国家的劳动者在跨国公司的全球价值链中承担了枯燥乏味的工作，以赚取微薄的工资。两位作者立足"生命政治"进行理论建构，但未能分析这种"生命政治"与全球资本主义体系的"中心"对"边缘"的剥削之间的关系，这绝不是发展中国家视角或第三世界视角。[①] 更何况，在"生命政治"生产方式下，成百上千产业工人在同一个车间进行面对面合作的场景消失了，互联网貌似可以带来更广泛的横向联合，但资本对网络互动的控制技术也已经日趋成熟。奈格里与哈特期待新生产方式下的工人在生产过程中自然而然地发展出比传统的产业工人更有战斗力的反抗资本主义的组织形态，那只能说太低估资本"分而治之"的力量了。

二、重界"内 / 外"的潮流与"主权"观念的复兴

在 2000 年出版的《帝国》中，奈格里与哈特认定，资本主义的全球扩张，已经吞噬了资本秩序之外的空间，形成一个"至大无外"的"帝国"，于是，"界定着现代冲突的二元对立已日渐模糊，为现代主权自我定界的他者也已经破碎，不再确定，再没有一个外界来为主权领土划定边界了。正是外界的存在使现代性的危机具有了连贯性。今天，美国的鼓动家们越来越难以说出一个统一的敌手了，取而代之的是无处不在的，躲躲藏藏的小敌手"[②]。不久，阿富

---

① 萨米尔·阿明对《帝国》的"西方中心主义"作了严厉的批判，认为两位作者提出的"帝国"事实上仅仅限于资本主义的三大地区：美国、欧洲和日本，而无视世界其他地区，这种分析"不幸地属于西方中心主义的传统，同时也是一种时髦的空话"（萨米尔·阿明：《自由主义病毒》，第 14 页）。

② Antonio Negri & Michael Hardt, *Empire*, Harvard University Press, 2000, p.189. See also Michael Hardt & Antonio Negri, *Multitude*: *War and Democracy in the Age of Empire*, New York: The Penguin Press, 2004, p.55.

汗战争和伊拉克战争爆发。基于时势的新发展，2009 年出版的《大同世界》调整了故事的讲法：在 21 世纪初，美国发动了对于"帝国"建构进程的"政变"，然而 2008 年的金融危机，标志着美国"政变"的失败。"帝国"的建构进程继续推进："在某些方面，在美国政变失败后，集体的资本已经实现了对经济、社会、政治和军事危机的拨乱反正……事实上，全球治理存在很多极，并且有很多行动正在建构国家和非国家行动者的集合，确立新的权力形式，并决定调节和管理的新规范和实践。从这个意义来看，我们可以说，达沃斯，即一年一度的世界经济论坛所在地，其重要性正在赶超华盛顿……"①

两位作者所期待的"拨乱反正"真的发生了吗？他们在奥巴马的第一个任期出版《大同世界》，正值"中美国"（Chimerica）②这一概念和达沃斯论坛如日中天之时。然而，到了奥巴马第二个任期，我们就看到白宫试图从中东抽调更多资源投入亚太区域，遏制中国的崛起。特朗普上台之后，公开承认伊拉克战争是美国的错误，希望尽快从伊拉克撤出所有美军，并与阿富汗塔利班在卡塔尔直接谈判撤军条件。至于两位作者非常看重的达沃斯论坛，在特朗普任内经历了巨大的震荡，特朗普不仅频繁在其国内演讲里攻击"全球主义者"，而且于 2018 年 1 月 26 日和 2020 年 1 月 21 日两度发表演讲，公开鼓吹"美国优先"，号召各国投资于美国。到了 2021 年 1 月，在新冠疫情肆虐全球之时，论坛的主题已经从 2020 年的"凝聚全球力量，实现可持续发展"悄然退到了"把握关键之

① Antonio Negri & Michael Hardt, *Commonwealth*, Cambridge, Massachusetts：The Belknap Press of Harvard University Press, 2009, p.227.

② "Niall Ferguson Says U.S.–China Cooperation Is Critical to Global Economic Health," Washington Post, November 17, 2008, https：//www.washingtonpost.com/wp-dyn/content/article/2008/11/16/AR2008111601736.html，2021 年 8 月 28 日最后访问。

年，重建各方信任"。毫无疑问，达沃斯论坛已经陷入了一个低谷。

拜登入主白宫之后，更为果断地从阿富汗撤军，哪怕这一决定直接导致 2001 年阿富汗战争推翻的塔利班势力卷土重来，而美军的"喀布尔时刻"的戏剧性更是超过了 1975 年的"西贡时刻"。白宫减少"治安战"投入，目的在于集中资源来应对它所认定的、更具传统色彩的"外部威胁"。从奥巴马的"转向亚洲"到特朗普—拜登的"印太战略"，其假想敌就是中国。① 特朗普政府更在科技领域进行对华"脱钩"。2018 年 4 月 16 日，美国宣布制裁中国的中兴通信公司，使中兴几乎陷入"昏迷"状态。在美国有关部门的推动下，2018 年 12 月 1 日，华为公司首席财务官孟晚舟在加拿大被捕，美国要求将孟晚舟引渡到美国。接下来，美国开启了对华为公司的全球围堵，游说"盟友"禁用华为设备，并要求芯片供应商、代工厂与光刻机制造商对华为进行芯片"断供"，造成一度登顶全球的华为 5G 手机业务的跌落。从特朗普到拜登政府，都限制了中国留学生攻读 STEM（科学、技术、工程、数学）研究生，限制美国科研机构与中国的科研合作。之后，拜登政府正在推动一场全球范围的"规则战"，要联合一系列所谓的"盟友"，在许多领域重设国际规则，限制中国的"发展权"。在意识形态领域对中国的"合围"，在很大程度上可以被理解为"规则战"的"动员令"。

特朗普发动、拜登继承的对华贸易摩擦并没有达到白宫的预定目的，美国对华贸易逆差屡创新高，加征的关税甚至成为推动 2021

---

① 2021 年 3 月 3 日，白宫国家安全委员会发布《国家安全战略过渡性指导方针》称，在美国的竞争者当中，只有中国有综合潜力持续挑战"稳定和开放的国际体系"。美国国家情报总监办公室 2021 年 4 月发布的《2021 年度威胁评估》报告，则将中国寻求获得"全球性力量"列为美国面临的"首要威胁"。这是美国精英从国家战略的高度将中国界定为美国的头号对手，共和党与民主党在这一点上已经获得了高度共识，因此我们才能看到拜登如此顺畅地继承了特朗普的对华政策，甚至进一步加码，限制中国的"发展权"。

年美国国内通货膨胀的重要诱因。相比之下，特朗普—拜登前后相继的"科技战"目前暂时没有产生立竿见影的"自噬"效果，但已经大大加强了中国的"经济主权"尤其是"技术主权"观念。之前，"比较优势"（comparative advantage）理论在国际上非常流行，许多发展中国家接受了美国主导的全球分工格局，放弃了"进口替代"战略。许多中国官员和企业家也相信中国无须耗费精力投资关键科技，因为很多先进产品可以很便捷地通过国际贸易来获得。在实践中也存在"市场换技术"的策略——中国向许多跨国公司开放市场，鼓励后者向中国公司转让技术。仅仅两三年之前，中国的经济学界还在辩论国家产业政策在市场经济国家的正当性。[①] 但中兴与华为事件完全改变了讨论的氛围。在美国的步步紧逼之下，很少有人还会信赖与美国的"自由贸易"，或质疑产业政策的正当性，核心的议程变成了如何选择产业政策，以促进自主创新。许多论者直接诉诸"技术主权"这一概念，强调国家必须有自主可控的核心技术，避免被人"卡脖子"。也有越来越多的人注意到，美国指责中国政府扶持高科技企业，但美国联邦政府每年都会大量投资促进科技创新和产业发展。[②] 借鉴美国的经验，打造中国的"新型举国体制"，成为越来越强的共识。

新冠疫情暴发以来，面对更为复杂的国际形势，中国官方采纳了"两个大循环"理论，将"国内大循环"作为两个"大循环"的主体，这体现出一种鲜明的"底线思维"：中国不主动与美国"脱钩"，但要为美国单方面"脱钩"做好相应的准备，才能够带来事实上"不脱钩"的效果。而这就涉及具有更强自主性、更能够抗拒

---

① 《经济导刊》编辑部、源清智库：《从产业政策到意识形态的交锋——从"林张之争"看当下学术舆论环境》，《经济导刊》2017年第2期。

② 贾根良、楚珊珊，《中国制造愿景与美国制造业创新中的政府干预》，《政治经济学评论》2019年第4期。

外部风险的产业链的建设。在对外贸易中，中国积极推动本币结算和"去美元化"。同时，中国也在努力降低外汇占款在基础货币发行中的地位，从而降低美联储超发美元给中国带来的"输入性通胀"的风险。[1] 中国的"十四五规划"前所未有地强调了"科技自主创新"。凡此种种，都体现了中国"经济主权"观念的加强。

值得一提的是，长期以来，中国在与其他发展中国家打交道的时候，一直比较强调理解和尊重对方的"主权"诉求，比如说，接受数据的本地化存储，对外援助不附政治条件，等等。中国所设想的"人类命运共同体"，也不是一个泯灭了民族与国家边界的共同体，而是一个既存在民族、国家与文明的自主边界，又能够互联互通互助的共同体，这本身就与奈格里和哈特的"帝国"想象相去甚远。

美国以"主权"观念加强"内/外"区分，推动全球价值链重组，激发中国的相应回应，这听起来是一个更为传统的故事。毕竟，自从与苏联决裂、转向"三个世界"划分以来，中国在国际体系中一直处于自主性最高的国家之行列。但更具戏剧性的是，欧盟也做出了类似的回应。萨米尔·阿明在评论《帝国》时曾指出，奈格里和哈特提出的"帝国"事实上仅仅限于资本主义的三大地区：美国、欧洲和日本，而无视世界其他地区。[2] 尽管两位作者未必会承认阿明的这一诊断，但确定无疑的是，欧盟各成员国经历了双重的主权削弱：首先是欧盟一体化削弱各成员国主权，其次是欧盟处于美国主导的跨大西洋同盟之中，军事上处于美国主导的北约的监护之下。相比于不甘成为"帝国"工具的美国，欧盟更像是"帝国"驯顺的行省。然而面对美国的单边主义政策，欧盟精英也诉诸

---

① 王宇伟、彭明生、范从来：《外汇发行、便利发行与中国的货币发行机制》，《学术月刊》2018年第11期。
② 萨米尔·阿明：《自由主义病毒》，第14页。

了"主权"这个原属于国家的概念，这就让故事变得更为复杂，更具理论上的挑战性。

特朗普政府对欧推行"美国优先"战略，在政治上分化欧盟、发动贸易战、制裁与伊朗贸易的欧盟企业、反对欧盟监管美国数据巨头，要求欧洲国家承担更多军费，等等，给欧盟带来了很大冲击。[①]美欧之间的跨大西洋同盟关系出现震荡，激发了欧盟的"战略自主"意识。2017 年 9 月，法国总统马克龙在索邦大学演讲中提出"主权欧洲"的目标，并列出了防务建设、应对移民挑战、聚焦重点的对外政策、可持续发展的榜样、数字化欧洲建设以及经济和货币力量的欧洲这六大关键任务，其中前三项与欧盟的对外政策直接相关，后两项涉及科技主权和经济主权。[②]尽管马克龙并没有细致界定他所说的"主权"的具体含义，但他的"主权欧洲"主张得到了许多欧盟政治精英的热烈响应。2018 年 9 月 12 日，即将卸任的欧盟委员会主席容克向欧洲议会发表题为"欧洲主权时刻"的盟情咨文报告，甚至提出在外交领域取消成员国全体一致的决策机制，

① 特朗普对英国脱欧表示赞许，并且批评默克尔的移民政策（"Full transcript of interview with Donald Trump," https://www.thetimes.co.uk/article/full-transcript-of-interview-with-donald-trump-5d39sr09d 2021 年 8 月 28 日最后访问）。据华盛顿邮报报道，在 2018 年 4 月，欧盟官员释放出一个信息：特朗普甚至试图劝说法国总统马克龙退出欧盟，并承诺美国将在双边贸易谈判中给予法国一个优待方案。很明显的是，对特朗普来说，与单个国家进行一对一的谈判，比在一个多边平台上谈判要来得更加容易一些，因为在这种情况下，美国将能够更有效地运用强力。在具体的政策上，特朗普通过北约体系，要求欧洲盟友提供更多军费；反对德国与俄罗斯建设"北溪 2"项目。特朗普对欧洲发起多次贸易调查，针对欧盟的数字税计划，挥舞大棒。特朗普政府退出伊核协议，重拾对伊朗的制裁，同时也对欧洲企业与伊朗的经济交易构成了巨大的冲击。（https://www.washingtonpost.com/opinions/global-opinions/trump-is-trying-to-destabilize-the-european-union/2018/06/28/729cb066-7b10-11e8-aeee-4d04c8ac6158_story.html，2021 年 8 月 28 日最后访问）

② Initiative for Europe speech by President Emmanuel Macron，https://www.diplomatie.gouv.fr/IMG/pdf/english_version_transcript_-_initiative_for_europe_-_speech_by_the_president_of_the_french_republic_cle8de628.pdf，2021 年 8 月 28 日最后访问。

以更好地统一外交政策步调；2020 年 9 月，欧洲议会发布"欧洲战略主权"政策报告，将欧洲"战略主权"定义为"自主行动，在关键战略领域依靠自己的资源并在需要时与合作伙伴合作的能力"[①]。2020 年新冠疫情暴发之后，欧盟一度陷入防护用品供应不足，各成员国争抢资源的窘境。加上 2021 年 9 月美军在未知会北约盟友的情况下仓促撤出阿富汗所造成的混乱，更是让"欧洲主权"话语的热度有增无减。

　　欧盟官方当然不会公开宣布欧盟是一个主权国家，欧盟也缺乏刚性的手段阻止成员国与域外国家建立特定类型的外交关系，但就观念而言，越来越多的欧盟政治精英公开表示，欧盟应当对外用一个声音说话。"主权欧洲"的话语公开表述的侧重点是对外的，旨在增加欧洲在国际舞台上的战略自主性，削弱包括美国、俄国、中国在内的其他大国对欧盟的影响力。欧盟精英为了打消成员国的疑虑，声明"欧盟主权"并不意味着欧盟要从成员国那里获得更大的主权，而是要从域外大国那里获得更多的对自身命运的掌控权。[②]但欧洲治理机构借助"主权"概念区分"内 / 外"，根本上还是要借助对外部威胁的渲染，扩大自身的权力，增强诸多政策领域各成员国政策的一致性。比如说，2018 年 9 月 12 日，欧委会主席容克的"欧洲主权时刻"的盟情咨文报告就主张进一步降低欧盟表决机

---

①　Strategic sovereignty for Europe，https：//www.europarl.europa.eu/RegData/etudes/BRIE/2020/652069/EPRS_BRI（2020）652069_EN.pdf，2021 年 8 月 28 日最后访问。

②　Jean-Claude Junker，"State of the Union 2018: The Hour of European Sovereignty，"September 12，2018，https：//ec.europa.eu/commission/news/state-union-2018-hour-europeansovereignty-2018-sep-12-en. 2020 年 9 月 28 日最后访问。Mark Leonard and Jeremy Shapiro，"Strategic Sovereignty：How Europe Can Regain the Capacity to Act，"June 25，2019，https：//www.ecfr.eu/publications/summary/strategic_sovereignty_how_europe_can_regain_the_capacity_to_act. 2021 年 8 月 28 日最后访问。

制中"全体一致"原则的适用比例。①

新旧动因的叠加的结果是，欧洲国家在 2019 到 2021 年推出了或者正在酝酿许多以"欧洲主权"为指导精神的政策，试举其中主要的几项。

（一）在共同移民政策方面，2020 年 9 月欧委会提出的新版《欧盟移民与难民庇护公约》在移民与难民政策领域作出许多调整，如进一步统一筛选和登记流程，不再设立强制性的移民与难民接收配额，等等，目标是以这一公约取代原有的《都柏林协定》。

（二）在可持续发展政策方面，2021 年 3 月 10 号，欧洲议会通过了设立碳边界调节机制的原则性决议，碳关税的目的是通过对来自减排雄心较小的国家的进口产品征税，以确保其价格不比欧盟产品价格更便宜，具有实质上的贸易保护意涵。

（三）在数字化发展与技术主权方面，2020 年 2 月，欧盟委员会连续发布了《塑造欧洲的数字未来》《人工智能白皮书》和《欧洲数据战略》三份数字战略文件，试图提振欧盟在数据经济方面的竞争力，改变当下中美两国占据数据经济主要版图的局面。欧盟委员会主席乌尔苏拉·冯·德莱恩（Ursula von der Leyen）阐述其精神，称欧盟必须重新夺回自己的"技术主权"② 2020 年 12 月，欧盟推出"数字欧洲计划"，宣布将在未来七年内提供 76 亿欧元，建立和扩展欧洲的数字能力，加强欧洲的数字主权。欧盟委员会提交了

① President Jean-Claude Junker's State of the Union Address，12 September 2018，https：// ec.europa.eu/commission/presscorner/detail/en/SPEECH_18_5808，2021 年 8 月 28 日最后访问。

② 冯·德莱恩指出："这个概念描述了欧洲必须具有的能力，即必须根据自己的价值观并遵守自己的规则来做出自己的选择。"（"Shaping Europe's Digital Future： Op-ed by Ursula von der Leyen，President of the European Commission，"https：// ec.europa.eu/commission/presscorner/detail/en/AC_20_260，2020 年 9 月 28 日最后访问）

两部新数字法案:《数字服务法》和《数字市场法》,旨在对在欧盟境内运行的社交媒体、在线市场和其他在线平台进行监管。同月,欧洲17国签署了"欧洲电子芯片和半导体产业联盟计划",旨在建立先进的欧洲芯片设计和生产能力,并减少在半导体领域对亚洲和美国进口的依赖。在2021年9月15日的盟情咨文中,欧盟委员会主席冯·德莱恩宣布欧盟将制定《欧洲芯片法》,旨在整合和提升欧盟的半导体产业。

(四)在其他经济和货币政策方面,欧盟精英重点关注产业链安全和欧元地位等内容。新冠疫情暴发以来,欧委会发布指南,提醒成员国注意外国投资者在新冠疫情危机中收购欧盟战略性资产,鼓励尚未设立外国直接投资审查制度的13个成员国推进这一工作,鼓励各成员国政府参股它们的企业。欧委会发布了《针对外国政府补贴的促进公平竞争白皮书》,提出了针对外国政府补贴的审查制度框架,主张欧委会应该对获得"不公平"政府补贴的欧盟外竞争者收购欧洲企业的交易和市场行为实施广泛的审查权力。欧洲药品管理局(EMA)和药品机构负责人(HMA)发布了《至2025年的欧洲药品监管网络战略》草案,旨在于药品生产领域减少对中国与印度的依赖。在区域产业链方面,欧盟公布"优惠原产地规则"一揽子改革措施,旨在减少欧盟对于亚洲和北美市场的依赖度,促进产业在区域周边集聚。在原材料的供给方面,欧委会发布《2020年关键原材料(CRM)通讯》,旨在推动稀土和永磁体供应减少对中国的依赖程度。欧洲央行也在推进"数字欧元"的建设,只是推进速度远不如中国的"数字人民币"。

拜登政府的上台并没有减缓欧盟追求战略自主性的步伐。拜登虽然强调美欧共同价值观,但难以向欧洲盟友实质性让利。拜登政府继承了特朗普政府的反对欧盟"数字服务税"的政策,以保护美国的跨国数据巨头。2021年8月,美国在没有与北约盟友协商的前提下仓皇从阿富汗撤军，让盟友陷入被动。许多盟友不得不重新审视拜登政府与特朗普政府究竟有何不同。欧盟外交与安全政策高级代表博雷利2021年8月22日接受法新社采访时表示，阿富汗唤醒了欧洲的危机意识，现在需要赋予欧盟一支能够在必要时进行战斗的军事力量。9月15日，欧盟委员会主席冯·德莱恩在欧洲议会发表演讲，罕见地提出欧盟要加强战斗部队建设和"无北约参与下采取军事干预"的"政治意愿"。同月，美国又背着法国，与英国、澳大利亚形成名为"AUKUS"的三边军事同盟，澳大利亚撕毁与法国的天价常规潜艇协议，法国对此反应之激烈，超出了其对特朗普政府的反应。拜登政府不得不对法国进行安抚，暗示支持法国某些谋求更大的欧洲战略自主的政策。明眼人都能看出，虽然欧盟精英经常在公开表述中将中、美、俄都视为外部威胁，但"主权欧洲"的根本重点仍在于如何减少对美国的依赖。

建立"欧洲主权"绝非易事，它需要克服一系列障碍，比如说亲美的中东欧国家的否决，美国利用北约对于欧俄关系的不断挑拨，德国对于自身需要付出更大财政成本的顾虑，以及欧盟互联网技术能力的滞后，等等。但欧盟精英以上的政策和表述，可以说明"主权欧洲"已经不仅仅是一个口号，而是已经落实到欧盟增强自主性的一系列实践中去。欧盟的许多政治精英采用传统上属于"国家"的"主权"话语，表明他们正在有意无意以"国家"作为模板来进行政治动员。在20世纪90年代和21世纪初的扩张运动之中，欧盟倾向于将自己视为一个能够不断"化外入内"的秩序，其边界必将不断继续向外扩展。这种自我认知是以对自身实力和道义的普遍性的信心为基础的。然而，自2009年以来，欧盟接连遭遇欧债危机、难民危机以及新冠疫情危机的打击，在地缘政治上也感受到了域外大国的强大压力。于是，欧盟扩张的步伐基本上停了下来，"主权欧洲"话语代表着这样一种思路：以当下的边界为基础进行

"内/外"区别，借助民族国家的秩序话语，通过渲染外部威胁，加强欧盟机构权力，从而促进内部整合。这绝不是奈格里与哈特讲的"去中心化""去疆域化"，而恰恰是新的"中心化""疆域化"。

欧盟所关注的亟待加强"主权"的领域中，有一些是相当前沿的空间政治斗争领域。互联网是北约所列出的海洋、陆地、天空之外的第四个战场（第五个战场是外太空）。但是，由于政治上不统一，语言众多，各国法律差异较大，欧洲无法形成一个足够大的单一语言市场，在全球前十大互联网企业中难觅欧洲企业的身影。美国的互联网巨头在很大程度上统治着欧盟民众的日常生活，收割欧盟民众所生产的数据。在正在到来的"物联网"时代，对数据的控制，成为极为关键的基础性权力（infrastructural power）。在这个时代，少数跨国公司手中掌握的数据，可能超过世界上绝大部分的政府。不少民族国家政府在本国领土范围内对合法暴力的垄断，其基础正在受到严重的削弱，"数字封建主义"（digital feudalism）[1]将是世界上大多数政府难以克服的统治障碍。在全球网络秩序规则斗争中，中国以"网络主权"来对抗美国的全球网络信息霸权，修筑"防火墙"，并要求数据的本地化存储。[2]欧盟国家缺乏能够替代美国网络巨头的本土企业，在与美国的博弈中，遭遇到许多困难。近年来，欧盟计划向美国数据巨头征收数字服务税，但也因为美国的强烈反对而暂时搁浅。

网络空间的斗争，只是全球化过程中围绕着标准展开的斗争的一部分。在一个产业链越来越长，产品之间的相互配套性日益重

---

[1] Sascha D. Meinrath, James W. Losey & Victor W. Picard, "Digital Feudalism: Enclosures and Erasures from Digital Rights Management to the Digital Divide," 81 *Advances in Computers*（2011），pp. 237—87. 另参见王绍光：《新技术革命与国家理论》，《中央社会主义学院学报》2019 年第 5 期。

[2] 参见刘晗：《域名系统、网络主权与互联网治理历史反思及其当代启示》，《中外法学》2016 年第 2 期。

要的时代，技术标准在很大程度上成为市场空间的"入场券"，不同的、相互排斥的技术标准，可能形成对市场空间乃至政治空间的分割。如果友好合作是基调，不同的技术标准之间总是可以找到衔接和兼容的可能性。[①] 然而，这种关键基础设施技术标准的制定权，关系到科技—经济霸权的未来命运，因而总是会引发种种政治焦虑。自 2019 年以来，中国 5G 技术大规模投入商用，而美国最适合发展 5G 的无线频谱被军方占用[②]，错过 5G 发展先机，美国的许多执政精英忧心忡忡。他们满世界展开游说，不遗余力地阻止各国使用华为公司的产品和技术，阻止全球的芯片代工厂为其代工，这可以说是前所未有的现象。[③] 美国政府的焦虑更是非常真实的：一旦一个国家确定遵循华为的技术标准，并以之为基础形成经济社会交往和产业链，美国以后再推自己的技术标准就困难了。对于已经接受中国标准的相关国家而言，"换轨"带来的社会经济成本就会非常大。

---

① 比如说，在卫星导航领域，目前世界上存在美国的 GPS、中国的北斗导航、俄罗斯格洛纳斯导航系统三个有能力覆盖全球的系统（欧洲建立了伽利略系统但运行不畅）。2019 年，面对美国的压力，俄罗斯格洛纳斯导航系统开始与中国的北斗导航对接和融合，这意味着两国在军事上的合作进一步深入，也为相关民用工业的合作留下了广阔空间。

② Milo Medin and Gilman Louie, "The 5G Ecosystem: Risks & Opportunities for Department of Defense", pp. 8—11, https://media. defense. gov/2019/Apr/03 / 2002109302 /‑1/‑1/0/DIB_5G_STUDY_04. 03. 19.PDF

③ 在瑞典，甚至连华为的竞争对手爱立信都出来为华为说话，希望瑞典政府在 5G 基础设施建设时不排斥华为。爱立信的担心非常现实：如果瑞典排斥华为，那么爱立信在一个十四亿人的市场上也有可能遭到不利。一千万人的市场和十四亿人的市场究竟哪个大，算经济账很容易算明白。然而瑞典政府仍然维持了排斥华为的决定。对于那些受到美国压力的欧洲国家政府来说，技术标准本身已经被政治化了，接受华为的技术标准，就有可能在美国主导的市场空间中遭到不利，这就不仅是一个企业遭受的损失的问题了。（Stu Woo, "Who's Coming to Huawei's Support? Its Biggest European Competitor," The Wall Street Journal, March 31, 2021, 链接: https://www.wsj.com/articles/the‑ban‑on‑huawei‑helped‑revive‑ericsson‑but‑landed‑ceo‑in‑a‑tough‑spot‑11617204414）

在这一背景下，我们将看到全球空间中出现更多更为抽象的、由不同技术标准所划出的边界，它并不与民族国家的物理边界重叠，但距离"内／外"之分的消弭相当遥远；它和舆论观念层面既有的政治认同之区分，可能重合，也可能发生错位，但边界一旦确立，就具有很大的稳定性，进而有可能反过来塑造身份认同。在国际秩序层面，究竟是一个单极霸权设定技术标准、控制数据，还是存在不同的但能够相互沟通、协同创新的平台空间，这将是未来斗争的关键所在，关系到广大发展中国家的"发展权"能够在多大程度上得到伸张。

种种迹象表明，后冷战的单极霸权秩序已经处于衰败之中[1]，美国在全球经济中所占的份额在下降，在许多领域的技术霸权受到挑战，美联储不断通过印钞来救急，向世界各国输出通胀，也使得美元的国际声誉不断下降。但是，美国在海外仍然有 800 多个军事基地，军事力量在全球首屈一指。经济地位的相对下降和军事地位的依然坚挺，带来的会是什么结果呢？美国固然已经很难像以往那样"合诸侯，匡天下"，但仍然是全球范围内最强有力的"否决者"，有能力让许多国家间（inter-state）与跨国（transnational）合作陷入瘫痪，能够运用自己的"长臂管辖"，对许多跨国企业进行精准打击，迫使特定领域的产业链进行重组。当霸权（hegemony）获取被统治者同意（consent）的能力弱化之后，其"强力"（coercion）的一面就凸显出来；它的建设力已经下降了，它的不合作乃至破坏的力量仍然相当强大。甚至当它在"强力"的领域进行收缩的时候，它仍然有能力给相关地区留下一个溃疡面，为重建有效的秩序设置

---

[1] 俄罗斯对外情报局局长纳雷什金甚至宣布美国已失去"超级大国"地位，这种"唱衰"并不是对事实的客观描述，但具有降低美国国际威望的实践效果。（《俄对外情报局局长：美国已失去"超级大国"地位》，https://www.guancha.cn/internation/2021_07_31_601015.shtml 2021 年 8 月 1 日最后访问）

种种障碍。

综上所述，2009 年奈格里和哈特在《大同世界》中所作的美国的单边主义"政变"已经失败、"帝国"已经"归来"、达沃斯正在变得比华盛顿更重要等判断，且无法与当下的现实相契合。现实情况是，虽然美国靠单边主义塑造全球秩序的努力已经失败，美国仍然能够扮演强有力的"否决者"的角色。当美国诉诸"主权"观念，将全球化过程中建立的相互依赖（interdependence）关系作为一种武器来对其他国家发动攻击时，为了止损，许多其他国家或地区也不得不加强"主权"观念，调整产业链，在经济上减少与美国的相互依赖关系。当下的时代不是"世界是平的"，不是亨廷顿所嘲讽的全球化的"达沃斯人"（Davos Man）[1] 的黄金时代，而恰恰是达沃斯的低谷时代。

三、民族国家模型的持久性与主权理论的未来

奈格里和哈特对"帝国式主权"的描述，基础在于政治经济学层面的思考。《帝国》指出："资本主义市场是一部反对建立内外之分的机器……世界市场的实现使得这种趋向最终达到与定点，最理想的形式是：在世界市场之外再无其他，整个地球都成了它的领域。"[2] 这是一幅跨国资本征服全球，完成联合，并将主要民族国家纳入自身统治机器的图景。奈格里与哈特由此认为，帝国主义战争、帝国主义间战争和抗击帝国主义战争的历史已走到尽头。[3] 也许两位作者所描绘的图景在未来某个时刻有可能出现，但从当下的

---

① 塞缪尔·亨廷顿：《文明的冲突与世界秩序的重建》，周琪等译，北京：新华出版社 2010 年版，第 36 页。
② Antonio Negri & Michael Hardt, *Empire*, Harvard University Press, 2000, p.190.
③ Ibid, p.189.

历史阶段来说，即便跨国公司能够将自己的触角伸向地球上每一个角落，"内 / 外"之分仍然顽固地存在着。而作为霸权国家的美国，恰恰通过其对垄断利润的追求，成为全球资本主义进一步发展和升级的阻碍力量，抑制了许多发展中国家的工业化进程。列宁所描述的资本集团与国家政权密切结合的帝国主义逻辑，以及弱小国家和民族反抗这种逻辑的斗争，是否已经成为过去，恐怕远未到给出肯定答案的时候。

十月革命前后，俄国布尔什维克对于民族自决的支持，在当时的国际共运内部是有相当大争议的。卢莎·罗森堡认为"民族自决"从根本上是一种小资产阶级主张，在现实中也为无产阶级的联合制造了额外的障碍，使得波兰和波罗的海国家的无产阶级脱离俄国并受到本国的民族资产阶级摆布。[①]奈格里与哈特在《帝国》中将卢森堡的观点解释为："民族"意味着"专政"（dictatorship），因而与任何创制民主组织的努力存在深刻的矛盾。[②]这一解释绝非对卢森堡观点的准确表述，因为卢森堡并不是在抽象意义上反对"民族"，而是担心反动势力利用"民族"的名义来反对革命。但列宁的"民族自决"主张，是否像卢森堡认为的那样，仅仅是一种权宜之计呢？事实上，列宁受到比十月革命更早发生的亚洲革命（波斯革命、土耳其革命、中国辛亥革命）的影响，对于东方各民族解放的全球意义有着比卢森堡更为深入的思考。在列宁看来，殖民地半殖民地民族的解放，关系到反对帝国主义统一战线的大局；亚洲各民族需要先完成资产阶级革命的历史任务，而民族国家的政治

---

① 罗莎·卢森堡：《论俄国革命·书信集》，殷叙彝、傅惟慈、郭颐顿译，贵阳：贵州人民出版社 2001 年版，第 15，21—25 页。对于卢森堡十月革命评论的再评论，参见汪晖：《十月的预言与危机——为纪念 1917 年俄国革命 100 周年而作》，《文艺理论与批评》2018 年第 1 期。

② Antonio Negri & Michael Hardt, *Empire*, Harvard University Press, 2000, p.96—97.

形式对于殖民地半殖民地社会发展资本主义，进而最后走向社会主义，是非常重要的。[1] 西方殖民宗主国一方面将殖民地半殖民地带入全球资本主义体系，另一方面，为了自身的超级利润，也对殖民地半殖民地在跨国价值链中的地位进行了锁定，将它们变成原料的供给地和商品的倾销地。殖民宗主国通过与殖民地半殖民地的地主与贵族结盟来维持政治稳定，并培育起强大的买办资本集团，这些都会压抑本地民族资本引领的独立自主的工业化。在这一背景下，殖民地半殖民地的政治独立，成为本地推进独立自主的工业化的基本前提，最终指向突破殖民宗主国在跨国价值链中所指定的位置。由于本地民族资产阶级的软弱，以工农为主体、奉行列宁主义的新式政党，往往在这些国家的革命中发挥了领导作用。

在当今世界，以民族国家为单位进行的捍卫"生存权"和"发展权"的斗争，是否已经耗尽尽其进步性呢？奈格里与哈特认为"民族的建构过程更新了主权的概念，给予它新的定义，但很快在任何一个历史语境中都演化成一场意识形态梦魇"，这其实就是给出了相当肯定的回答。[2] 而"人民"也被他们视为一个追求同质性，具有法西斯主义潜质的概念。[3] 鉴于以民族国家为单位的反抗往往借助"第三世界"的话语来展开，奈格里与哈特在《帝国》中做出回应，宣布传统的"三个世界"的划分已经过时了，因为大量"三个世界"的工人进入到第一世界，而"三个世界"也同样发展起了股市、跨国公司等第一世界的因素，因而传统的"第一世界"和

---

[1] 在此可参见汪晖对于列宁、卢森堡分歧的分析（汪晖：《十月的预言与危机——为纪念 1917 年俄国革命 100 周年而作》）。

[2] Antonio Negri & Michael Hardt, *Empire*, Harvard University Press, 2000, p.97.

[3] Antonio Negri & Michael Hardt, *Commonwealth*, Cambridge, Massachusetts: The Belknap Press of Harvard University Press, 2009, p.163.

"三个世界"在很大程度上已经拉平了。①《大同世界》则提出了"帝国的贵族"这一概念，作为帝国"混合政体"的三个要素（君主、贵族与平民）之一。"帝国的贵族"中包括了全球主要民族国家以及那些具有重大实力的跨国公司。放在这个框架里看，中美之间的冲突，就有可能被解释成"帝国贵族"集团内部的冲突，相比于全球"诸众"的反抗，就没有多少进步性可言。

这样的解释在多大程度上具有说服力呢？确实，发达国家吸取的第三世界移民，正在其内部造就一个贫困的下层，大量原属于中产阶级的本土劳动者的贫困化更是进一步壮大了"第一世界"中的"第三世界"部分。不过，由这些现象出发就断定"第一世界"和"第三世界"已经趋同，那就严重忽略了当代资本主义全球体系中的霸权结构。我们可以看到，"第一世界"中的"第三世界"，在疫情期间，仍然可以享受到拜登政府的疫情补贴——而这从根本上建立在美国通过美元霸权从全球汲取的财富基础之上；同时，即便是"第三世界"中的"第一世界"，也无法避免美联储滥发美元造成的"输入性通胀"——实质上是美国通过美元霸权对于其他国家财富的收割。不分析不同国家在全球价值链中的地位，我们就会很容易被"第一世界"和"第三世界"同样存在摩天大楼和贫民窟这样的表面现象所误导，得出世界已经"均质化"的简单结论。

毋庸否认，民族国家的"同质化"逻辑在现实之中造成了非常多的问题乃至悲剧。但我们也要看到，虽然传统的领土型殖民帝国固然已经成为过去，"非正式帝国"仍然生机勃勃。面对强大的"非正式帝国"，反抗的力量如果不能有效组织起来，就很容易被各个击破，而有效的组织选项是非常有限的。新式的"非正式帝国"

---

① Antonio Negri & Michael Hardt, *Empire*, Cambridge, Massachusetts, Harvard University Press, 2000, pp.253—254.

并不需要占领附庸国的领土，甚至也不需要将其变成法律上的保护国（protectorate）。它完全可以在形式上承认后者的独立主权，并通过貌似平等的条约，以建立共同防务的名义向海外投放军力——通过这样的方式，美国在海外保持了800多个军事基地；"非正式帝国"可以凭借自身货币的全球霸权，并通过技术霸权，紧紧掌握产业链中的超级利润环节，而将成本高、利润薄的制造环节大量外包，通过跨国的产业链实现对不同国家经济地位的分配。冷战时期，为了遏制中国与苏联，美国向日韩进行了大量技术转移，然而当后者从产业链的中低端向上攀升，开始挑战美国的技术霸权的时候，美国毫不犹豫地出手进行抑制，从1982年美国对日本半导体产业的打击，到1985年《广场协议》的签订，都是这样的抑制动作。对于欧洲"盟友"，美国同样毫不客气。美国政府支持了通用电气公司对法国阿尔斯通公司"肢解"[1]，支持了对法国芯片制造头部企业金普斯公司的打击[2]，都达到了抑制法国相关产业发展的目的。即便是西方阵营里的日本和欧洲国家，面对美国的时候仍然如此脆弱，更不要说那些工业化刚刚起步不久的第三世界国家了。广大发展中国家努力削弱西方发达国家的经济支配，将更多经济剩余保留在本国，有助于加快自身的工业化进程，解放生产力，这为国内的社会经济平等提供了基本前提。只要存在这种谋求自主性的需求，以"自主性"为核心的民族国家的主权理论，即便已经不能准确描述既有的主权形态，仍然能够作为一种政治动员话语发挥作用。

要理解正在发生的历史进程，我们到底需要一种什么样的主权

---

[1] 参见弗雷德里克·皮耶鲁齐、马修·阿伦：《美国陷阱》，法意译，北京：中信出版集团2019年版。

[2] 参见马克·拉叙斯、古文俊：《芯片陷阱》，法意译，北京：中信出版集团2021年版。

理论呢？《帝国》在"民族国家主权"与"帝国式主权"之间制造的二元对立，可能具有政治象征符号的意义，但这种符号本身就是有待剖析的对象，而不是可以被用来剖析具体历史过程的理论工具。我们更需要的不是对未来的主权形态的某种先入为主的想象，而是一种更具有描述-分析性的主权理论。更确切地说，是这样一种理论，它能够告诉我们"主权"概念在不同语境中的具体用法，能够展现"主权"的政治符号功能与其实际的实践效果之间的落差。

在 2008 年金融危机之前，主权理论的研究者们主要讨论全球化是否在一般意义上削弱民族国家的主权，而大多数人的回答是肯定的。然而，斯坦福大学的斯提芬·克拉斯纳（Stephen Krasner）提出，必须要对主权做进一步的区分，探讨削弱的究竟是哪一种具体的主权。他的研究进路是区分主权的话语表达与主权的具体实践，并寻求一种解释现实的理论语言。他将主权的实践划分为四个维度："国际性法律主权"（international legal sovereignty），"威斯特伐利亚式主权"（Westphalian sovereignty），以及"针对相互依存关系的主权"（interdependence sovereignty）和"对内主权"（domestic sovereignty）。[①] 对我们当下研究的主题而言，这是一种具有较强分析性，不会陷入"民族国家主权"与"帝国式主权"二元对立的主权理论，因而值得讨论。

克拉斯纳所说的"国际性法律主权"（international legal sovereignty）指的是一个国家或其他实体被其他国家或实体承认为国际法主体，基本规则是，只有在法律上独立的领土性实体才能够被承认为国际法主体。"国际性法律主权"是有和无的问题，不是多和少的问题，

---

① Stephen D. Krasner, *Sovereignty*: *Organized Hypocrisy*, Princeton: Princeton University Press, 1999, pp.3—4. See also Stephen D. Krasner ed., *Problematic Sovereignty*: *Contested Rules and Political Possibilities*, New York: Columbia University Press, 2001, pp.1—23.

对大多数政治实体而言，一旦获得承认，其法律地位通常一直保持下去，不管这个实体内部是如何统治的。在此意义上，甚至像索马里的这样中央政府长期无法对大多数领土实行有效统治的"失败国家"，都可以一直拥有国际性法律主权。欧盟一体化进程弱化了欧盟成员国的"威斯特伐利亚式主权""对内主权"以及"对于相互依存关系的主权"，但无损于每个成员国的"国际性法律主权"。因此，全球化无论是涨潮还是退潮，基本上都不会触及绝大多数国家的"国际性法律主权"。

克拉斯纳界定的"威斯特伐利亚式主权"（Westphalian sovereignty）本质上是"对外主权"，它指向的是国内权威结构相对于外部权威的自主性和独立性。当外部权威能够影响乃至决定内部的权威结构时，我们可以说"威斯特伐利亚主权"受到了限制，而这种情况不仅源于强力干预（如北约对南联盟的轰炸），也可能源于统治者形式上自愿（voluntary）的行动——他们出于种种考虑，加入了具有限制国内权威结构效果的国际条约或国际组织。比如说一系列欧洲国家加入欧盟，这当然是削弱了自身的"威斯特伐利亚式主权"，但它们这么做是为了获得预期的某些好处；加入 IMF 和 WTO，也会对国内权威结构构成约束，但统治者这么做是为了获得预期的某些利益。当国家限制自身的权威结构却没有获得相应利益的时候，比如说某些负债的国家将自身的金融与财政的自主性交给了 IMF，抑或是欧债危机爆发之后欧盟强制希腊、西班牙、葡萄牙等成员国推行财政紧缩政策，"主权受损"的抱怨就出现了。

在全球化过程中，美国的"威斯特伐利亚式主权"的受限程度其实是所有国家中比较弱的。美国从其自身利益出发，发起和参与了一系列国际条约和国际组织，而这带来了一些国际法上的义务，对其未来行动构成约束。一位继任总统完全有可能感觉被上一任总统签订的某个条约束缚了手脚，但这并不改变美国自愿参与这些条约和组织的性质。如果形势需要，美国始终可以退出这些条约和组织。特朗普政府在两年内频繁"退群"，事后拜登又能够轻而易举地重新"加群"，正好表明了美国在国际秩序中的高度自主性。但对很多其他国家来说，"加群"本身往往是形势所迫，"退群"的代价更是极其昂贵。

全球化对主权的第三个维度，即"针对相互依存关系的主权"（interdependence sovereignty）也产生了比较大的冲击。克拉斯纳将其界定为一个国家的政府规制货物、资本、人员、信息乃至污染物跨境流动的权力。当代各国政府所关心的"经济主权""技术主权""数据主权"等概念，均与这一维度有着密切关联。但在这个领域，冷战后的全球化带来的冲击未必在任何方面都是史无前例的。比如说，在19世纪，跨大西洋移民比当下活跃得多，而美国那时候的边境管理水平肯定与今日无法同日而语。[1] 最大的差异在于，在19世纪，美国欢迎欧洲移民，而在今天，特朗普政府认为具有特定国家、族裔和宗教背景的移民无益乃至有害于美国。今天的货物、资本与信息的跨境流动规模，总体上要远远超过19世纪，这跟科技的进步和基础设施的发展有关，但更重要的原因是，随着全球化的推进，今天很多商品的制造依赖高度国际化的产业链，许多进出口实际上反映的是一家跨国企业内部不同分支之间的货物流动。没有国家能够掌握自己所需要的一切物品的产业链，即便是中国这个拥有全球最为齐全的产业部门的国家，仍然在一些重要领域遭遇"卡脖子"的困境。在新冠疫情暴发之后，全球产业链的震荡，更让许多国家的执政精英和产业精英产生了一种失控感。这也是"全球化"削弱"主权"这一判断的重要经验来源。

---

① Stephen D. Krasner ed., *Problematic Sovereignty*: *Contested Rules and Political Possibilities*, New York: Columbia University, 2001, p.8.

从比较的视角来看，美国甚至还通过全球化，削弱了世界上大部分国家"针对相互依存关系的主权"。比如说，美国的跨国互联网巨头掌握外国民众的大量数据，对外国民众生活的许多方面甚至比这些国家的政府都更为了解，而这又可以很快转化为美国政府的信息收集和分析能力。根据特朗普政府2018年推动制定的《云法案》（即《澄清数据在海外合法使用法》），任何拥有、监管或控制各种通信、记录或其他信息的公司，无论是否在美国注册，也无论这些数据信息是否存储在美国境内，只要这些公司在经营活动中与美国发生足够的"联系"，就可以由美国进行"长臂管辖"。① 正如斯诺登（Edward Snowden）在其对美国"棱镜"计划的揭露中所指出的那样，美国政府的情报机构与美国数据巨头之间的关系，已经不是一般的密切。晚近的时势也一再表明，美国精英能够很容易地运用美国跨国公司建立的信息基础设施来影响许多其他国家的国内政治。比如说，组织反政府抗议，或者通过某些关键信息的传播来影响选举或政局走向。但是其他国家很难对美国有同样的影响。可以说，全球化削弱其他国家"针对相互依存关系的主权"的程度，远远超过对美国的削弱程度。

克拉斯纳界定的"对内主权"（domestic sovereignty）指向一个国家内部权威结构的自主性，以及国家的有效性或控制力。由于内部政治整合尚未完成，中央政府的权威和控制能力都比较弱，我们可以说索马里、伊拉克、阿富汗乃至缅甸这些国家的"对内主权"是比较弱的。在全球化时代，一个国家"针对相互依存关系的主权"（interdependence sovereignty）如果比较弱，一般情况下并不影响其自身的权威结构，但有极大的可能影响到国家的控制力。比如

---

① 强世功：《帝国的司法长臂——美国经济霸权的法律支撑》，《文化纵横》2019年第4期。

说一个国家缺乏自己的互联网企业，互联网领域基本上被美国数据巨头控制，这对该国的政府的控制力，一定是有影响的。互联网巨头掌握着所在国大量重要数据，平台企业所设立的规则对社会具有巨大的影响力，而如果发生网络攻击，就有可能让一个城市的电力系统陷入瘫痪。互联网巨头推特（Twitter）可以让美国时任总统特朗普在自己的社交平台上消声，要让其他国家的政府消声的能力，更加不在话下。[①] 这种"数据封建主义"（digital feudalism）[②] 对于"对内主权"具有极大的挑战性。

通常认为，新冠疫情在全球范围内增加了各国的警察力量。但同时我们也要注意到，新冠疫情也加强了民众对于互联网的依赖，加强了跨国数据巨头的数据收集能力。政府的监管能力进化速度是否赶得上互联网巨头的演变速度，在不同国家情况有很大差异。而在这方面，美国的境况又要远远优于世界上大部分国家的政府，毕竟，美国联邦政府具有很大的监管能力与丰富的监管经验，美国的数据巨头可以在许多其他国家制造"数据封建主义"，但在美国仍不能逃离监管机构与情报机构的权威。

以上对克拉斯纳"主权"理论框架的应用，可以表明其对于许多现象具有描述和分析的能力。克拉斯纳拒绝"全球化削弱主权"这一笼统的结论，而他的理论出发点是，并不存在一种凝固的"民族国家的主权"，"主权"的话语表达和行动—实践之间，从来都是存在张力的。克拉斯纳将"主权"概念称为"组织化的伪善"（organized hypocrisy），这种"伪善"尤其发生在与"威斯特伐利亚

---

① 比如，中国用户（包括政府机构用户）在推特、脸书等平台对涉及香港、新疆的不实信息进行辟谣，经常会遭到无情的封禁。甚至有中国艺术家在推特上传讽刺西方帝国主义的艺术作品，也遭到了封号。

② 关于"数据封建主义"，参见 Jakob Linaa Jensen, *The Medieval Internet: Power, Politics and Participation in the Digital Age*, Bingley: Emerald Publishing Limited, 2020, pp. 95—109。

式主权"相关的实践上：统治者发现对自己有利的时候就运用自己的"国际性法律主权"，加入某一个国际条约或组织，从而对国内的权威结构形成某种约束，但当自身从这些条约或组织遭受不利的时候，就抱怨主权受到了侵犯[1]——也许我们可以发现，克拉斯纳笔下"组织化的伪善"这一概念尤其适用于特朗普政府。

"组织化的伪善"这一概念暗示了认识者的清醒态度，然而，这种自我标榜的清醒，也可能带来某些遮蔽。在我看来，这终究是一个过于聚焦法律形式的概念，它并不包含对霸权力量与反霸权力量的实质斗争的考察。在国际政治经济斗争中，自愿和胁迫的界限往往是非常模糊的，形式上的自愿背后，可能是某一种时势的胁迫。而"非正式帝国"的特长，恰恰是承认相关国家的"国际性法律主权"，进而利用这种主权，让相关国家"自愿地"同意各种各样的不平等的利益和制度安排。一旦我们用政治经济学的眼光去分析发展的不平衡和实际的支配关系，法律形式上的意思表示是否属于"自愿"，就不是一个关键的因素。因为形式上的"同意"的生产，在一个高度不平等的国际体系中，本来就是司空见惯之事。如果我们接受葛兰西（Gramsci）对"霸权"（hegemony）的界定，我们也有必要接受，制造"同意"本身就是霸权的能力之一。

而如果不执着于认知领域的真/伪，而是聚焦于行动－实践的有效性，我们就可以看到，"主权"符号的政治生命力不在于其学理上的分析能力，而在于其唤起集体认同和集体行动的能力。被许多研究者作为起点的所谓"民族国家的主权"，也许从来没有完全变成现实。但是，它作为一个模型，却在过去不断起到政治动员的作用。在一个发展高度不平衡的全球秩序之中，霸权的行动和反霸

---

[1] Stephen D. Krasner, *Sovereignty*: *Organized Hypocrisy*, Princeton University Press, 1999, pp.8—9, 23—24.

权的行动都需要一个具有政治动员力的能指符号，因而，建立在"内/外"区分基础上的，以"自主性"为诉求的、自我证成式的"主权"话语，会是一种持久的存在，甚至连作为"超国家"组织的欧盟，也没有找到比"主权"更具动员力的政治符号。只有理解并把握"主权"话语本身的政治性，我们的描述和分析才能在社会科学理论和政治行动的世界里，同时获得相应的位置。克拉斯纳自己并没有完成话语分析与政治经济学分析的结合，而这正是中国的研究者可以继续推进的研究议程。

四、余　　论

在冷战落幕、美国确立单极霸权之后，美国执政精英强力推动美国资本和美国标准的全球化，削弱其他国家的主权。在这一背景下，奈格里和哈特在《帝国》《诸众》和《大同世界》中断定，全球已经进入或即将进入"至大无外"的帝国，"帝国式主权"取代民族国家主权已成定数。然而，美国推动的全球化所带来的利益，在美国本土的分配高度不均，从而引起了具有"相对剥夺感"的本土选民群体的反弹。特朗普代表的政治集团抛弃全球主义的话语，重新祭起"主权"话语，试图对"内部"与"外部"做出重新界定，对国际秩序的规则进行修正，以重新打造美国可以主导的全球价值链。而拜登政府继承了特朗普政府在诸多领域的政策基调，实际上推行了民主党版本的"美国优先"战略。由于高昂的"霸权成本"，美国的"战略收缩"不可避免。无论是在全球贸易、疫情防控还是气候变化等领域，美国已经不再是强有力的领导者，但仍然是强有力的否决者，在其"战略收缩"的过程中，仍有能力在相关区域中造就"溃疡面"，阻碍有效秩序的形成。

特朗普-拜登政府重界"内/外"，并将全球化带来的相互依存关系作为攻击的武器，激发的是其他国家区分"内／外"的自觉。面对美国的贸易战、科技战和规则战，中国加强了"主权"意识；甚至是作为"超国家组织"的欧盟，也借助"主权"这一符号来加强自身在跨大西洋联盟中的自主性。新冠疫情的全球传播，更是让流动、接触和相互依存关系都具有了潜在的危险性，每个国家都不得不加强对物理边界的管控，同时思考如何通过加强自主性来降低风险。我们看到的不是一个平整的世界，而是一个在不断建立和加固围墙的世界，在这一背景之下，想象一个"至大无外"的全球资本帝国的"帝国式主权"的兴起，或者想象"主权"观念的消亡，都缺乏现实基础。①

　　因此，民族国家的主权／帝国式主权这一对概念，远远无法满足对现实的历史进程进行描述和分析的需要，当代世界需要更为精细的、能够对"主权"概念使用的不同场景进行描述和解释的理论话语。克拉斯纳对于主权实践的四个方面的区分，因而具有重要的借鉴意义。借助克拉斯纳理论框架，我们可以看到，那个在政治、经济、文化等各个方面都具有高度"自主性"的"民族国家的主权"模型，其实主要是一种观念建构而非真正的现实。然而，同时需要看到的是，在一个发展高度不平衡的世界中，这一模型始终在发挥着某种政治动员作用。在当下，无论是传统的南北矛盾，还是作为民族国家的美国与作为全球单极霸权的美国之间的矛盾，抑或作为全球霸权的美国与全球资本主义的进一步发展之需要之间存在的深刻矛盾，仍会源源不断地生产出"内／外"区分，从而需要通过"主权"符号进行政治动员。美国的特朗普政府与欧盟都借助了

① 在这里有必要再次引用萨米尔·阿明针锋相对的判断："世界体制显然没有进入人们所谓'帝国主义后'的'非帝国主义阶段'。相反，它正属于一种极端加剧（毫无补偿地进行榨取）的帝国主义制度。"（萨米尔·阿明：《自由主义病毒》，第14页）

这一符号，而包括中国在内的广大发展中国家，在围绕"发展权"的国际规则斗争中，更不可能抛弃这一符号。

最后，我们还有必要探讨一下奈格里和哈特奔向"帝国式主权"这一现象背后的思想取径。在 20 世纪广大殖民地半殖民地的民族解放和社会主义探索中，列宁的思想起到了极其关键的作用。列宁对帝国主义的批判，对"薄弱环节"的思考，为广大殖民地半殖民地国家和民族将阶级革命与民族解放结合在一起提供了最强有力的理论依据；后来的"三个世界"的划分，也在很大程度上基于列宁奠定的思想底色。奈格里和哈特看到苏联和中国曾经的社会主义探索中出现的曲折与困难，于是质疑列宁的帝国主义论所开辟的道路，认为先锋政党和民族国家作为具有强烈"同质化"倾向的力量，制造的问题有可能比其解决的问题更大；两位作者认可的反抗的主体，是"诸众"（multitude）而非"人民"（people）或"民族"（nation），认为"人民"或"民族"经过了某种"同质化"的组织化进程，已经抑制了"诸众"身上的奇异性（singularity）和创造力。[①]

于是，在"告别列宁"之后，奈格里和哈特也毫无意外地落入了列宁在《怎么办？》里所批评的对"自发性"的崇拜[②]，低估压迫

① 两位作者对于"民族"和"人民"的批判，参见 Antonio Negri & Michael Hardt, *Empire*, Harvard University Press, 2000, pp.97, 101—105; Antonio Negri & Michael Hardt, *Commonwealth*, Cambridge, Massachusetts: The Belknap Press of Harvard University Press, 2009, p.163; 对于先锋党的批判，参见 Antonio Negri & Michael Hardt, *Commonwealth*, Cambridge, Massachusetts: The Belknap Press of Harvard University Press, 2009, pp.198—99, 350—51。

② 在《诸众》一书中，奈格里和哈特称实现列宁《国家与革命》中废除国家与主权的过程"绝不是自发和即兴的"（anything but spontaneous and improvised）。但从他们寄希望于诸众的日常生活与生产本身就能够产生一个协作的民主秩序来看，他们的认识从根本上仍是一种对自发性的崇拜。（Michael Hardt & Antonio Negri, *Multitude: War and Democracy in the Age of Empire*, New York: The Penguin Press, 2004, p.354. Michael Hardt & Antonio Negri, *Multitude: War and Democracy in the Age of Empire*, New York: The Penguin Press, 2004, p.354）

性力量的强度和斗争的烈度，寄希望于新的"生命政治"生产方式内部自发地产生冲决资本主义的力量，并在"占领华尔街"这样的在资本主义核心区域（类似于 1927 年中国革命局势中的上海、武汉、长沙这些中心城市）展开的街头运动中寻找超越资本主义的希望[①]，而非深入思考全球性的压迫体系中真正的"薄弱环节"究竟在什么地方。[②] 他们看到具有高度流动性和灵活性的欧美"生命政治"生产方式（biopolitical production）的兴起，却没有看到这是全球价值链上的枯燥乏味的制造环节被转移到发展中国家后才得以在局部地区普遍化的现象，也没有看到所谓"生命政治"的生产方式因为缺乏传统产业工人在同一空间内的紧密互动，实际上更有利于压迫力量"分而治之"，各个击破。长期关注亚洲革命的列宁是在一种真正全球性的视野中思考资本主义的发展不平衡，思考压迫的体系和反抗的可能性，这种视野无论在当代西方还是当代中国都是非常稀缺的。当代的"主权"研究如何重建这种全球性的视野，正在重新成为一个紧迫的问题。

[①] Michael Hardt and Antonio Negri, "The Fight for 'Real Democracy' at the Heart of Occupy Wall Street," October 11, 2011, *Foreign Affairs*, https://www.foreignaffairs.com/articles/north-america/2011—10—11/fight-real-democracy-heart-occupy-wall-street

[②] 值得注意的是，奈格里与哈特甚至拒斥"薄弱环节"这一说法本身："在帝国的结构中已不再有权力的外部，因此也无所谓薄弱环节——如果我们将薄弱环节理解为某个处于权力范围之外，故而权力的结合也较脆弱的地方。要取得意义，每一次斗争就得直接攻击帝国的心脏，攻击它力量最强大之处……旧的革命学派对战术的过分关注现今已彻底不适用。"（Antonio Negri & Michael Hardt, *Empire*, Harvard University Press, 2000, pp.58—59）

失衡的议程 *

读孔飞力《中国现代国家的起源》

孔飞力《中国现代国家的起源》（以下简称《起源》）① 这本书集中处理的问题，在我看来，就是在清代中期到新中国成立之间短暂而漫长的时光里，中国在根本性议程（constitutional agenda）上的连续性——从某种程度上说，我们也可以称之为中国国家建设的路径依赖（path-dependence）。孔飞力列出三个方面的议程：政治参与、政治竞争与政治控制，每个议程又包含着需要处理的内在矛盾。

孔飞力的核心观点看起来非常谨慎和节制，他只是试图证明中国自 18 世纪末以来的国家建设进程中存在一些具有连续性的议题。这个观点在中国基本上不会有人反对，因为它对于中国人来说差不多就是常识的一部分。但在证明连续性的同时，孔飞力也在证明中国国家建设议程的失衡性：政治控制压过政治参与和政治竞争，这一点就需要进一步深入讨论了。

---

* 本文的一个较早版本曾以《从乾隆到毛泽东：读孔飞力〈中国现代国家的起源〉有感》为题，发表于《中国图书评论》2014 年第 8 期，本文在此基础上作了一些必要的修订。

① 孔飞力：《中国现代国家的起源》，陈兼、陈之宏译，北京：生活·读书·新知三联书店 2013 年版。

一、连 续 性

大多数人都会同意，在过去两千多年来，中国的国家建设就一直存在许多高度连续的议题。"百代都行秦政制"就是对这一连续性最好的描述。如果说"秦政"让人觉得过于偏重孔飞力所说的"政治控制"一维，不足以证明"政治参与"和"政治竞争"上的连续性的话，那么我们不妨多花点笔墨谈谈后二者。按照孔飞力对"政治参与"的极其宽泛的定义（连朝廷官员的进谏都被算入"政治参与"），那么可以说，儒家政治理论一直以来都是高度关注"政治参与"的，而且在宋明两朝，儒家士大夫的政治参与程度比清朝高得多。宋朝相权比明清两朝强，许多士大夫甚至有与皇帝"共治天下"的抱负；明朝相权虽较弱，但文官集团却可在皇帝数十年不上朝的情况下正常运转，在"大礼议"等事件中更是与嘉靖皇帝分庭抗礼。明朝私人讲学又非常繁盛，冲击正统儒家教义，张居正力图扭转这一趋势，终告失败；读书人结社议政，晚明时有东林党、复社，声势尤为浩大。以复社为例，该社系张溥、张采合并江南几十个社团而成，其成员先后共计 2000 多人，多数为青年士子而非在朝官员，但其清议声势居然大到让在廷宰辅"竟席不敢言天下事"①的地步。黄宗羲提出"学校议政"，融合政治监督与地方自治的功能，恐怕与这样的社会背景密不可分。相比之下，乾隆之时士人的政治参与程度简直低得可怜，但这从一个宋人或明人的眼光来看恰恰是一种变态。因此，完全可以说，清朝之前的中国历史能够提供政治参与度更高的范例。

士人政治参与所引发的党争也常常成为王朝大疾，宋有元丰

---

① 谢国桢：《增订晚明史籍考》，上海：上海古籍出版社 1981 年版，第 227 页。

党与元祐党之争，明朝晚期有东林党与齐楚浙党（后多依附魏忠贤"阉党"）之争，又有复社与阉党之争。相关斗争绝不仅仅限于皇帝与官僚集团内部。复社人士甚至与江南的工商业者结合发动抗税运动，而这就关系到了朝廷的政策在地方上执行的问题。事实上，像复社这样与江南工商业结合紧密、在地方上颇有影响力的组织，在很大程度上已经超出了一般意义上的官僚体系内的朋党，而具有了某种地方社会代表的色彩。然而，江南地方的抗税造成的一个后果是，明朝难以从富庶的江南汲取财政资源来应对迫在眉睫的辽东军事危机，而向广大北方地区加重赋税的结果却是激起了大规模的农民起义。因此，我们不能截然否认政治派系与公共利益之间如何协调这一问题的存在。

但是，悖谬的是，明朝士人的高政治参与和政治竞争并没有带来增强国家能力的后果，王朝在党争中轰然倒塌，持续的抵抗也在党争中归于失败。而明朝亡国的案例，也就成为清朝统治者用来教育（也可以说是恐吓）士大夫要保持谨小慎微的典型案例，并得到了许多士大夫的认可。在《起源》中，孔飞力也确实提到了清朝士大夫对"结党"的"深恶痛绝"。[①] 但问题就在于，《起源》为何要从乾隆后期开始？这究竟是出于理论逻辑的内在需要呢，还是只是碰巧因为他的研究集中在清朝中后期？

像孔飞力这样的大家显然不会只做"碰巧"的事情。他所讲述的故事从乾隆后期开始，恰恰与他对"传统"与"现代"的界定有关。但这种界定，由于种种原因，无法避免自身的脆弱性。

---

① 孔飞力：《中国现代国家的起源》，第 10 页。

二、老路与邪路

何谓现代 / 现代性（modernity）？这是一个激发了无数意识形态争论的话题，像一个黑洞一样，吞噬着许多学者的精力甚至智商。在创造了这一概念的西方，这一概念与经验之间的对应关系比较清晰。但在非西方社会，"现代"界定过窄，与具体的制度与治理模式关联过于紧密，很容易被人称为"西方中心主义"；"现代"界定过宽或过于模糊，就很容易失去解释力，很容易出现在遥远的古代突然遭遇所谓"现代性特征"的"惊喜"。孔飞力真的避开了"现代性"这一概念中包含的陷阱吗？

早在《中华帝国晚期的叛乱及其敌人》[①] 中，孔飞力就清楚地意识到这个概念本身所具有的高度争议性。因此，他只作了一个"暂时假定"——所谓"现代"，就是历史动向主要由中国社会和中国传统以外的力量所控制的时代。在这个时代里，我们所看到的不仅是清王朝的衰落，同时也是中国历史不可改变地偏离其老路，"中国的政权和社会再也不能按照老的模式重建起来了"[②]。

在《起源》中，孔飞力同样避免对"现代"下一个清晰的定义。他把重点放在推动一个国家成为"现代国家"的条件上，这些条件包括：人口的过度增长，自然资源的短缺、城市化的发展、技术革命的不断推进，等等，但最重要的是经济的全球化。[③] 具体到中国历史中，乾隆时期"人口的过度增长"最为明显，中国人口达到了有史以来的顶峰，人口与资源之间的矛盾凸显出来。而经

---

① 孔飞力：《中华帝国晚期的叛乱及其敌人》，谢亮生等译，北京：中国社会科学出版社 1990 年版。
② 孔飞力：《中国现代国家的起源》，第 3 页。
③ 同上书，第 2 页。

济全球化的因素体现在中国在国际贸易中巨大的顺差中，外来的白银带来通货膨胀，进一步加大了民众的生存压力。政治上的因素则是乾隆晚期皇帝与官僚体系的腐败。这些因素共同作用的结果是清王朝深刻的危机，孔飞力认为不必等待列强入侵，"重大变化已呼之欲出"①。当然，孔飞力并没有说乾隆晚期的中国就已进入"现代"。但推动时势发展的，正是造成"现代"的那些力量。根据《中华帝国晚期的叛乱及其敌对力量》，时势要进一步发展到1864年的地方高度军事化，才显明了不可逆转的态势：王朝与地方精英——士绅之间的旧有协调机制失去再生的可能，于是政治就偏离了原先的轨道，传统的老路走不通了，"现代"由此全面拉开帷幕。

从操作层面上说，只要是将中国从"老路"上拉出来的变化，孔飞力都倾向于承认其具有现代的朝向。但是，从秦始皇到乾隆之间的"老路"究竟是什么，孔飞力又只给出了最为简略的表述：一套王朝与地方精英——士绅之间的协调机制，这根本无法让敏感的中国读者信服，也让人怀疑他的"内在视角"究竟达到了何种"内在"的程度。

清代的地方士绅，一方面当然具有地主的身份，但另一方面，其身份的权威性在很大程度上依赖于科举制，但科举制显然不是从秦始皇那时候就有，而是首创于隋，唐时获得发展，在宋时才得到大规模运用。科举制与其他一些因素一起，促成了贵族的没落和平民官僚的兴起。内藤湖南提出"宋代近世说"，将宋代作为"东洋的近世"，看重的就是宋代平民文治社会的创新意义。所谓"近世"，就与更大的社会平等和社会流动联系在一起。

沟口雄三关注个人主义与公共领域等议题，在"老路"上又看

---

① 孔飞力：《中国现代国家的起源》，第2页。

到一个断裂：自明代中叶以后，尤其以阳明心学的出现为标志，社会流动性加大，里甲制所代表的以人口和土地的结合为基础的相对封闭的社区日趋瓦解，由地主主导的"乡村再编"运动兴起，其中包含了地主阶层向朝廷要求"分权"的诉求，从而也包含了"近代的胚芽"。

不管内藤与沟口两位东洋史学家的具体观点是否成立，也不管他们对"近世"的界定标准在多大程度上是对欧洲经验的模仿，他们对何谓老路、何谓新路的界定却是清晰的。而且他们是在孔飞力所认为的一以贯之的"老路"上看到变迁和创新。以他们的成果作为参照，孔飞力的所谓"内在视角"就呈现出很大的局限性——在这里，"老路"与"新路"都同样模糊难辨。

孔飞力如何界定新路呢？《起源》有意识地避免设立一个过于具体的"现代国家"的门槛，而只给出界定"现代国家"的几个维度：政治参与、政治竞争与政治控制。但这三个维度上的强弱表现的不同组合，完全可以产生不同的现代国家类型。从孔飞力所给出的暗示来看，现代中国国家的基本特征就在于其超强的政治控制能力，乾隆与他的官员们所提防的在国家与农民之间的中介掮客已经被消灭。而早在国民党的统治下，"商会、各种职业公会和民间团体、工会与学生组织越来越被置于国家的控制之下"，而在中华人民共和国成立之后，"它们或者消失，或者成为国家管理的工具"[1]。换言之，与政治控制相比，自下而上的政治参与和政治竞争变得微不足道。造成这种特征的原因，是"国家统一的需要，产生了建立中央集权的领导体制的要求"[2]。直到今天，"中国所有的政治阵营都会同意，中央政府必须为了国家的富强而发展军事和经济上的力

---

[1] 孔飞力：《中国现代国家的起源》，第120页。
[2] 同上书，第121页。

量"。但是，"这种共识形成及维护的代价，是思想上逆来顺受和政治上令人摆布"。①

看到这里，许多敏感的读者应该可以会心一笑了，因为孔飞力所提供的判断，似乎不过是"救亡压倒启蒙"的学术升级版。甚至持"救亡压倒启蒙"观点的学者对"封建专制传统"的控诉，也可以在孔飞力的历史连续性叙事中找到支持。我们可以将这种观点概括为：中国走出"老路"，走上"邪路"，但从本质上说，"邪路"跟老路的基本特征差不太多。那么，读者有理由怀疑，所谓"现代"云云，不过是用作障眼法的学术黑话（academic jargon）而已。乾隆以来，孔飞力所看到的连续性的内核与孟德斯鸠对帝制中国"专制主义"的定论，或许相差并不遥远。

三、将"内在视角"进行到底

在我看来，"政治控制压倒政治参与和政治竞争"，或者"救亡压倒启蒙"，可以很好地表达论述者自己的价值观或愿望，但并不足以帮助我们把握当代中国政治的内在矛盾和发展动力。在此，我们不妨提出一个问题：孔飞力会怎么看待 20 世纪中国革命中的"群众路线"思想与实践？

李放春教授曾探讨过北方土改中的"先斗干部后斗地主"现象。② 1946 年革命根据地"放手发动群众"开展土地革命后，发现群众对滥用职权、作风差的基层干部反应激烈，不少地方的群众中出现了"先斗干部后斗地主"的呼声。而当时的决策者对此并不是

---

① 孔飞力：《中国现代国家的起源》，第 122 页。
② 李放春：《"地主窝"里的清算风波——兼谈北方土改中的"民主"与"坏干部"问题》，黄宗智主编：《中国乡村研究》（第六辑），福州：福建教育出版社 2008 年版。

进行压制，而是提出了在运动中改造干部、改造党的主张。这催生了开门整党（与审干）这一具有自我治理性质的权力实践。从土改时期到 70 年代，"开门整党（与审干）"一直是常用的落实"群众路线"、实行自我改造的做法。而像农会、工会、妇联、共青团这样的群众组织，在群众运动中一直发挥着重要作用。

问题就在于我们如何认识群众运动和群众组织：它们是自上而下政治控制的手段与工具，还是起到了不断重建先锋政党与其社会基础之间政治联系的作用？许多受到群众运动伤害的人倾向于采取第一种定性。然而，只要把同时期的苏联与中国作一个对比，我们就可以看出根本性的不同。苏联依靠的是专门的人员来进行自上而下的控制，很少诉诸群众的积极性和创造性。而在当时的中国，经常发生的是群众运动脱离上级控制的风险。

或许更全面的看法是，群众运动和群众组织具有双重性，它们既具有自上而下的政治控制的维度，但也具有自下而上的向执政党传递政治代表性的功能，二者之间哪一个维度更为突出，取决于许多因素。成功的群众运动当然具有政治参与的意义，也具有政治竞争的意义，而在群众运动中获得更高政治代表性的政党，当然也就具备了更强的政治控制能力——魏源将扩大政治参与和增强国家能力结合在一起的思路，无意中在 20 世纪中国革命的动员机制里得到了体现。

当孔飞力探讨政治参与和政治竞争的时候，主要参照的还是欧美自由主义—多元主义政治经验，很难想象列宁主义政党领导之下的政治参与和政治竞争。因此，他的视角是高度形式主义的：既然"商会、各种职业公会和民间团体、工会与学生组织越来越被置于国家的控制之下"，那么，他们的政治参与和竞争功能必然萎缩。[1]

---

① 孔飞力：《中国现代国家的起源》，第 120 页。

而这就没有看到，从新民主主义革命时期开始，中共就认识到群众参与对自身健康运作的意义。毛泽东又在 1966 年八届十一中全会闭幕式上引用过陈独秀在 1927 年写的一句话："党外无党，帝王思想；党内无派，千奇百怪。"在毛泽东看来，派性始终存在于政治体系之中，关键仍在于如何"以斗争求团结"。

不仅如此，出版于 1990 年的《叫魂》中呈现出的图景是，在乾隆时期，那些冷静的、按部就班的官僚，是制约统治者专权与普通民众疯狂的唯一力量。孔飞力说的不仅仅是历史[①]，但这样一种影射，无论它在技法上多么巧妙，仍然在很大程度上忽视了轰轰烈烈的中国革命所产生的大量政治经验。

然而，历史终结了吗？正如裴宜理指出，对革命传统的不断动员是中共的独特能力。[②]直到今天，这种动员仍然没有完全淡出。列宁主义政党与政治参与、政治竞争相结合的实践探索还在进行。研究者可以怀疑这种结合是否有光明的前景，但至少应该认识到，当下的实践中包含了孔飞力所讲的一切维度；否则，研究者难免会误判形势，把许多事实排除在自己的视野之外，于是自己所说的"内在视角"终究不过是隔靴搔痒。

四、余　　论

对于西方读者来说，认识到从乾隆以来的中国国家建构历程的连续性或许有一定的困难，但这对于中国人从来都不是问题。最大

---

① 据高王凌，孔飞力在《叫魂》中对"恐慌"起因的判断正是以中国的"文革"为背景的，参见高王凌：《政府作用和角色问题的历史考察》，北京：海洋出版社 2002 年版，第 129—135 页。

② 裴宜理：《对革命传统的不断动员是中共的独特能力》，http://cnpolitics.org/2012/12/elizabeth-perry/，2014 年 2 月 7 日最后访问。

的困难在于认识 20 世纪中国所产生的"新传统"，它与乾隆时代的政治经验以及自由主义 – 多元主义政治经验之间都存在重大的差别。如果对这个传统本身认识不清晰，当我们在回溯它的起源时，当然也就无法获得一幅全面的图景。

孔飞力已经尽了自己的最大努力，在其所处的西方世界尽可能地对中国的历史经验做出同情理解。但他给出的中国国家建设议程的图景，仍然是一幅失衡的图景。不过，对国人而言，不应寄希望于西方学者帮我们把这些问题想清楚。历史还没有终结，变革仍在持续进行。未来的愿景牵引着对过去的书写。在"中国现代国家的起源"这一标题下，完全可以出现不同的叙事。让我们期待新故事的诞生。

第二编
异域的穿越者

四匹骏马在大路上奔驰

道路呵 道路呵

你要把所有的人带向何方

四匹骏马

四个麦地的方向

——骆一禾《久唱》

天使入魔?*

重思《关于马基雅维利的思考》

在列奥·施特劳斯的思想生涯中，《关于马基雅维利的思考》是一本颇具独特性的著作。他曾认定霍布斯是现代性的思想开端，但在《关于马基雅维利的思考》的思考中，将开端上溯到了马基雅维利。施特劳斯对于马基雅维利的研究，因而是对一个漫长的"堕落"过程之起源的研究。该书自出版以来，在西方马基雅维利研究界也产生了复杂的影响，并于 2003 年被翻译为汉语正式出版，传读二十年。

这二十年，既是列奥·施特劳斯思想在华影响力持续扩展的二十年，也是中国的马基雅维利研究有长足进步的二十年，更是中国思想主体性意识勃兴的二十年。在此背景之下，我们不妨提出这样一个问题：对于一位在当代中国打开马基雅维利书卷并思考"古今中西之争"的学者来说，施特劳斯在《关于马基雅维利的思考》中对马基雅维利的处理方式具有何种启示？它的力量与局限性在什么地方？

---

* 本文的一个较早版本曾以《马基雅维利、施特劳斯与我们》为题，发表于中国比较古典学会编：《施特劳斯与古典研究》，北京：生活·读书·新知三联书店 2014 年版，本文在此基础上略有修订。

如果说哲学从惊异的经验开始，《关于马基雅维利的思考》最令人惊异的莫过于它在一开始所提出的观点：马基雅维利是邪恶的教导者。且让我们从这个观点开始。

一、天使"入魔"

"马基雅维利是邪恶的教导者"并不是什么新观点。从 16 世纪开始，马基雅维利就获得了这一恶名，并在大众舆论中与为达目的不择手段的"马基雅维利主义"联系在一起。

但是，大多数自诩为严肃和庄重的马基雅维利研究者，都不愿意将马基雅维利著作的教导直接等同于"马基雅维利主义"。他们发掘出了一个又一个高尚的教导，并时刻不忘与"马基雅维利主义"进行对比，以显示后者的庸俗。在这些解读中，马基雅维利成为现代政治科学的奠基者、共和主义的导师、国家理由（raison d'État）之父、与 20 世纪无产阶级革命者心息相通的解放先驱、激进的与自然主义的人文主义之父、近代意大利民族主义之父、多元主义的奠基者……[1] 马基雅维利每获得一个新的头衔，就意味着他的文本与某一方面的现代经验之间建立了相互发明的关系。而这些对马基雅维利新头衔的阐释，已经成为最为时兴的马基雅维利研究文献的主题。在这种背景下，一向以严肃和庄重著称的施特劳斯突然高高举起被学者们嘲弄了多年的一个庸俗的头衔，这一姿态本身无疑具有令人惊异的效果。

不过"邪恶的教导者"大概只是施特劳斯放出来的广告词。对

---

[1] John Geerken, "Machiavelli Studies Since 1969", *Journal of the History of Ideas*, Vol. 37, No. 2, Apr. –Jun., 1976。另外，可参见伯林在《马基雅维利的原创性》一文中对解释传统的梳理（参见 Isaiah Berlin, "The Originality of Machiavelli," in Myron P. Gilmore edi., Studies on Machiavelli, Frolence, 1972）。

马基雅维利文本的深入分析，揭示出了更深层的意义：马基雅维利看似发现了"新的制度与模式"（modi ed ordini nuovi），看似打开了近代启蒙的道路，但其实际效果是关闭了更为广阔的古典"自然正当"（natural right）的视野。在马基雅维利之后，哲学家们不再致力于探究"自然正当"，正确与错误的标准不再在于恒久不变的自然，而在于人的选择与约定，而哲学的使命也从探究恒定的终极评价尺度转变为服务于人改造世界与自我的行动。更令人惊骇的是，马基雅维利对那个视野的关闭，恰恰是以他自己对那个视野的熟悉作为前提，并有意为之的。他深入阅读了古典与圣经传统的作家们，然后将他们的教导庸俗化，并以"回到古代"的名义来散布这些庸俗的教导。《关于马基雅维利的思考》的大部分篇幅都在展示，马基雅维利是古代经典与圣经传统多么恶意的阅读者和解释者——施特劳斯用圣经的话语说，魔鬼是堕落的天使[1]，因而《关于马基雅维利的思考》是一本记录一个天使"入魔"之证据的书。

更有甚者，施特劳斯还告诉我们，如果觉得马基雅维利是个好人，那就说明我们已经中了他的毒害。马基雅维利桃李满天下，我们一不小心就成了他的门生。而我们时代有这么多人觉得马基雅维利是个好人，这一事实就说明我们的时代是病态的。施特劳斯对"现代性的三次浪潮"的分析，本来就是在描述现代世界的疾病如何由浅入深。

对大多数西方的马基雅维利研究者来说，施特劳斯这一姿态隐藏着一种令人不快的自命不凡。施特劳斯仿佛在对大多数人说：你们还处于被浪潮拍击后的晕眩中。由于认定大多数马基雅维利研究者都已经被"拍晕"了，施特劳斯就不必进行冗长的文献综述，不

---

[1] 利奥·施特劳斯：《关于马基雅维里的思考》，申彤译，南京：译林出版社 2004 年版，第 5 页。

必在具体的解释中与前人的马基雅维利研究进行对话，而只不过抽取了两种有代表性的观点进行不点名的纠弹——一种观点是"马基雅维利＝政治科学家"，另一种是"马基雅维利＝共和爱国者"。以美国学界的学术规范为参照，施特劳斯此举绝不是常规的做法。

而对马基雅维利天使"入魔"的定性，又与施特劳斯自己的解释方法相互呼应。如果马基雅维利原本是"天使"，他就能理解以柏拉图为代表的古典政治哲学家们的思考和表述方法。而在"入魔"的过程中，马基雅维利又必须与"天使"的传统进行搏斗，这个过程充满了危险，有许多教诲需要被小心地伪装起来。那么，将施特劳斯解释柏拉图时所用的方法用到马基雅维利身上，也就具有了很大的合理性。

二、霸术师马基雅维利？

如果说施特劳斯认为马基雅维利是天使"入魔"的话，在中国人的主流阅读经验中，马基雅维利是否呈现出了同样的面目？答案恐怕是否定的。马基雅维利所教导的，充其量是"霸道"。在中国的古典传统里，霸道虽然比王道更低，但也并非一无是处。

让我们首先回顾中国人是如何遭遇到马基雅维利的。先是 1904年翻译家严复在其翻译的《孟德斯鸠法意》前言《孟德斯鸠传》中里提到"义（即意大利——本文作者按）有墨迦伏勒"[1]，但并没有展开论述。1905 年，梁启超的《开明专制论》谈到一个叫作"麦加比里"的人，称其写过《君主论》与《论丛》，其教导与商鞅、韩非子的六虱五蠹之论"不谋而合"，是"开明专制论"的倡导者。[2]

---

① 　孟德斯鸠：《孟德斯鸠法意》，严复译，北京：商务印书馆 1981 年版，第 VI 页。
② 　《梁启超全集》第 3 卷，北京：北京出版社 1999 年版，第 1457—1458 页。

1923 年，梁启超在《先秦政治思想史》中提到一位"米奇维里"，对应外文名字是 Michiavlli，写了本《君主政治论》，他的主张与申不害有相通之处，主张用阴谋以为操纵，但这一主张实际上是法家的"奉公术，废私术""任法而不任智"主张的反面 [①] ——任公论述如此前后不一，说明他十有八九并没有认真读过马基雅维利原著。

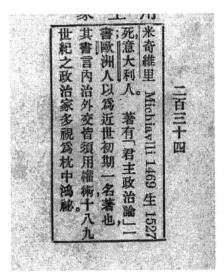

梁启超:《先秦政治思想史》，上海：商务印书馆 1923 版，第 234 页

　　两年之后，商务印书馆出版马基雅维利《君主论》第一个中文节译本，由著名翻译家伍光建担纲，定名为《霸术》；第二个译本则是大约 1930 年出版的曾纪蔚译的《横霸政治论》（麦克维利著，上海光华大学政学社）；第三个译本标题为《君》（马嘉佛利著，张左企、陈汝衡译，中国文化学会印行，1934 年）。因此，从一开始，《君主论》的翻译就被纳入了中国传统"王道"与"霸道"的对立

① 　梁启超:《先秦政治思想史》，上海：商务印书馆 1923 版，第 234 页。

之中，被视为"霸道"的代表性论著。任公根据印象，从思想上将马基雅维利与法家中的不同派别关联在一起，而译本则在大众传播层面进一步传播了这一形象。

梁启超——不管他是否真正认真阅读过马基雅维利——为国人设定了理解马基雅维利的基本路径，那就是法家的"霸道"。在他身后许多年，中国学生在写关于马基雅维利的论文的时候，仍然热衷于将其与商鞅、韩非子、申不害等人比较。值得注意的是，有法家的历史经验作为参照，马基雅维利根本说不上有什么大的冲击力。而这提醒我们，中国自身的古典传统有着与欧洲极其不同的构造。

所谓"霸"，一开始并不是与"王"对立的角色。司马光坚持认为，"霸"通"伯"，周天子立方伯，分治天下诸侯。"周衰，方伯之职废，齐桓、晋文能帅诸侯，以尊周室，故天子册命，使续方伯之职，谓之霸主。"① 春秋五霸尊王攘夷，行使的乃是之前"方伯"所行之事。管仲辅佐齐桓公行霸道，司马迁称之"九合诸侯，一匡天下"，孔子亦感叹"微管仲，吾其被发左衽矣！"司马光认为"而后世学者，乃更以皇帝王霸为德业之差，谓其所行各异道，此乃儒家之末失"②。如此，"王""霸"只有名位之别，未必有显著的德性高下之分。然而，战国时期的孟子就已经对"王道"与"霸道"作德性上的区分，而宋儒主流更是继承孟子传统，进一步将"王道"与"霸道"相对立。

在这个"王－霸"对立的思想传统中，如果说齐桓公和管仲推行的是尚利的"霸道"，但亦从礼义廉耻中看到大利，商鞅、韩非、申不害、慎到等人的"霸道"显然比齐桓公与管仲更进一步突破了

---

① 《答郭纯长官书》，司马光著、李之亮笺注：《司马温公集编年笺注》，四川：巴蜀书社 2009 年版，第 13 页。
② 同上。

周朝的礼乐秩序。但在那个列国争雄的时代，儒家要在治国实践中发生实际作用，也不得不顺应时势，荀子便是一例。而在战国时代结束之后，承载了法家思想遗产的皇帝制和郡县制，不仅得到了儒家的承认，甚至成为后世儒家经典解释的捍卫对象。对儒家而言，法家的成果是可以"收编"和"驯服"的。

如此，我们就可以看到，"王－霸"再怎么对立，也不是基督教传统里天使和魔鬼的对立。基督教将神圣与世俗分开，在其视野中，世俗的生活注定是不可能完满的，无法带来灵魂的拯救。而无论是"王道"还是"霸道"，都属于存在根本局限性的世俗领域，都与启示真理以及通过启示的拯救无关。而天主教会宣称自己代表了神圣领域，从而阻断世俗君主对于神圣性的代表。这种在两个领域之间的对立和撕裂，是中国的古典传统所不具备的。对于中国而言，"霸道"与"王道"也许在德性上存在等级差异，但前者并非完全的混乱与邪恶。

从中国经验出发，施特劳斯对马基雅维利"天使入魔"的指控就有了进一步追问的余地。关键不在于马基雅维利个人是否"天使入魔"，而在于他开启的现代"霸道"为何没有人来"收编"和"驯服"？在中国，我们大致可以去这样解释儒家对法家成果的接收：最重要的原因在于列国时代的终结和统一时代的开始，法家对利益和竞争的崇尚丧失了急迫的现实针对性，而整合庞大帝国的意识形态需求反而凸显出来。在新的形势下，在列国争雄时代举步维艰的儒家却如鱼得水。从同样的视角去看马基雅维利之后的时代，我们看到的却是一统局面的进一步败坏——神圣罗马帝国从一开始就没有多少整合能力，在 16 世纪，宗教改革又进一步摧毁了罗马教廷在精神世界的垄断地位，于是列国争雄局面进一步深化，而霸道的横行也就成为时尚。

这样的分析从社会和政治结构而非思想寻找解释，恐怕很难被施特劳斯公开接受，因为他写作的很重要的出发点之一就是批评当代充满"相对主义"与"虚无主义"色彩的社会科学。然而，如果没有对"古典理性主义"何以衰落的系统的知识社会学分析（他只在关于自由教育的探讨中约略有所涉及），所谓"古典理性主义"的复归，恐怕只能作为一种情怀存在——但也许，施特劳斯并非没有做出这种知识社会学分析，而只是在小圈子内流传？

三、作为革命先知的马基雅维利

如前所述，过去二十多年是中国马基雅维利研究有很大进展的十年。随着一批批马基雅维利研究成果被翻译为汉语，中国学人心目中的马基雅维利也变得越来越复杂：

——先是克罗齐等人对马基雅维利的"政治科学家"解释流行起来，根据这种解释，马基雅维利的著作成为信奉各种意识形态的人都可以获得教益的思想资源。[1]

——然后是以斯金纳、波考克为代表的剑桥学派解释逐渐被许多人接受，马基雅维利作为共和国公民宣布"爱祖国甚于爱我的灵魂"，庶几颠覆其作为"霸术家"的形象。[2]

——然后，在伯林的"多元主义"论说中，我们看到了马基雅维利的身影。但国人理解这种论说，远不如理解前两种那么容易。[3]

---

[1] 克罗齐的观点基本上是通过他人转述而在汉语学界流行起来，原文并没有得到翻译（B. Croce, *Etica e politica*, Bari: Laterza, 1981）。

[2] 尤其参见昆廷·斯金纳：《马基雅维利》，王锐生等译，北京：中国社会科学出版社1992年版；毛里齐奥·维罗利：《尼科洛的微笑》，段保良译，上海：上海人民出版社2008年版。《马基雅维里时刻》则刚刚被译为汉语。参见 J.G.A. 波考克：《马基雅维里时刻》，冯克利，傅乾译，南京：译林出版社2013年版。

[3] 以赛亚·伯林：《反潮流：观念史论文集》，冯克利译，南京：译林出版社2011年版。

——之后，在"国家理由"学说的脉络中，马基雅维利变得极其显赫。他因之与"国家"这一具有历史性的制度关联在一起。①

——但是，最让国人找到感觉的论述，还是葛兰西极其言简意赅的对马基雅维利的"活学活用"。马基雅维利的"新君主"在今天意味着什么？葛兰西说，那就是政党，尤其是无产阶级革命政党。②

葛兰西魔指一点，唤起了中国人的一系列近代历史记忆。那些玄而又玄的马基雅维利学术解释，那些让人目眩神迷的大词，仿佛突然之间有了明确的对应物，而且这种对应还不是勉强的比附，它们水乳交融、浑然天成。对于当代中国读书人而言，20世纪是与政党的政治经验密切关联的。不过，在中国胜出的，是革命建国的党，而不是在议会里玩竞选游戏的党。按照马基雅维利的界定，当然只有革命建国的党才配称得上"新君主"——它们刚出现的时候，不仅越出既有的法制（legality），甚至冲击既有的正当性（legitimacy）论述体系。它们要改造的不仅仅是实在法，甚至是既有的正当性观念体系。

一系列马基雅维利的论题都可以在革命史中找到其对应经验：

——"新的制度与模式"在意大利的出现，是与当时意大利的分裂与外族的入侵密切相关。而内部的分裂与蛮夷的入侵，也恰恰是近代中国的基本处境。按照梁启超在《新民说》里的说法，中国所遭遇到的不是一般的帝国主义，而是具有强大内部动员能力的"民族帝国主义"，压迫中国的不仅仅是若干外国君主和贵族，而是一个个虎视眈眈的民族。③因此，中国的政府必须具有远远超越帝制时代的动员能力，才有可能抵挡得住这种外部的压力。于

---

① 弗里德里希·迈内克：《马基雅维里主义》，时殷弘译，北京：商务印书馆2008年版。

② 参见安东尼·葛兰西：《现代君主论》，陈越译，上海：上海人民出版社2006年版。

③ 梁启超：《新民说》，沈阳：辽宁人民出版社1994年版，第6页。

是，威尼斯式或斯巴达式的共和国，因其避免动员下层社会，就已经不再适应这个时代。这在中国的语境中，就是由皇帝和士绅所构成的传统政治秩序，或者康梁等立宪派设想的由"中等社会"（士绅）领导的共和国，均告失败，而这就为一种动员式的政治打开了通道。

——用"武装的先知"来描述两个政党，尤其是它们的革命领袖，无疑是相当贴切的。列宁以及他的仿效者们，既掌握着关于未来的真理，又手握着武力。而且国共两党的领袖们都是经过血的教训，才认识到武力的重要性。从时间顺序来说，两党都是先认识真理，再获取武力。而这印证的是马基雅维利的观点：在已经有信仰体系的地方，很容易建立武力；但先有武力，再建立信仰体系，难度就要大得多。

——"新君主"要有真正属于自己的武装，而非依靠雇佣军或援军。没有独立自主的武装，内不能说服人民坚持自己的道路，外不能单靠外交赢得稳定的盟友。而这正是孙中山撞了南墙撞北墙之后所得出的结论。国共两党合作举办的黄埔军校也是两党独立武力的重大开端。但两党之中只有共产党才真正将平民的武装变成"自己"的武装。

——马基雅维利提出，"新君主"应该更多依靠平民，而非贵族。平民可以构成君主武德的基础。按照马基雅维利提出的原理，平民的目的比贵族更公正，前者只是希望不受压迫而已，而后者却希望进行压迫。贵族自以为能与君主平等，而平民不会有同样的想法。君主对平民施以恩惠，即能赢得平民感激，但贵族不会因小恩小惠而心存感激。此外，从人数上说，平民比贵族更多，得罪平民比得罪贵族更易给君主造成危险。因而，将平民武装起来，他们就会成为君主的力量。而在中国的革命经验中，我们可以看到不仅仅是将平民武装起来，同时更是重新分配土地，改造基层秩序，在此过程中不仅仅是促成平民的"翻身",同时还要通过"诉苦"和"访苦"实现"翻心"。[①]

——"革命不是请客吃饭,不是作文章,不是绘画绣花,不能那样雅致,那样从容不迫文质彬彬,那样温良恭俭让。"[②]革命的高贵目的并不能通过同样高贵的手段来达到。革命者的坦诚程度甚至远超过马基雅维利,公开主张武力的使用有自身的策略,宣传也有自身的策略,对不同的对象说不同的话,本来就是革命的需要。

——正如马基雅维利所说,每个教派或政体都会在时间中趋于败坏,其原创的声望与原生的发展能力会随着时间的推移而逐渐衰败。腐败的表征就是财富不平等的扩大与党争的加剧。这时候就需要将其重新带向其开端,恢复其原初的德性。而这在中国革命的过程中,就与不断回到开端的实践发生关联,秩序也一再被重造,尽管这一过程中充满了意外后果。马基雅维利的共和国方案并不是商业共和国,而是强调为了避免腐败,要保持"国富民穷"。而这也是很长一段时间内中国的选择。

在这些历史的投影中,我们可以读懂种种现代马基雅维利解释,无论是政治科学、国家理由、平民主义,还是爱国主义、人文主义甚至多元主义。而更晚近的解释,如奈格里(Antonio Negri)将virtù 与 fortuna 之间的对立和"制宪权"(constituent power)–宪定权(constituted power)之间的对立视为同构,其实也与 20 世纪中国对于革命的正当性的论述有内在关联。[③]而麦考米克(John McCormick)试图建构的"马基雅维利式民主"(Machiavellian Democracy),在制度

---

① 参见李放春:《苦、革命教化与思想权力——北方土改期间的"翻心"实践》,《开放时代》2010 年第 10 期。

② 《毛泽东选集》(第一卷),北京:人民出版社 1991 年版,第 17 页。

③ Antonio Negri, "Virtue and Fortune: The Machiavellian Paradigm", *Insurgencies*, The University of Minnesota Press, 1999, pp.37—98.

上虽有一些新的火花，在原理上仍然是中国人很容易理解的平民主义（populism）！①

我们甚至还可以通过对自身历史经验的回顾，看到梁任公解释的重大缺陷。梁任公认为马基雅维利只玩权术搞阴谋，忽视了他同时也非常强调"立教"，强调公开的意识形态建设与思想舆论工作。任公所忽略的，恰恰是法国共产党人阿尔都塞特别强调的。

而对这样一个马基雅维利形象，施特劳斯的评价仍然是那么冷酷：邪恶的教导者。

《关于马基雅维利的思考》里面存在一些对当代形势的指涉。这本著作是沃尔格林基金会（Charles R.Walgreen Foundation）所赞助的系列讲座的产品，这家基金会同时也资助了沃格林（Eric Vogelin）的研究。在《引言》中，施特劳斯向他所在的、保护了他的哲学思考的国家致意："美利坚合众国可以说是世界上仅有的一个国家，奠基于与马基雅维利主义相反的原则之上。"②《独立宣言》以"We hold these truths to be self-evident"的语式宣布了一系列真理，这些真理是不言自明的，是自然的真理，而不是历史的真理。而在他看来，"当代的专制暴政，其源概出于马基雅维利的思想，概出于关于为了达到目的可以不择手段的马基雅维利主义原则"③。

在冷战的背景下，我们很容易就能看到施特劳斯笔下的"专制暴政"之所指，那就是我们上文所回顾过的将近代中国从帝国主义列强的奴役中解放出来的新式政党政治形态。从施特劳斯的眼光来看，从马基雅维利到霍布斯到卢梭，再到马克思及其后继者，思想

---

① John McCormick, *The Machiavellian Democracy*, Cambridge: Cambridge University Press, 2011.

② 利奥·施特劳斯：《关于马基雅维里的思考》，申彤译，南京：译林出版社2004年版，第1页。

③ 同上书，第6页。

在一步步陷入泥潭。于是，在马基雅维利问题上，施特劳斯奇迹般地和共产党人阿尔都塞、葛兰西达成了某种一致意见：存在一条从马基雅维利到共产党人的思想道路。只不过施特劳斯激烈否定它，而共产党人阿尔都塞、葛兰西颂扬它、推进它。

施特劳斯敦促我们认识近代"武装的先知"所承载的真理和德性。而共产党人所掌握的真理，既不是自然法，也不是上帝的启示，而是一种 Necessità——历史的必然性，人类社会运动的必然性。Necessità 是马基雅维利最爱用的关键词之一，"新君主"的领导行为，必须根据 Necessità 来展开。只是在后来的发展中，Necessità 变成了历史的必然性。当然，历史主义也提供了一副人类社会的圆满图景作为奋斗的目标，但这一目标并不是用来在每个时刻作价值评判的标准，历史与社会的演进有自身的规律，在不同的阶段，人们的行动遵循不同的规范。相比之下，"自然正当"却是坚硬的价值评判标准，时间尽可以流淌，但规范不可改变。

在革命的过程中，德性也没有被遗忘，但其内容却已被替换。对革命队伍的成员而言，首先是要相信那幅圆满的历史图景终将实现，其次要在实现这副图景的过程中步调一致，保持革命集体的virtù。而这与传统士大夫的修养功夫有很大差别。对于士大夫而言，"天命之谓性，率性之谓道，修道之谓教"，存在一套穿越时空保持大致稳定的真理规范；然而在新秩序之下，不变的天道已被变易的历史真理所取代。私有财产只是人类社会特定阶段的产物，家庭也不是永恒的，国家也是终将被消灭的，因而德性也始终具有与时俱进的性质——但在施特劳斯眼里，这种正确和错误的标准可以随着时间流变的论述，就是"虚无主义"。

于是我们看到，施特劳斯绝不是什么"中国人民的老朋友"，将中国近代史表述为独立与解放过程的历史叙事在他这里并没有多少正当性。然而，如果放在中国思想传统内部，从孔夫子视野出发对毛泽东的思想与事业做出解释，与施特劳斯从西方古典出发对所谓"现代僭政"的指控当然会存在明显不同。在孔夫子的视野中，哪怕是管仲的霸道都是有着相当程度的正面价值的。近代革命政党驱除夷狄、统合华夏，继而"庶之""富之"，这些功业的正当性不会弱于管仲。更何况，春秋战国时废除、王莽求之而不得的井田制，在 20 世纪中国竟然会成为国共两党革命者的未来想象的一部分①，并在实践中获得了某种程度的恢复！

本文并不是要通过这一比较来否定施特劳斯所提出来的"自然正当"在自身理论逻辑中的普适性。在施特劳斯看来，与现代建立在低标准之上、所见即所得的"自然权利"不同，古典的"自然正当"只有通过哲人的理性才能去认知。因此，"自然正当"的普适性注定只能为少数人所认识，而这少数人如果不掌权，"自然正当"的标准也不大可能在大众中建立起自身的权威。而这实际上就放弃了"环球同此凉热"的可能性。"自然正当"就其定义来说必然是有同一内容的，但由于认知上的难度，逻辑上不能排除由于运思路径等因素的差异，两个政治共同体中的哲人对"自然正当"的认知结果并不相同。谁更正确？只有更高级的哲人，而非一般的利益中立的第三方，才能做出可靠的裁断。如果没有权威的裁断，那就只能是各自坚持自己发现的"自然正当"，将对方作为意见或习俗。

因此，从施特劳斯的眼光来看，中国古代儒家的看法或许只能算是一种意见或习俗，根本没有达到西方古代哲人对于"自然"的认知；而中国的当代政统，更是会被其视为西方内部生长出来的"虚无主义"的现实形态。用施特劳斯的理论来批判当代美国也是

---

① 杨宽：《重评 1920 年关于井田制有无的辩论》，《古史探微》，上海：上海人民出版社 2016 年版，第 3—17 页。

容易的。但是，身处冷战之中的施特劳斯，对美国的态度实际上是这样的——美国是个体内运行着"虚无主义"真气但尚未被其完全攫取心智的国家，而他的努力是以西方的古典理性主义来帮助美国端正"三观"，使其在与社会主义阵营的斗争中，更好地捍卫西方文明。

不仅是施特劳斯，同样流亡到美国的奥地利犹太裔政治思想史家沃格林也具有类似的立场。沃格林批判"灵知主义"（Gnosticism），将马克思主义视为"灵知主义"的极致，认为美国虽然受到"灵知主义"的深刻影响，但尚未被其征服，因而能够在与"灵知主义"政治力量的斗争中，扮演重要角色。① 两位思想家都没有活到冷战结束。但如果他们能活到那一天，从他们一贯的思想倾向来说，尽管他们从知识上会认为弗朗西斯·福山的"历史终结论"极其浅薄，但就心态而言，会跟后者一样感到欢欣鼓舞。

在当下的地缘政治格局中，施特劳斯和沃格林可以说为中国学人批判当代美国提供了有用的思想工具，论证美国奉行"虚无主义"或"灵知主义"，为了自己认定正确的目的可以不择手段。不过，如果将施特劳斯与沃格林的思想树为权威尺度，这样的批判有可能带来"杀敌一千，自损八百"乃至"杀敌一千，自损一千二"的后果——原因在于，在施特劳斯和沃格林看来，中国比美国"病得更深"。要让施特劳斯和沃格林的批判火力只对准美国，但又不波及中国，无疑需要经过非常复杂的操作。在这一方面，刘小枫教授 2017 年出版的《以美为鉴》，是将施特劳斯和沃格林思想的批判火力引向美国而非中国的系统努力，其苦心孤诣，值得学界重视。②

---

① 埃里克·沃格林：《新政治科学》，段保良译，北京：商务印书馆 2018 年版，第 193—194 页。

② 刘小枫：《以美为鉴：注意美国立国原则的是非未定之争》，北京：华夏出版社 2017 年版。

四、马基雅维利的书写技艺与意图

如果以上谈的是施特劳斯围绕马基雅维利展开的问题意识与中国经验之间的关联，下文要处理的则是施特劳斯在这部著作中的具体解释方法。在我看来，这部著作很大程度上是将施特劳斯在研究其他作者时所形成的一系列方法和判断用于对马基雅维利文本的分析。施特劳斯的经典解释以区分"显白教诲"与"隐微教诲"而著称，在某些方面不乏某种语境化（contextualizing）的特征——伟大思想家们的写作具有高度的修辞性，针对资质不同的对象，传递不同的教诲。在施特劳斯看来，区分两种教诲并不仅仅是为了避免来自他人的政治迫害，同时也是为了掩盖哲学本身的激进性和危险性，防止败坏城邦的礼俗秩序，从而使哲学与政治保持一种必要的平衡。但在具体的操作中，施特劳斯基本上没有兴趣为这种语境化提供文本之外的历史证据，如像剑桥学派那样，探讨马基雅维利所用的术语在同时代的运用状况，更谈不上像微观史学（microhistory）派那样，更深入地考证马基雅维利读过哪个出版社出版的哪个版本的书，以及在书上写了什么批注。"显白教诲"与"隐微教诲"之分是施特劳斯的缺省设置（default setting），是在解释之前就被预设的前提。

对"隐微教诲"的发掘，尤其体现在施特劳斯对一系列文本中的非常规现象的处理上。每当文本中出现反常现象，施特劳斯宁可假设这是作者有意为之，并试图在文本内部寻求自洽的解释，也不愿轻易宣布这是作者的书写疏漏。解释者仿佛是作者的律师，在法庭上为作者的自我一致进行辩护。将作者想得"更高"的假设相对于一种粗糙的"语境化"来说，具有某种制衡作用。比如说，剑桥学派的一些学者频繁地用同时代的其他人文主义者来理解马基雅维利，将马基雅维利作为一类人中的普通一员，但这在很多时候，会产生对马基雅维利的独特性（singularity）估计过低的结果。如维罗里（Maurizio Viroli）在《马基雅维利的上帝》（*Machiavelli's God*）一书中，即试图将马基雅维利吸收到佛罗伦萨的"共和基督徒"传统中去。[①]"共和基督徒"们仍信奉基督教的上帝，只是认为上帝垂爱于那些热爱共和国的自由、充满共和德性的人。如同马基雅维利呼唤那些败坏了的共和国回到它们未被败坏的开端一样，马基雅维利也希望基督教会回到其没有被败坏的开端。按照这种解读，马基雅维利就被纳入 16 世纪宗教改革的思想先驱行列。这种解释看似抬高马基雅维利，但实际上是大大低估了马基雅维利的激进性。而从施特劳斯的假设出发，这种庸俗的"语境化"就不会出现。但是，它带来的"拔高"作者的风险，却是我们不可忽视的。

施特劳斯对"隐微教诲"的发掘可能落实到对以下反常现象的解释中去。[②]

——沉默：在《李维史论》II.10 中，马基雅维利指出，好的士兵而非钱财是战争的支柱，而他认为李维在这一点上是支持他的，因为李维在《建城以来史》第 9 卷中提到战争胜利的三个要素：众多好的士兵、精明的将领以及好的运气。他从未提到过金钱。马基雅维利认为，李维对金钱的沉默，表明李维认为它并不重要。施特劳斯则由这一案例做出一个一般性推断：马基雅维利在自己的写作中也实施着他在评论李维时所揭示的规律。而这直接就适用到马基雅维利在《君主论》中的诸多沉默：他不提良心，不提共同的善好，也不提君主与僭主的区分。那么，这就表明马基雅维利认为这

---

① Maurizio Viroli, *Machiavelli's God*, Princeton：Princeton University Press，2012.
② 以下类型区分，参考了 Robert J. McShea，"Leo Strauss on Machiavelli"，The Western Political Quarterly，Vol. 16，No. 4（Dec.，1963），pp. 782—797。

些事情并不重要。[①]

——在关键术语上的"隐约其辞、模棱两可":施特劳斯认为马基雅维利是在有意地对一些关键术语,如德性(virtù)、君主、天、民众做出模糊处理,而其用意是诱导有心的读者从对这些术语的流俗理解出发,上升到更高、甚至意思截然相反的理解中去,而这对于马基雅维利表述他的学说是必不可少的。[②]

——错误:施特劳斯注意到马基雅维利的文本中存在着许多明显的错误,但他认为"按照一般的审慎规则,我们应该'相信',所有这些错误都是蓄意所为"[③]。他最重视的一个例子是在《李维史论》I.26 中,马基雅维里以《旧约》中的大卫王为例,说明一位基础不稳的新君主保持王国的最好办法就是更新一切,在这里,马基雅维利引用了一句拉丁文:"*qui esurientes implevit bonis, et divites dimisit inanes.*"(和合本中译:"叫饥饿的得饱美食,叫富足的空手回去。")但这段文字实际上并不见于《旧约》,而是出自《新约》的《路加福音》1:53,说的是耶和华做的事。施特劳斯认为,马基雅维利在此是有意识地指向耶和华,其未曾明言的意涵就是,耶和华也是一个暴君——而这正是惊世骇俗的,需要被包装起来的教诲。[④]

——间接攻击:施特劳斯注意到,马基雅维利在《李维史论》I.10 探讨了罗马帝国时代作家对布鲁图斯的赞美,认为原因在于他们不能直接攻击凯撒,所以就只好赞美凯撒的敌人。[⑤]施特劳斯也将此上升为马基雅维利的一条写作规则。其具体的适用例子就是《李维史论》I.10 中马基雅维利对罗马宗教的赞美,这被施特劳斯解

① 利奥·施特劳斯:《关于马基雅维里的思考》,第 27 页。
② 同上书,第 49 页。
③ 同上书,第 34 页。
④ 同上书,第 51—52 页。
⑤ 同上书,第 30 页。

释为对基督教的间接攻击。①

——数字的巧合：施特劳斯注意到《李维史论》的章节书目与李维《建城以来史》一样都是142，这是一个奇怪的事实，其背后的意图是，马基雅维利其实并不试图按照"论提图斯·李维的前十书"这个标题来操作，而是要越出罗马早期，一直评论到李维著作终结的奥古斯都时期。②

《关于马基雅维利的思考》思想步伐密集、行进速度迅疾，以至于施特劳斯没有兴趣停留下来，在具体的文本细节上对其他学派的解释做出排除。因此，这其实是一本具有很强的"学术议程设置"色彩的著作。就具体的解释点而言，其他解释者完全可以提出异议，而且有些异议排除的难度相当之大。

比如说，施特劳斯将《李维史论》I.10—11中马基雅维利对罗马宗教的赞美解释为对基督教的隐微攻击。但事实上，《李维史论》在紧接着的第12章中就对基督教进行了直接的猛烈攻击，认为罗马教廷使得意大利变得无宗教和邪恶，同时也使得意大利四分五裂。马基雅维利并且公然地比较罗马异教和当下的基督教，认为"可以断定近在咫尺的，无疑不是毁灭就是惩罚"③。这些攻击在火力上虽然还比不过霍布斯在《利维坦》中对"黑暗王国"的攻击，但如果在生前公开，完全足以让马基雅维利进入教廷的黑名单。这就提出一个问题：如果在同一个文本中，马基雅维利已经以极其显白的方式讲过的道理，是否还需要以隐微方式再去讲一遍？

事实上，马基雅维利犯过不少引用上的错误。比如在《李维史论》I.53，他引用了但丁的一个说法，即人民经常在死亡的关头高呼"万岁"，在自己活的好好的时候高呼"去死吧"，马基雅维利

① 利奥·施特劳斯：《关于马基雅维里的思考》，第30页，注36。
② 同上书，第50—51页。
③ 马基雅维利：《李维史论》，薛军译，长春：吉林出版集团2011年版，第186页。

认为出其出处是在《论君主政体》，但实际出处是但丁的《飨宴》（Convivo，I.11）。在 I.47，他引用了李维的一句话，但其中的"尊严"写成了"荣耀"。同一章节中，他又将罗马人 Pacuvius Calavus 的名字错拼成 Pacuvius Calanus。放在上下文中看，我们很难断定马基雅维利这些错误是有意为之，似乎更有可能是一种笔误。

《李维史论》I.15 中还出现过一个更大的错误。在那里，马基雅维利谈到萨姆尼人运用宗教仪式来激发信心。关于这一点，李维在其《建城以来史》第 10 卷第 38—41 章提供了完整的叙事：萨姆尼人当时情势危急，有一位老人宣称，他知道一种古代的仪式，可以使他们获得诸神的保佑。李维的笔调隐含的意思是，这是子虚乌有的事情。但仪式开始了，那是个很血腥的仪式，人们被迫宣誓，如果不宣誓，就要马上被杀掉献祭。通过这个仪式，萨姆尼人组织了一个敢死队。有叛变者把这个消息传给罗马人的统帅帕披里乌斯，他就给罗马人做思想工作，说敌人仪式不正，神灵不会保佑。罗马人即将开战时，罗马军队的祭司说，神鸡不吃米，不宜打仗。帕披里乌斯很不喜欢这个征兆，他就安排祭司走在前面，结果在与萨姆尼人遭遇的时候，萨姆尼人的长矛刺杀了祭司。于是帕披里乌斯就大呼：神灵显灵了，这个骗人的祭司死掉了。而这说明，神是赞成罗马人开战的。于是，罗马人就杀将过去。萨姆尼人只是被动抵抗，很多人本想逃跑，只是因为经历过那个恐怖的仪式，害怕被同伴杀掉，所以暂时没有逃走。但罗马人攻势越来越强，萨姆尼人最后连那个仪式都不顾了，赶紧溜之大吉。李维所讲述的这个故事，被马基雅维利拆成两半，帕披里乌斯设计弄死随军祭司的段子被放在 I.14，而萨姆尼人的献祭仪式与战争失败被放到 I.15。在叙述完萨姆尼人的失败后，马基雅维利对此作了一个解释："罗马人的力量以及萨姆尼人由于过去遭受的战败而对罗马人的畏惧，超过了他们按照宗教并通过发的誓言所能获取的任何一种顽强坚持。"但在几行之后，却冒出一句没头没脑的总结："这充分证明，通过对宗教善加利用，可以获得多么大的信心。"这句话放在 I.14 的语境中是成立的，但放在 I.15 关于萨姆尼人的案例讨论中，非常令人困惑，因为萨姆尼人的做法并没有带来信心。

在萨姆尼人案例上，对马基雅维利与李维的叙事与评论做出对比，在一些方面可以支持施特劳斯的结论，但一些方面却未必支持。支持的方面体现在，李维在其叙事中，对正教和迷信做出了区分，认为萨姆尼人的仪式是一种迷信。而马基雅维利的叙事却对这一区分保持了沉默——从施特劳斯的眼光看来，这种保持沉默就是认为它不重要的体现。施特劳斯的方法在这个语境中是完全有效的，因为马基雅维利将李维的叙事掰成两半，安排在两个相邻章节中分析，这足以表明马基雅维利是认真阅读了李维的历史叙事，因此选择哪些内容来突出呈现，背后必然有直接意图。而他对正教与迷信区分的不屑，这既是对李维的回应，也可以被解读为对基督教的回应，因为基督教看待异教的态度，非常类似于李维看待萨姆尼人的态度。对马基雅维利来说，正教和迷信之间的区分并没有意义，真正有意义的是如何有效地运用宗教仪式来服务于政治。或许在他看来，那位装神弄鬼的萨姆尼老人，完全可以与罗马第二任国王努马等量齐观，他们的差别只在于政治手段的高低。

关于这一点，还可以得到两处文本支持。在《李维史论》III.30 中，马基雅维利提出："谁若是明智地（sensatamente）阅读一下《圣经》，就会发现摩西曾经被迫——为了他自己的法律和制度能得以实施——杀了无数人，那些人仅仅出于嫉妒就反对他的那些计划。"[①] 而在 I.23 中，马基雅维利又提出，"明智地（sensatamente）阅读全部历

---

① 对马基雅维利"明智地"阅读《圣经》的解释，参见 Christopher Lynch, "Machiavelli on Reading the Bible Judiciously," Hebraic Political Studies..Vol. 1, No. 2, Winter 2006, pp. 162—185。

史，并领悟其中最真切教益的人将会发现，极少有才干的将领尝试过把守这样的关隘"。于是，我们看到了"明智地（sensatamente）阅读《圣经》"与"明智地（sensatamente）阅读历史"的主张。作为一个意大利文词汇，sensatamente 有一个坚强的意义核心，即遵循常识。如果从常识出发来对圣经进行解读，意味着什么呢？这意味着，这种阅读是不带敬畏的，并不关心文本本身的神圣性。而这正是施特劳斯对马基雅维利的宗教解释中所发现的东西。

但是，"这充分证明，通过对宗教善加利用，可以获得多么大的信心"这句没头没脑的话，却很难用施特劳斯的方法来加以说明。因为它是完全脱离语境的。它更适合放到前一章讲完罗马人故事之后的评论中，而不是放在萨姆尼人失败的例子之后。在这句话之后其实还有两句话，马基雅维利指出，这个部分本来似乎应该放在与对外政策事务相关的讨论中，但因为跟罗马的重要制度有关系，所以放这里了。这句话看起来有点像编辑手记，但却是用第一人称写的。考虑到《李维史论》是一部在马基雅维利死后才出版的书，出版过程中自然是有人对马基雅维利的文本作了整理，我们并不能完全排除编辑增删了一些文字的可能性。

施特劳斯对《李维史论》I.26 中的马基雅维利的引用错误作了很多发挥，并构成马基雅维利传授邪恶的重要证据之一。不过，在这里，我们仍然不能排除其他的可能性。马基雅维利在这里引用的拉丁文句子 *"qui esurientes implevit bonis，et divites dimisit inanes"* 出自《路加福音》1：53，而非他的显白教诲所指向的《旧约》。但问题是，《旧约》中就没有相似的句子吗？事实上，在《诗篇》107：7中有一句比较相似的话："因他使心里渴慕的人，得以知足，使心里饥饿的人，得饱美物。"15 世纪晚期与 16 世纪早期通行意大利的《圣经》已经是圣哲罗姆（Saint Jerome）从希腊文翻译的版本 Versio Vulgate，但当时还存在圣哲罗姆的另更直接地译自希伯来文的版本

Versio Hebraica Hieronymi。① 这两个版本都用拉丁文书写，但从翻译上来说，有很大的不同。《旧约·诗篇》第107篇的这句话在两个版本中分别是这样的：

Quia satiavit animam inanem et animam esurientem satiavit bonis.（从希腊文翻译的圣哲罗姆版本）②

Quia saturavit animam vacuam et animam esurientem implevit bonis.（从希伯来文翻译的版本）③

无论是哪个版本，里面都有一些词汇与马基雅维利在 I.26 中引用的句子有重合，基本意思也有相近之处。在此，我们很难排除这样一种可能性：马基雅维利对《圣经》非常熟悉，当他写东西的时候，他想写跟大卫有关的一句话，于是想到了《诗篇》中的这一句，但却把句子给记混了，写下来的时候成了《路加福音》中圣母玛利亚谈论耶和华的句子。而更有意思的是，马基雅维利写下的那句话开头的几个词，正是从希伯来文翻译的这一句话的最后几个词：*esurientem implevit bonis*，这更给我们打开了更大的想象空间：莫非，马基雅维利读的不仅是圣哲罗姆从希腊文翻译的本子，而且还读了从希伯来文翻译的本子？

这一分析在一个重要的方面支持施特劳斯的看法——马基雅维利对《圣经》非常熟悉，并且试图对之做出回应。但如果事实情况是，马基雅维利只是因为对自己的记忆过于自信，凭记忆来引经据典，以至于出现错误，那么，施特劳斯对这个例子所作的发挥，就可能要被打上一个问号。如果只是一个技术性错误，所谓认为耶和华是僭主云云，也就无从说起。

---

① 两个版本的《诗篇》的对照本，参见 *The Hexaplar Psalter*: *Hebrew*, *Greek*, *Latin and English*, London: Samuel Bagster and Sons, 1843。

② Ibid., p.25.

③ Ibid., p.26.

以上质疑并不是要论证马基雅维利并没有这么"黑"，或者甚至于很"洁白"，而只是试图指出，对作者文本中的非正常现象如何解释，本可以存在不同的假设。施特劳斯完全可以通过一定的语境讨论，排除掉其他可能的假设，从而巩固自己的文本解释。但很明显，施特劳斯坚持的是单一的解释规则，这种规则在他看来比较"审慎"，能够让解释者将自己放在比较谦卑的位置上。然而这导致的结果是，施特劳斯并不关注经典的物质存在状态，版本学的考证对他来说是多余的。而剑桥学派追溯马基雅维利所用的一系列关键词在同时代的其他作者那里如何得到使用，也不是施特劳斯感兴趣的做法。

或许，施特劳斯之所以强调作者的"意图"（intention），原本就是要凭借"意图"来超越历史主义。然而，并没有理由认为，对文本所处的情境（context）投以一瞥，就必然会走向"疑古"，陷入不可救药的历史主义。毕竟，历史性（historicity）与历史主义（historicism）不是一回事。而要寻找尊重文本的历史性（historicity）而又不陷入历史主义的范例，我们就不妨打开中国漫长的经学史。

五、余　　论

本文从施特劳斯的实质结论和解释方法两个层面对《关于马基雅维利的思考》进行了再思考。施特劳斯坚持古典的"自然正当"，将马基雅维利斥为入魔的天使，这在西方晚近的马基雅维利研究文献中是一个"反潮流"的观点。而放在中国人对马基雅维利的阅读经验中，马基雅维利带来的冲击却要小得多。无论是作为法家还是作为革命思想先驱，马基雅维利（及其思想继承者）都能在儒家的视野中获得相当可观的理解。而这提醒我们，中西各自的"古今之变"，尽管具有一些共通之处，但仍然具有各自独特的形态。

施特劳斯对西方文明内部的古今之争的考察，可以对我们考察中国语境中的古今之争起到参照与借鉴作用，帮助我们将目光转向自己的古典传统。但是，施特劳斯的所有论述，毕竟是以西方文明为中心的，在其眼中，中国的古典文明不可能具有显要地位。更重要的是，他和沃格林这样的现代性的批判者，在冷战之中都旗帜鲜明地站在美国一边。他们将以苏联为首的社会主义阵营的指导思想视为"虚无主义""灵知主义"的极致，其从西方古典出发对于美国现代社会的批判，其实践目的恰恰在于促使美国通过回溯和接续西方古典增强对于另一个阵营的抵抗力。

在解释方法层面，施特劳斯的解释技术很难避免"人为拔高作者"，而这正是将文本视为一个封闭的自我指涉（self-referential）的系统，试图在其内部解决一切矛盾所带来的必然结果。本文认为，对作者文本中的非正常现象如何解释，本可以存在不同的假设，哪种假设能够成立，需要在个案中进行验证。即便是要加固施特劳斯自身的解释路径，也有必要对不同的假设做出一定回应。

总体而言，《关于马基雅维利的思考》是一部思想步伐密集、行进速度迅疾的著作，在汉语语境中，其"剩余价值"还远远没有得到实现。施特劳斯在无数地方为我们提供了比较马基雅维利与古代作家／《圣经》的文本线索，但并没有展开详细的分析。在施特劳斯工作的基础之上，综合运用各种解释方法来处理马基雅维利与古代作家／《圣经》之间的距离，必将是一项回报丰厚的工作。而如何在综合考虑施特劳斯思想的冷战背景的前提下，界定其在中国思想中的位置，仍然值得未来的思想者继续思考，反复讨论。

马基雅维利是"平民主义者"吗?[*]

评麦考米克《马基雅维利式民主》

马基雅维利的精神正在当代获得新的延续。在其出版于 2010 年的著作《马基雅维利式民主》中,芝加哥大学教授约翰·麦考米克指出,当代的选举式民主无法避免经济精英垄断政权,必须在选举之外赋予平民以额外的制度支持,才能平衡富人的力量;而马基雅维利恰恰为解决这一问题提供了基本原理和制度方案。根据他总结的"马基雅维利式民主"原理,麦考米克为当代美国设计了一个"保民院",这个保民院由五十一个随机选取的非富人阶层的公民组成,具有否决权、公投提案权、弹劾权三项基本宪法权力,承担起守护共和国自由的使命。[①]

麦考米克教授的政治思想史研究一直具有强烈的当代关怀,其

---

[*] 本文的一个较早版本曾经以《"马基雅维利式民主"还是"麦考米克式民主"?》为题,刊载于《政治思想史》(季刊) 2014 年第 2 期。

① John P. McCormick, *Machiavellian Democracy*, Cambridge University Press, 2010, pp. 183—184.

马基雅维利解释尤以"平民主义"（Populist）路径而著称。[①] 在解释路径上，麦考米克教授与剑桥共和主义学派存在严重的分歧。麦考米克批评斯金纳、维罗里、佩蒂特等剑桥学派学者过多地将马基雅维利放在古典共和主义复兴的语境中进行解释，赋予其过强的精英主义色彩，而未能注意到马基雅维利的思想具有强烈的激进性和创新性。在麦考米克看来，马基雅维利的政治思想具有强烈的平民立场，试图在一个贵族与君主主导的时代对平民进行赋权。[②] 这一观点当然不是全新的。早在 18 世纪，卢梭就曾指出，马基雅维利其实是在给人民上大课，《君主论》是共和党人的教科书，其真正目的并不是给君主出谋划策，而是向人民揭示君主的阴谋诡计。[③] 但卢梭并没有在学术上完成这个证明。卢梭以后的平民主义者们继续受到马基雅维利的激励与启发，尤其是两位共产党人——意大利的葛兰西和法国的阿尔都塞。葛兰西在《君主论》中读到了马基雅维利对当代"新君主"共产党的告诫[④]，而阿尔都塞则将马基雅维利视为一位孤悬在 16 世纪，与 19 世纪的共产党人气息相通的思想家。[⑤]

---

① 麦考米克对马基雅维利的"平民主义"解释，至少可以追溯到以下论文："Machiavellian Democracy: Controlling Elites with Ferocious Populism", *American Political Science Review*, Vol. 95, No. 2, 2001, pp. 297—314; "Machiavelli against Republicanism: On the Cambridge School's 'Guicciardinian Moments'", *Political Theory*, Vol. 31, No. 5, 2003, pp. 615—643（这两篇文章的中译文参见：《马基雅维里的民主》，载《中大政治学评论》，第 5 辑，上海：上海人民出版社 2011 年版；《马基雅维里反对共和主义》，载应奇、刘训练编：《共和的黄昏》，长春：吉林出版集团 2007 年版——编者注）。

② 参见 McCormick, "Machiavelli against Republicanism: On the Cambridge School's 'Guicciardinian Moments'"。

③ 卢梭：《社会契约论》，何兆武译，北京：商务印书馆 2005 年版，第 91 页。

④ 参见安东尼·葛兰西：《现代君主论》，陈越译，上海：上海人民出版社 2006 年版，第 23 页。

⑤ 参见路易·阿尔都塞：《马基雅维利和我们》，载陈越编：《哲学与政治：阿尔都塞读本》，长春：吉林人民出版社 2003 年版；路易·阿尔都塞：《政治与历史：从马基雅维利到马克思》，吴子枫译，西安：西北大学出版社 2018 年版。

这两位天才的思想家把握住了马基雅维利思想之中最为尖锐、最具生产潜力的东西，但他们并没有对马基雅维利的文本进行足够深入和细致的学术解读。

《马基雅维利式民主》则在学院派学术的意义上对"马基雅维利＝平民主义者"这一命题进行了证明。在这本著作中，麦考米克主要基于《君主论》《李维史论》与《佛罗伦萨史》三部作品，阐发了"马基雅维利式民主"的原理，并对其制度形式进行了深入探讨。"马基雅维利式民主"原理的根本之处就在于对平民（*Popolo*）与"大人物"（*Ottimati* 或 *Grandi*）之间差异的深刻理解。在马基雅维利看来，每一个政治共同体里都存在两种不同的脾性（*umori*），"大人物"的脾性倾向于压迫，平民则试图摆脱"大人物"的压迫；既然"大人物"的野心并没有止境，平民在摆脱为必然性（*necessità*）而斗争之后，仍然要为对抗"大人物"的野心而斗争。如果说守护某物的责任应当被放在对其最缺乏占有欲望的人身上的话，那么守护共和国自由的责任应当被赋予平民。在马基雅维利笔下，罗马提供了一个值得效仿的范例，在那里保民官具有否决权，平民具有立法权和对共和国官员进行公开指控的权力。这些制度比选举更有助于维持平民的政治影响力，因为"大人物"很容易俘获选举制度，将其变成实现自己利益的工具。在麦考米克看来，马基雅维利所构想的制度模式，完全可以应用到当代世界，尤其是美国。为了论证马基雅维利式民主与当代的关联，麦考米克不能不注意到当代世界与16世纪在情境上的不同：在当代世界，帝国主义已经臭名昭著。因此，如果他所阐发的马基雅维利式民主与帝国扩张之间存在着必然的关联，那么这一模式自然也就无法在当代世界获得足够的正当性。因此，麦考米克努力对马基雅维利式民主做出"去帝国化"的处理。

在我看来，麦考米克的努力包含了两个层面：一是提出一种对当代具有启发意义的民主模式；二是论证马基雅维利是这种民主模式的思想教父。这两个层面事实上可以相对分离。即便没有第二个层面的证明，哪怕我们将第一个层面的民主模式称为"麦考米克"模式，它对当代政治实践，尤其是中国的政治实践仍然具有非常重要的启发意义。然而，如果审视麦考米克在第二个层面上所作的思想史证明，这部作品的薄弱之处很快就会暴露出来。麦考米克对马基雅维利作为"平民主义者"的形象塑造，是以压制马基雅维利文本中的另外一些重要主题作为代价的，其中最重要的主题就是帝国扩张的主题，以及与之相关的对"大人物"正面作用的思考。

本文将对这两个层面进行探讨。我将首先讨论麦考米克的文本解释路径，揭示其长处与不足，这也是一个反复界定麦考米克所赞成的民主模式的实践指向的过程。然后，讨论将转向这种民主模式的实践启发意义。本文既然并不认为麦考米克忠实概括了马基雅维利的民主模式，那么就需要说明，准确意义上的"马基雅维利式民主"又具有哪些要素和实践意义。本文将证明，麦考米克所赞同的民主模式是对真正意义上"马基雅维利式民主"的"批判式发展"，但二者并不能相互等同。

一、麦考米克的解释方法

麦考米克对马基雅维利的"平民主义"解释，基本立足点就在于马基雅维利在显贵（*Ottimati*）/大人物（*Grandi*）与平民（*Popolo*）两种不同脾性的区分，即前者倾向于压迫平民，而后者仅仅是要逃避前者的压迫。然而，一般解释家首先注意到的不是马基雅维利的这个区分，而是马基雅维利那些看似愤世嫉俗的对人类自然（*natura*）的全称判断。比如，在《君主论》第17章中的这个判断："关于人类，一般的可以这样说：他们是忘恩负义、容易变心的，是伪装者、冒牌货,是逃避危险、追逐利益的。"① 在《李维史论》I.37 中,他又指出:"自然创造人类,使其能够欲求每个事物,却不能得到每个事物;如此一来,由于欲求总是大于获取的能力,结果是对现在所拥有的不满意,从中得不到什么满足感。由此导致他们命运的不同,因为一方面有些人欲求拥有更多,另外有些人害怕失去他们已经获得的一切,最终走向敌对和战争,由战争导致一个地区的毁灭和另一个地区的成功。"②

解释家如果重视马基雅维利对于人性的这些一般描述,通常会很快将此与马基雅维利的战争观与帝国观联系在一起:因为人是贪婪的,欲求无度的,战争也就不可避免,而在扩张和征服中就会出现帝国。这一解释看起来也符合《李维史论》I.37 那段话的字面意思。但努力对马基雅维利"去帝国化"的麦考米克并不愿意接受这一解释方向。麦考米克认为,马基雅维利关于人性的一般教诲不应按照其字面意义来理解,真正值得重视的是他对于"大人物"和平民的区分。他引用了《李维史论》I.5 最后几句话,在那里,马基雅维利指出大多数时候骚乱是由"大人物"引起的:"大人物"既希望获得更多的资源,又害怕失去手中已有的资源,同时,他们可用以作恶的资源也更多。是"大人物"的"不端和有野心的行为举止",在那些不拥有这些事物的人心中燃起占有的欲望。换言之,"大人物"拥有资源,首先不是为了自己的享受或公共福利,而是为了压迫比他们低的阶层;而平民并不天然嫉妒"大人物",只是在受到"大人物"压迫的时候,他们的欲望才被激发出来。用麦考米克自己的概括来说,少数人和多数人"分别被不同质的欲望所驱

---

① 马基雅维利:《君主论·李维史论》,潘汉典、薛军译,长春:吉林出版集团 2011 年版,第 65 页。
② 同上书,第 247 页。

动"①。因此，马基雅维利对两种脾性的区分，而非对人性的一般描述，才更具有实质意义。

更具体地看，"大人物"到底是被什么欲望所驱动的呢？在传统解释看来，这些"大人物"之所以压迫平民，是因为他们对荣耀具有极大的渴望。但麦考米克对此提出异议，认为马基雅维利眼里的 Ottimati 或 Grandi，其主体其实并不是追求荣耀的世袭贵族，而只是跻身权贵的富裕阶级，他们的首要渴望是攫取更多的财富，甚至罗马的贵族也表现出这一倾向。麦考米克着重引用了马基雅维利在《李维史论》I.37 中对罗马贵族的评论："罗马贵族在涉及政治职位时，总是同意平民的要求，而没有引起对公民政体过分的骚动；但是，当涉及财物时，贵族是如此顽固地保护。"罗马贵族为了阻止格拉古兄弟的土地改革，最终采取了谋杀这样极不光彩的手段，这说明他们首要的欲求对象并非荣耀，而是财富。②麦考米克进一步指出，从古代和近代早期的城市国家的历史来看，多数贵族也并不追求罗马式荣耀，他们更倾向于采取消极的防御政策，而非积极的帝国扩张政策；更倾向于维持国内秩序的和谐与稳定，而非阶级斗争。③由此他推出，马基雅维利对"大人物"本性的认定，是符合历史事实的。

麦考米克将 Ottimati 或 Grandi 解释为富人，当然是为了在当代推广"马基雅维利式民主"模式这一实践目的。在近代革命之前，"大人物"往往拥有许多身份性特权，而不仅仅是在财富上存在差异；而当代的"大人物"与大众之间很少会在法律身份上出现不平等，但他们可以运用自身优越的经济社会资源，获得更大的政治影

---

① John P. McCormick, *Machiavellian Democracy*, Cambridge University Press, 2010, p.5.

② Ibid., pp.4—5.

③ Ibid., p.56.

响力，以利于攫取更多的物质资源。因此，要让"马基雅维利式民主"模式与当代无缝对接，就要论证，"马基雅维利式民主"所针对的对象，从根本上还是社会的富裕阶层。

在厘清 *Ottimati* 或 *Grandi* 的含义后，麦考米克告诉我们，理解《李维史论》的关键是理解这部作品所呈献的两位青年人：科西莫·鲁切拉伊（Cosimo Rucelai）与扎诺比·布昂德尔蒙蒂（Zanobi Buondelmonti）。解释家们对《君主论》的呈献对象大做文章，通过理解美第奇来理解马基雅维利的意图，然而很少有人在《李维史论》上花同样的精力，也许是因为解释家们觉得《李维史论》的呈献对象比较简单。过去一般的解释将这两位青年人解释为共和政体的同情者，而"共和之友"自然地等同于"平民之友"。但麦考米克却提醒我们，"共和之友"未必是"平民之友"，因为共和国里存在着"大人物"和平民之分。这两位青年人"出身于拥有相当财富和名声的家庭，凭借着家族谱系、教育和才能，有望在政治体中占据显要的位置"[1]。从低于他们的社会等级人士的眼光来看，他们就是 *Ottimati* 或 *Grandi* 的一分子，也分享了 *Ottimati* 或 *Grandi* 攫取财富和压迫平民的倾向。

在《马基雅维利式民主》中，麦考米克将两位青年人的"大人物"身份之重要性强调到了无以复加的地步。正因为他们身上有"大人物"的本性，马基雅维利的教育就只能顺势而为，将有违"大人物"利益的政制方案巧妙地包裹在复杂的修辞之下。简单地说，马基雅维利采取了"胡萝卜加大棒"的策略，"胡萝卜"是建立帝国的不朽功业，而"大棒"则是所谓"必然性"（*necessità*）。

正如上文已指出的，为了论证"马基雅维利式民主"在当代的

---

[1]　John P. McCormick, *Machiavellian Democracy*, Cambridge University Press, 2010, pp.36—37.

适用性，麦考米克不能不大力对"马基雅维利式民主"和在当代已缺乏正当性的帝国主义做出切割。这就要论证，马基雅维利对帝国荣耀的强调，只不过是用来引诱"大人物"家庭出身的青年人的修辞，并不完全是他内心的信念。"大人物"的攫取倾向是无法消除的，问题就在于将其导向何方。让青年人对建立帝国的不朽荣耀感兴趣，就可以将他们的攫取倾向导向政治共同体之外，从而为平民主义政制的引入提供条件。马基雅维利对威尼斯、斯巴达与罗马的比较就服务于这样一个目的。罗马建立了一个伟大的帝国，功业远胜过前两个城邦。但罗马建立帝国的手段，是将平民武装起来，并允许他们在政治生活中进行实质的参与。一个青年人如果对罗马帝国不朽的荣耀感兴趣，那就必须认真考虑罗马为达到这一目的所采取的政制手段。这一手段至少在意大利来说，是不利于"大人物"对平民施加压迫的。这就类似于将毒药包裹在糖衣里，让两位青年人服下。

马基雅维利自己是怎么看帝国扩张的呢？麦考米克认为："考虑到帝国扩张在马基雅维利关于自由的消亡与共和国的覆灭的叙事中所占据的决定性角色，它可能并不是最可取的。"[1] 除威尼斯、斯巴达与罗马之外，对另外两个共和国例子的处理，表明马基雅维利对帝国扩张弊端的认识。第一个是雅典，马基雅维利在多处赞美雅典的强大，然而雅典正是由于帝国的扩张而导致对希腊的奴役以及自身内政的崩溃。[2] 第二个是瑞士联邦，瑞士人过着自由的共和国生活，军事上也很强大——马基雅维利甚至在《李维史论》II.30 中说，今天的法国国王都向瑞士人进贡[3]——但瑞士人并不进行罗马式的帝国扩张。在麦考米克看来，瑞士这样的国家的存在，表明在罗马

---

① John P. McCormick, *Machiavellian Democracy*, Cambridge University Press, 2010, p.38.
② Ibid., p.58.
③ 马基雅维利：《君主论·李维史论》，第 425 页。

帝国主义模式之外，还存在别的共和强国模式。[①] 但在《李维史论》中，马基雅维利并没有将这一模式推荐给两位青年人，正因为这一模式给了平民以充分的自由和平等，但并没有给贵族相应的补偿，如果向两位青年人推荐瑞士模式，恐怕不会引起他们的兴趣。

除了帝国事业这根"胡萝卜"之外，马基雅维利还抡起了"必然性"的大棒。最集中的讨论是在《李维史论》I.6 中："由于人类的一切事务都处于运动中，不能保持静止不动，它们必然地要么上升要么下降；许多事情是理性没有促使你去做，而必然性却促使你去做的；因此，即使组建了一个能够不扩张而维持自身的共和国，但必然性促使它扩张，便会逐渐销蚀其根基，使它更快毁灭。"[②] 然而，即便在这里，麦考米克也找到了一处说明马基雅维利的教导具有高度修辞性的证据。"必然性促使它扩张"对应的英文译文是："if indeed necessity brings [a republic] to expand..."，麦考米克给 if ineeded 打上了斜体，指出这表明马基雅维利或许对自己所说的这个主题并没有绝对的信心。[③]

不仅如此，麦考米克还注意到，马基雅维利所描绘的罗马，与李维所描绘的罗马以及今天我们通过各种史料重构的罗马，实际上存在比较大的差别。马基雅维利通常会比较忠实地转述李维对罗马贵族如何欺骗和控制平民的报道，但马基雅维利对罗马平民德性的

---

① 麦考米克这一立场相比于巴龙与维罗里来说要温和得多，后两位学者居然认为马基雅维利最赞许的并不是罗马式的帝国主义，而是托斯卡纳式的共和国联盟。参见 Hans Baron, "The Principe and the Puzzle of the Date of Chapter 26", *Journal of Medieval and Renaissance Studies*, Vol. 21, 1991, p. 102; Baron, *In Search of Florentine Civic Humanism: Essays on the Transition from Medieval to Modern Thought*, 2 vols., Princeton University Press, 1988, ii, pp. 148—150; Maurizio Viroli, *From Politics to Reason of State: The Acquisition and Transformation of the Language of Politics 1250—1600*, Cambridge University Press, p.162。

② 马基雅维利：《君主论·李维史论》，第 166 页。

③ John P. McCormick, *Machiavellian Democracy*, Cambridge University Press, 2010, p.57.

赞美和对他们错误的辩护，基本上不见于李维的文本。① 在李维那里，保民官也根本不具备在马基雅维利这里如此重要的功能。马基雅维利也根本不谈平民在罗马的"百人团大会"投票中所居的劣势地位——在这个决定最重要的官员选举和其他国家重大事项的大会里，头两个等级如果足够团结，他们的投票就基本上可以决定结果，后面的平民等级的投票几乎是可有可无的，而这本来就是一种寡头制色彩十足的政制安排。此外，罗马"部落大会"和"平民会议"开会时并不审议，而只是表决通过既有的议案，但在马基雅维利的笔下，审议成为会议非常重要的功能，这使得平民可以揭露贵族的不合理图谋并加以遏制。马基雅维利对"平民会议"的讨论也没有注意到，"平民会议"的决议是到较晚时期才具有约束全体罗马人的法律效力的。在麦考米克看来，马基雅维利对李维的偏离，应当被看成一种积极主动的解释行为。马基雅维利就是要对李维所提供的材料进行筛选，编织出一幅符合他自己政治理念的罗马图景，至于它是否符合史实，对马基雅维利来说一点都不重要。

麦考米克进一步论证，平民可以通过马基雅维利对贵族如何控制平民的描述，识别贵族利用帝国扩张来压迫平民的图谋，从而最后实现对帝国扩张的超越。这一论证具有双重的意涵：第一，平民的觉醒最后可以实现国内民主与帝国扩张之间的分离；第二，马基雅维利的《李维史论》另有别的隐含读者，那就是平民。② 后者接近于卢梭的解释路径，即马基雅维利的《君主论》是在给人民上大课，里面给君主的建议，最终是对人民的启蒙。

---

① John P. McCormick, *Machiavellian Democracy*, Cambridge University Press, 2010, p.61.
② Ibid., p.59.

二、"去帝国化"能否成功

本节将从不同层面对麦考米克的马基雅维利解释提出质疑，但所有这些质疑最终都指向一个问题：对马基雅维利民主观"去帝国化"的努力，是否经得起文本与情境的考验？

麦考米克正确地指出，马基雅维利对人性的一般判断与其对"大人物"和平民不同脾性的判断之间存在明显紧张。他认为，马基雅维利对人性的一般判断缺乏实质意义，真正值得重视的是他对"大人物"与平民不同脾性的判断。"大人物"具有无限扩张的贪欲，而平民的欲望却是有限的，二者是两种质地不同的欲望。然而，麦考米克对这两个层面之间的关系的断定却过于轻率，缺乏详细的文本分析作为支撑。问题的核心在于，这两个层面是否不可调和？在我看来，情况未必如此。马基雅维利只是没有清晰地点出这两个层面之间的连接点，即人类贪婪欲望在行动中的体现受制于具体环境，以及在具体环境中所形成的政治心理结构。但他的文本为寻找这样的连接点提供了线索。在《李维史论》I.58 对民众与君主的比较中，马基雅维利指出，在作为个体考虑的君主和在人民身上，变化无常、出尔反尔、忘恩负义等罪恶并无两样，人的本性是一样的，但对法律尊重的多寡却造成了行为的变化。[①] 而我们知道，在马基雅维利那里，尊重法律从来都不只是个人自愿与否的问题，而且首先与外在的必然性相关。由此，一种可能的解释是：平民欲望表面上的有限性，只是因为"大人物"对他们的长期压迫，构成他们不得不面对的必然性——他们占有的资源有限，欲望的扩张受挫，反过来对欲望本身形成限制。近代之前，欧洲极其微弱的社会

---

① 马基雅维利：《君主论·李维史论》，第 304 页。

流动，使得平民无法期望更多；而"大人物"则不存在这个问题，因而可以更加直接地表现出欲望的扩张。但在极少数情况下，当平民的欲望被激发出来时，同样可以呈现出强烈的扩张倾向。

马基雅维利在《佛罗伦萨史》第3卷第1章中提供了一个较为复杂的案例。按照麦考米克所总结的马基雅维利式民主原理，平民欲求某种东西，往往是由于受到贵族的压迫，从复仇的欲望中产生。但同样由贵族压迫而起，佛罗伦萨平民发动斗争，不是像罗马平民那样满足于和贵族共享最高职位，而是要将贵族排除出最高职位，并对他们进行羞辱，在放逐反抗的贵族之后，他们所制定的法律也是完全有利于胜利者一方的。① 在文本中，马基雅维利没有对佛罗伦萨平民何以产生这样的垄断权力的欲望进行进一步的解释。但如果对语境进行分析，也许我们可以看到，佛罗伦萨平民欲望扩张的前提，恰恰在于佛罗伦萨贵族本身的孱弱。而在罗马共和国早期，罗马平民在受到贵族压迫时只是进行撤离，这与贵族的团结和强大有着很大的关系。当然，这些假设还需要更为细致的文本分析来证明。但至少，麦考米克有必要以更为复杂的方式来处理马基雅维利两层教诲之间的关系，而不是武断地宣布其中一层缺乏实质意义。

进一步看，麦考米克对《李维史论》进行的"去帝国化"解释，在很大程度上依赖于他对解释前提的设定：《李维史论》是写给两个"大人物"家庭出身的青年的，因此，马基雅维利必须集中全部精力，利用两位青年的"大人物"倾向来进行自己的论证。如果把一切都还原到这个说服的情境中来，即便马基雅维利在文中对人类社会的一般状况做出比较绝对化的判断，也都不能从它们的字面意

---

① 参见马基雅维利：《佛罗伦萨史》，王永忠译，长春：吉林出版集团2011年版，第111页。

义来理解，而必须进行"目的解释"。正是按照这样一种方法，马基雅维利对帝国扩张的诸多判断就被解释成为引诱两位青年的"胡萝卜"，而关于"必然性"的强势陈述，则被理解成为恐吓他们的"大棒"。

然而，当麦考米克暗示平民可以通过马基雅维利对贵族如何控制平民的揭露，最终实现对帝国扩张的超越，实际上又在不经意中超出了他所设定的前提假设，使论述变得更为复杂。因为这意味着，《李维史论》除了两位青年人之外，还有别的预期读者，尤其是平民读者。这一假设符合我们的常识，但作为一个学术假设，它仍然需要学术的证明。我们需要考虑一个事实：《李维史论》并没有在马基雅维利生前出版，尽管里面的很多观点，在他所参加过的佛罗伦萨贵族青年奥里切拉里花园聚会上陈述过。因此，马基雅维利希望后人如何对待他的《李维史论》，这本身就是一个需要探讨的问题。即便能证明马基雅维利有这样的意图，这些平民读者与两位受献者之间是什么关系？马基雅维利如何在文本中通过复杂的笔法，对不同的言说对象传递不同的教诲？又变成非常复杂的解释问题。这都超出了麦考米克著作所能承载的重量。

让我们暂时先抛开预期的平民读者，而专注于麦考米克对两个青年性格与倾向的探讨。应该说，麦考米克注意到这两个青年的显贵出身，比以往学者对两位青年比较泛泛的"共和之友"认识，是一个很大的进步。然而，关键仍然在于如何解释两位青年的显贵出身与他们的政治倾向之间的关联。麦考米克的著作在这方面的处理存在很大的跳跃，基本上可以说采取了出身论或血统论的解释路径，推定两个出身"大人物"家庭的青年必然是"大人物"的倾向。这在概率统计的意义上当然是一定道理的，但要用出身论或血统论作为一个单一规则来引导所有解释，无疑还需要辅助的证据。我们不清楚的是，两位与马基雅维利有长期交往的青年是在其人生的什么阶段碰到马基雅维利的，在马基雅维利将作品呈献给他们之前，他们已经接受了什么样的教育，他们父辈的政治倾向是什么，而他们又在多大程度上与他们父辈的倾向保持一致。之所以提出这个问题，是因为在现实中经常存在更为复杂的情况，举两个例子：第一个例子是，美国很多贫困白人可能因为宗教的原因支持共和党而非民主党，但这一态度可能恰恰有违他们的经济利益；第二个例子是，在18世纪，卢梭多愁善感的文字竟能打动如此多的贵族，使他们也开始津津乐道"高贵的野蛮人"与所谓自然平等，但这种理论实际上与他们的阶级利益完全相反。这两个例子都超越了简单的出身论和血统论。

因此，麦考米克如果要夯实其解释前提，就需要作进一步的微观史（micro-history）研究，从一切可能的文本踪迹中重构两个青年人的形象，勾勒出其性格与政治倾向。这同样是一项非常艰难的工程，如果能成功实施，也许可以贡献另一部微观史杰作；但这样同样超出了本书所能承载的重量。

下面要进一步探讨的是麦考米克对马基雅维利的"胡萝卜"和"大棒"的探讨。"胡萝卜"与"大棒"都是具体语境中的话语工具，但问题就在于马基雅维利在《李维史论》中所表述的帝国观和自然观仅仅是针对两位青年人的话语工具呢，还是已经构成了马基雅维利自己比较牢固的基本信念？

要回答这一问题，比较便捷的切入点有两个方面，首先是看马基雅维利的个人政治经验，其次是看马基雅维利在具有不同修辞对象的其他文本中是否表述过类似的观念。马基雅维利个人的生平与帝国扩张的政治经验之间存在千丝万缕的关联。佛罗伦萨本来就是一个有建立帝国野心的共和国，统治着若干附庸城市以及广阔的乡村地区。这位共和国前秘书厅秘书长在很长一段时间内，所关心的事情就是如何将1494年因法国人入侵而失去的附庸城市比萨夺回到佛罗伦萨人手里，并通过建立一支国民军，成功地逼迫比萨人臣服。马基雅维利大量关于雇佣军、援军和国民军的讨论，包括他的《用兵之道》，都与他重新征服比萨的政治经验密切相关。在他任职期间，他还探讨过如何处理附属城镇的叛乱问题。在一篇作于1503年秋天、题为"关于基亚纳谷地叛民的处理方式"的备忘录中，马基雅维利批评佛罗伦萨人在前一年对待阿雷佐的叛乱时，没有学习罗马人在征服其他共和国时摧毁其继续反抗的力量，而只是对阿雷佐人进行了羞辱，这必然会激起当地人更大的仇恨。在这里，他公开表示了对罗马人行事模式的欣赏[①]；而《君主论》中关于如何统治新征服的领土，尤其是原来生活在共和制度下的领土的讨论，则进一步展开了对这一模式的详细阐述。

作为一个有帝国野心的共和国，佛罗伦萨又处于其他有帝国野心的列强的压迫之下。马基雅维利政治经历的很大一部分，就是和周边以及意大利地区之外的列强打交道。他出访过法国宫廷、罗马教廷、神圣罗马帝国宫廷，与瓦伦蒂诺公爵切萨雷·博尔贾近距离接触过，而这些都是一度威胁佛罗伦萨的势力。马基雅维利所说的必然性迫使一个国家扩张，放在当时的语境中非常容易理解，最大的必然性就是大国吞并的压力。在邦国林立、列强环峙的意大利，佛罗伦萨并没有资本置身于霸权战争之外。这一认识集中体现为他对佛罗伦萨是否应在大国冲突中保持中立的讨论。在《君主论》第21章评论索德里尼政府在1512年的外交政策时，马基雅维利认为，像佛罗伦萨这样的国家受到必然性的驱使，需要和比自己更为强大的国家结盟，在当时两大阵营的对立中，应当毫不犹豫地支持其中

---

① 马基雅维利：《关于基亚纳谷地叛民的处理方式》（"Del modo di trattare i popoli della Valdichiana ribellati"，in Machiavelli，*Opere*，ii，ed. Vivanti，pp. 22—26）；中译文见马基雅维利全集《政务与外交著作》下卷，徐卫翔等译，长春：吉林出版集团2013年版，第901—902页。

一方。中立政策只有对极其虚弱的国家才有意义，对佛罗伦萨这样试图追求伟大事物的共和国来说，只有旗帜鲜明，才能赢得真正的朋友。在《李维史论》II.15 中，他又对索德里尼政府在 1499 年法国与米兰的卢多维科·斯福尔扎之间的争端中行动迟缓提出了尖锐的批评。[①] 在马基雅维利看来，一个具有一定实力的国家在冲突中保持中立，看起来不得罪别人，但实际上却会引起别人的猜忌，无法赢得真正的朋友。一个虚弱的国家，因为别人对其无所期待，当然也不会猜忌。但是，在列国争霸时代，一个虚弱国家的生存却会成为基本的问题。因此，必然性会迫使佛罗伦萨这样的地缘政治环境恶劣的国家不断扩展自己的力量。

麦考米克针对马基雅维利的罗马模式崇拜提出了若干质疑，其中一个观点就是，瑞士模式与雅典模式在他的写作中占据着一定地位，尤其是享有自由平等但又缺乏帝国扩张野心的瑞士模式，或许可以成为罗马模式的一种替代。然而，麦考米克只看到了马基雅维利对瑞士的赞许，却没有看到他在其他地方从帝国建构的角度对瑞士所提出的批评。在《李维史论》II.4 中，马基雅维利比较了帝国扩张的三种方式：一种是像古代托斯卡纳的小共和国那样结成联盟，一种是为自己寻求盟友，但同时保留在盟友中的霸权地位，第三种就是像斯巴达与雅典那样直接征服；在这里，马基雅维利将瑞士作为联盟方式的当代代表。然而，他对托斯卡纳（伊特鲁利亚）联盟的批评却是非常严厉的，这个由十二个城邦组成的联盟没有能力将自己的势力扩展到意大利之外，最终将自己控制下的伦巴第丢给了高卢人。托斯卡纳联盟的问题就在于，一方面它决策非常缓慢，另一方面，由于集体获取新的领土会带来十分麻烦的内部分配问题，在高昂的商议成本的约束下，他们甚至丧失了对外扩张的欲

---

① 马基雅维利：《君主论·李维史论》，第 369 页。

望。因此，当他们的力量增长到可以自保的程度的时候，就既没有"必然性"的压力也没有意愿，让扩张的过程持续下去。他们接下来的事情就是接纳保护国，收保护费，因为保护费比领土更容易在内部分配；另一件事情就是给别的城邦当雇佣军——马基雅维利在这里提到了瑞士。[1] 因而，对托斯卡纳联盟的批评中，同时也隐含了马基雅维利对瑞士的批评。

当然，在《李维史论》II.4 的论述中，马基雅维利也写道："如果对罗马人的仿效看来可能是困难的，那么对古代托斯卡纳人的仿效就不应该看来是如此，尤其是对于现代的托斯卡纳人来说更是如此。"[2] 但这是否意味着马基雅维利虽然认为托斯卡纳模式不是最佳的，但可能对当代佛罗伦萨来说是最现实的？恐怕也不是。须知在第 1 卷"前言"中，马基雅维利反复强调今人虽然口头上崇拜古人，却并不认真虚心地学习他们的治国之道。[3] "如果对罗马人的仿效看来可能是困难的"指的不是客观条件不允许佛罗伦萨人去模仿罗马，而是佛罗伦萨人缺乏模仿罗马人的主观意愿。

抱有"平民主义"情怀的麦考米克也对直接民主的雅典表示了高度好感，并认为马基雅维利对雅典也抱有好感，证据是，马基雅维利在不少地方称许雅典的武力。然而，在《李维史论》II.4 中，雅典是通过直接征服获取臣民的典范之一，马基雅维利告诉我们，这样的征服是无效的，雅典人很快就失去了他们的征服成果。[4] 这两个方面比他在字里行间偶尔闪现的对雅典的赞许更值得我们认真对待，因为后者服务于更小的语境论证的需要，而这两个方面则关系到马基雅维利的理论框架。

---

[1]　马基雅维利：《君主论·李维史论》，第 334—336 页。
[2]　同上书，第 337 页。
[3]　同上书，第 142 页。
[4]　同上书，第 334 页。

至于马基雅维利对人世间事物变动不居、起伏不定的观念，可以说是贯穿在他的所有作品中，绝不仅仅是在《君主论》与《李维史论》中。在其长诗《论机运》中，马基雅维利描绘了一个多变与反复无常的机运女神形象，她转动着命运之轮，碾压着凡夫俗子："而那些轮盘日夜不停地转着，/ 因为老天愿意（谁也不能与它作对）/ 懒散和必然性围着它们盘绕。"必然性（necessità）从机运女神（fortuna）的轮盘的转动中呈现。没有人可以预测她的行踪，"因此就应该把她当成自己的明星，/ 而且尽我们之所能，每时每刻 / 按它的千变万化使自己得到适应"①。这里所呼应的正是《君主论》第25章对 fortuna 的讨论：人应当改变自己的自然（natura），以做到与时俱进。适应 fortuna 的过程，从行动者的角度来说，也就意味着要根据必然性行事。在长诗的后面，马基雅维利回顾了世界上各帝国兴衰更替的历史，从埃及的兴起到罗马帝国的覆灭。没有人能够长久"获得她欢心"，即便是罗马帝国高贵而神圣的功业最终也分崩离析。然而，这并不是给帝国事业泼冷水，而是揭示，不管人们是否热爱这个事业，都会被迫加入其中。

当然，这首诗呈献的对象是焦万·巴蒂斯塔·索德里尼（Giovan Battista Soderini），佛罗伦萨共和国时任领袖皮耶罗·索德里尼的侄子。也许在此麦考米克会要求运用对《李维史论》的解释规则：既然这位青年人也是"大人物"家庭出身，那么马基雅维利献给他的诗歌也不应当从字面意义上来理解，如果《李维史论》是"胡萝卜"为主的话，那么这首诗里马基雅维利主要用的是"大棒"，用 fortuna 来威吓这位青年人走上他的道路。然而，不能不指出的是，因为马基雅维利交往的对象几乎都是当世的"大人物"，将麦考米

---

① 马基雅维利：《论机运》，载《马基雅维利全集：喜剧·诗歌·散文》，第297、299页。

克式解释规则运用于马基雅维利的所有文字，必然会带来"不可证伪"的问题。我们或许可以得到一种自圆其说的解释，但它从本质上是一种信念。

如果帝国的事业并非无关紧要，邦国亦无法自决是否从事扩张，那么，帝国建构就不能被完全归结为"大人物"的阴谋，在很多时候，它和整个共和国的共同利益紧密关联。此时，我们就需要重新思考马基雅维利对"大人物"的态度。我们不能不考虑《佛罗伦萨史》第3卷第1章中对贵族与平民关系的评论：平民拒绝与贵族分享权力，而贵族为了重新取得一部分权力，不得不在外表上装作平民的样子，在言谈举止、思想认识、生活方式等方面，都要向平民看齐。其结果是，"贵族身上原有的尚武精神和宽宏气质也就丧失殆尽"。而如果与贵族分享权力，平民是可以从贵族那里学到很多东西的。马基雅维利引用罗马的例子指出，"平民能够同贵族的领袖们一道参与官吏、军队与政权的管理，贵族的精神气质也潜移默化地影响着平民"。但由于拒绝贵族在政府中发挥作用，佛罗伦萨发展到这样一个地步，"任何一位明智的立法者都可以轻而易举地将其重组为任何形式的政府"[①]。这一结果比罗马贵族的堕落造成的结果要严重得多。马基雅维利实际上在告诉我们，佛罗伦萨平民并不具备掌舵的能力。[②]

麦考米克在对《李维史论》的解释中，努力论证马基雅维利对平民政治能力的肯定。在我看来，麦考米克的论证确实证明平民具有成为自由守护者的能力，但胜任自由守护者并不一定意味着胜任国家的掌舵者。从罗马的历史来看，罗马平民是逐渐获得选举共

---

① 马基雅维利：《佛罗伦萨史》，第 111—112 页。

② 当然，这些文字也许有修辞上的考虑，因为《佛罗伦萨史》是马基雅维利为美第奇家族所作的"课题"成果。然而，即便是在最亲平民的《李维史论》中，马基雅维利也没有论证平民具有掌舵能力。

和国高级官吏的权力的，这一渐进过程本身也是平民向贵族学习治国才能的过程。如马基雅维利在《佛罗伦萨史》中指出的，共同掌权使得"贵族的精神气质也潜移默化地影响着平民"。这个学习的过程，在麦考米克的分析中并没有获得呈现，更谈不上理论上的重视了。

更重要的是，马基雅维利探讨平民的政治能力的前提是，平民已经被结合到一个纪律严明、尊重法律的政治共同体之内。正如他在《李维史论》I.58 对君主与人民的比较中指出，"一个为所欲为的君主是个疯子，一个为所欲为的人民是不明智的"；而如果人民是受到法律约束的，那就可以表现出比君主更大的明智。① 那么，平民又是如何被整合进政治共同体，并被置于法律的约束之下？

这里我们就触碰到一个在《马基雅维利式民主》中很少探讨的主题：宗教。麦考米克的著作只在三处用到"religion"一词，倾向于将宗教视为"大人物"操纵平民的工具，并且暗示马基雅维利对贵族操纵手段的揭露，有助于平民摆脱这些操纵。然而，在马基雅维利那里，难道宗教就是处于这样一种消极的地位么？只要对比一下马基雅维利自己的论述，就可以看到他如何重视宗教对于统合政治共同体的意义。《李维史论》有云，宗教对于"派遣军队、集合平民、使人良善、使恶人感到羞愧"起到极大的作用，以致作者认为罗马应该对立教的努马比对罗穆卢斯更为感恩，因为"在有宗教的地方，可以很容易地建立武力；而在有武力而没有宗教的地方，却要经历艰难的努力才能创立宗教"，努马所从事的使命要比罗穆卢斯更为艰难。但是，立教的结果是一连串的积极反应：宗教导致好的法律，好的法律产生好的运气，好的运气又产生事业的美满

---

① 马基雅维利：《君主论·李维史论》，第306页。

成功。①

当然，罗马人对宗教的利用是单向的，操纵者是贵族，平民始终是被引导者。宗教上的操纵用于防止平民向贵族夺权，以及在战争中鼓励士气。②如果马基雅维利对罗马的帝国事业持有非常积极的看法的话，没有理由认为他对贵族在战场上的操纵持完全消极的态度。贵族用宗教来阻止平民在城墙之外对执政官施加约束，最终也与帝国扩张事业相关——如果罗马城内平民对于贵族的制约关系被扩展到城外，那么在战斗中，平民可能会随时对他们的贵族指挥官发难，后者的权威就会发生动摇，这样就难以打造一支令行禁止的军队，从而推进帝国扩张的事业。

如果像麦考米克暗示的那样，马基雅维利要搞"启蒙"，把贵族操纵宗教的秘密公之于众，公民宗教必然很难发挥作用。这时候新的问题就会出来：用什么东西来凝聚人心，使平民服从法律与纪律呢？如果没有整合平民的手段，平民就会沦为一盘散沙，麦考米克所讨论的平民的德性与政治能力也就无从说起了。尽管有许多人将马基雅维利视为民族主义理论的源头之一，但16世纪的马基雅维利还很难想象19世纪民族主义的盛况，更难想象整全性的马克思主义理论的诞生。马基雅维利会为自己制造额外的问题吗？这似乎还不可以轻易下结论。

三、当代朝向：马基雅维利式民主与麦考米克式民主

在我看来，麦考米克从"马基雅维利式民主"中剔除帝国扩张追求，并将其归结为马基雅维利自己的意图，恐怕得不到足够的

---

① 马基雅维利：《君主论·李维史论》，第182—183页。
② 同上。

文本与情境支持。这种剔除可以说是麦考米克自己的理论创新。因此，有必要区分"马基雅维利式民主"与"麦考米克式民主"，前者包含了帝国扩张的倾向，后者剔除了这一倾向；前者使得贵族与平民都成为帝国事业的利益相关方，二者既斗争又合作，在"混合政体"中相互平衡；而在后者的模型中，强调的是平民对贵族野心的制约。

马基雅维利既没有世界和平的设想，也不是什么"正义战争"理论家。他从政的时候服务于佛罗伦萨的帝国建构事业，他的写作也将共和主义与帝国扩张紧密联系在一起。因此，全面意义上的"马基雅维利式民主"，需要一个被剥削和压迫的外部空间。"马基雅维利式民主"所内含的国内政治与国际政治交织的逻辑，对于我们理解近代西方的政治发展有很大的帮助。我们可以看到，许多欧洲列强正是通过对外扩张与殖民，才得以释放国内的社会压力，获得足够的资源来缓和国内的阶级矛盾。当下层阶级也成为帝国事业的利益相关者，他们与上层阶级之间的关系也就得到了改善。英美两国都是这一政治逻辑的范例。英国的权贵们掌握的东印度公司在海外扩展英国的国家利益，大量失地失业的贫民被送往或者自行前往新大陆寻觅生计，大量罪犯被流放到澳大利亚，节省了英国本土的管治成本。于是，在 19 世纪，英国的议会改革得以顺利进行，选举权范围扩大，政治改革过程中并没有发生阶级战争。英国的工人也被纳入贵族文化的领导权之下，流行于欧洲大陆的《共产党宣言》在英国却处处碰壁，在这里，下层人士也乐于阅读莎士比亚。而美国从建国开始就处于不停地向西扩张的过程中，从 18 世纪到 20 世纪，美国经历了从领土型扩张向霸权型扩张的转变，当代美国的霸权体现在军事、货币、能源、粮食等各个方面，尤其是通过美元霸权，向全世界收取铸币税，由全世界承担滥发美元所带来的消极后果。当上层阶级的野心与贪欲能在境外获得更大满足的时候，通过经济的扩张和福利的分配，下层阶级也能在一定程度上获益，从而成为帝国事业的利益相关方，并在参与过程中获得一定的政治效能感。

但"马基雅维利式民主"的限度也就在于，它的良好运作需要将"做大蛋糕"的过程不断持续下去，当扩张丧失后劲的时候，这一模式就会造成很大的反弹。因为这时候精英既然不能制造增量，就会与平民来争夺既有的资源存量，压迫就会进一步加重。同样以美国为例，2011年发生的"占领华尔街"运动是美国下层阶级对权贵阶级所发出的抗议，尤其指向华尔街的金融寡头们。金融危机的发生，其源头可以追溯到克林顿时期的金融管制放松，而克林顿政府之所以放松金融管制，恰恰又是因为互联网经济泡沫破灭，"做大蛋糕"缺乏后劲，经济需要新的增长点。但金融自由化并没有真正推进美国在国外的利益扩张，金融业的虚假繁荣，反而加速了美国制造业的外流，等到金融泡沫一破灭，美国的平民就遭受惨重的损失，华尔街的高管们却照样可以领到天价的花红。在后金融危机时代，美国已经丧失了制造业第一大国与货物贸易第一大国的地位，美元的霸权地位也遭到了国际货币多元化潮流的冲击。一旦"做大蛋糕"的进程停滞不前，债台高筑的美国开始削减政府开支，所谓"柿子捡软的捏"，首先会砍的就是与谈判能力最弱的平民相关的项目经费，而这会使得诸多社会矛盾加速爆发。

当麦考米克提出他的民主模式时，美国的全球扩张已经遭到重大挫折，进入一个收缩和调整期。在这一时期，与帝国扩张脱钩的"麦考米克式民主"的针对性就变得非常强了：无法在外部获得足够资源的精英们对下层阶级的压迫会更加明显，下层阶级也需要更多的手段来制约精英阶级。"麦考米克式民主"为下层阶级的斗争提供了新的制度想象：必须在现有的竞争性选举之外，获得更实质的对下层阶级利益的制度保障。但即便是在现有的体制下，奥巴马要推进全民医保这一政策都遭到美国上层阶级激烈的反对，最终的方案被修改得面目全非。桑德斯提出了比奥巴马更为激进的改革方案，但在民主党党内初选中未能胜过建制派色彩浓厚的希拉里。特朗普上台后，将批判的矛头指向他所认定的一小撮全球主义"精英"，操弄"人民"与"精英"之间的对立，体现出平民主义/民粹主义的话语特征，但落实到政策上，特朗普也未能实质地触动分配体制，而只是通过调整美国的对外关系，塑造外部对手和敌人，努力促使更多的利益流向美国本土。如果要从政策层面的改革走向体制层面的改革，必将引起精英更为激烈的反弹。"麦考米克式民主"在美国的前景并不乐观。

对照以上的分析，我们还可以看到麦考米克分析框架的另外一个薄弱之处。他提供的仍然只是对 *Ottimati* 与 *Popolo* 的静态分析模型，而没有为思考当代 *Ottimati* 与 *Popolo* 的生成机制提供理论框架。在全球化的背景下，社会分层和冲突都呈现出不同的态势。要认清楚这个逻辑，就必须对当代资本主义进行深入的剖析。然而，麦考米克虽然表现出了"平民主义"倾向，但毕竟似乎在有意地避开马克思主义。氏著只有一处出现"资本主义"，而且是在"参考文献"部分所引的熊彼特的《资本主义、社会主义与民主》一书书名。在一个全球化的时代，资本精英已经具有了全球化的特征，所谓制约资本精英，也就需要一个全球的面相。如此，源于"马基雅维利式民主"的"麦考米克模式"就很难避免和另一个马氏——马克思——发生关联。

四、余　　论

麦考米克的《马基雅维利式民主》是一本既深刻又片面的书，而且恰恰因为片面，才达到了深刻。其深刻之处在于，通过解释马基雅维利，麦考米克对选举民主的局限性进行了反思，建构出一个有助于平民制约本国经济精英的政治控制力的制度模型，而这在全球范围内贫富分化都在加剧的今天，尤为应时之需。然而，认为马基雅维利本人就是这样一个模型的原作者，则面临着许多文本解释上的困难。在我看来，麦考米克运用了过于简单的解释规则，将说服精英青年接受更为平民主义的政制作为马基雅维利写作《李维史论》的根本目的，而帝国建构仅仅是说服的话语工具。然而，这一解释低估了帝国建构在马基雅维利的理论中的重要地位，从而也未能展现出有德性的"大人物"在政治共同体中的积极作用。因此，有必要区分"马基雅维利式民主"与"麦考米克式民主"，后者发展了前者，但不能与前者相等同。

无论是"马基雅维利式民主"，还是"麦考米克式民主"，在当代都具有很大的现实针对性和解释力。然而，为了理解当代 *Ottimati/Grandi* 与 *Popolo* 的分化是如何形成的，政治经济学的维度必不可少，而这是后来者可以在麦考米克基础上继续进行下去的探究。我们期待麦考米克所起的话头不断有人回应和接续，更期待中国的政治经验能在这种回应和接续中，为世界各国提供启迪。

一位美国"复转军人"的"学战"生涯

重读伯尔曼《法律与革命》

1916 年，第一次世界大战西线的凡尔登战场，在战争的"绞肉机"运转的间隙，一位 28 岁的德国军人在战壕里给他的朋友、犹太哲学家弗朗兹·罗森茨威格（Franz Rosenzweig）写信，讨论战争、犹太教与基督教。他就是欧根·罗森斯托克－胡絮（Eugen Rosenstock–Huessy），一位犹太银行家的儿子，在十几岁的时候改宗基督教。残酷的西线战事让他重新思考西方文明的基础与命运。战后，他在德国从事中世纪历史的研究，声名鹊起。希特勒崛起后，罗森斯托克离开德国，前往美国，先任教于哈佛大学，然后在 1935 年转往达特茅斯学院，在那里，有一位 20 岁的本科生被他的课程深深吸引。这位学生就是哈罗德·伯尔曼（Harold J.Berman），他在 1983 年出版的名著《法律与革命》，主张中世天主教的"教皇革命"塑造了西方文明及其法治传统，在中国法学界享有极高的知名度。

1942 年，像他的老师罗森斯托克－胡絮一样，刚在耶鲁大学取得硕士学位的伯尔曼也走上了战场，成为一名通信兵。他被派到欧洲战场，长期驻扎伦敦，从事密码破译工作，并因为他的出色服务而获得铜星勋章。美国陆军部军事史中心出版的《二战中的美军：

技术服务部门》一书还引用了他在 1946 年发表的对 "SCR-584" 雷达实践运用的研究文章。[①] 在伦敦服役的时候，伯尔曼就意识到，美国和苏联这对暂时的盟友很快就可能要分道扬镳，然而美国对于苏联所知甚少。战后，他回到耶鲁大学深造，在其攻读 J.D.（法律博士）学位的最后一年，他写了一篇关于苏联家庭法的文章，这为他赢得了斯坦福大学法学院的教职。在短暂任教斯坦福大学之后，他很快转到哈佛大学法学院，在那里，他受到卡耐基公司资助，在俄罗斯研究中心研究苏联法，包括苏联军事法。从 1955 年到辞世，伯尔曼访问苏联以及俄罗斯联邦 40 多次，曾经代表柯南道尔（Arthur Conan Doyle）家族在苏联法院出庭，要求苏联政府支付福尔摩斯系列小说的版税，也曾经在莫斯科大学开设美国宪法课程。在美国麦卡锡主义余波不断之时，伯尔曼这位频繁造访苏联的学者却没有招惹什么麻烦，可见美国的国家安全系统对他的高度信任。

在 1983 年出版《法律与革命》之前，伯尔曼在美国学界的声誉就是一名权威的苏联法专家，并且对法律与宗教的关系有着浓厚的兴趣。中央情报局解密档案显示，中央情报局多次征询和参考了伯尔曼的意见。比如说，1960 年，中央情报局 "U-2" 侦察任务所用侦察机在苏联境内执行任务时被击落，飞行员弗朗西斯·鲍尔斯（Francis G.Powers）被苏联当局提起公诉并审判。伯尔曼翻译并出版了 "U-2" 事件苏联相关文书及鲍尔斯执行任务的相关情况，这成为 1962 年中央情报局对鲍尔斯再调查的首要信息来源。[②] 1979 年，中情局的一份报告分析俄罗斯《消息报》对国际政治科学

① See George Raynor Thompson, Dixie R. Harris, "The Signal Corps: The Outcome (Mid-1943 Through 1945)", in Office of the Chief of Military History, United States Army ed., *United States Army In World War II: The Technical Services*, Washington, D.C.: Center of Military History of United States Army, 1991, p. 103.

② 美国中央情报局解密档案, 1962 年 2 月 27 日, https://www.cia.gov/readingroom/docs/DOC_0000009451.pdf。

协会第 11 届大会的评论，尤其引用了伯尔曼关于苏联的人权观念与美国人权观念侧重点之差异的观点。[①] 伯尔曼还作为美方学界领袖参加了 1973 年美苏经贸合作会议，美国与会者为政商学各界领袖。[②] 但是，在出版《法律与革命》之前，伯尔曼从来都没有拥有像他老师罗森斯托克 - 胡絮那样的中世纪研究专家的声誉。因而，对于美国学界的很多受众来说，《法律与革命》仿佛横空出世，令人惊讶。伯尔曼迅速被美国法学界视为最懂中世纪法律史的专家之一。

然而对于中国学界来说，对伯尔曼的接受顺序是倒过来的。20 世纪 90 年代，伯尔曼的《法律与革命》被翻译为中文，他给中国读者留下的印象就是一位中世纪法律史的大家，一位西方法治传统的阐述者。很少有人去强调，伯尔曼在出版《法律与革命》之前的公众形象是一名苏联法研究专家；也很少有人去追问，一名苏联法研究专家，为什么如此强调法律与宗教之间的联系，以至于将西方近代的开端设置为中世纪的"教皇革命"。要回答这些问题，我们仍然有必要回到伯尔曼著述的历史语境。而本文特别要强调的是：伯尔曼是一位在法学院任教的"复转军人"，具有强烈的以笔为枪的"学战"（郑观应语，与"兵战""商战"并列）自觉。

自独立战争以来，美国两个半世纪的历史就是一部充满战争的历史。内外战争不断重塑着美国的法律人。比如说，出席费城会

① Foreign Broadcast Information Service（FBIS），Daily Reports，1941—1996，"Izvestiya Assesses Political Science Congress"，Daily Report，Soviet Union，Vol III，No. 169，29 August 1979，cc5–cc6.
② GALE 珍稀原始典藏档案：Gen. FG 6–11–1/Ehrlichman［John D.］. 2/1/73–［2/16/73］. MS Papers of the Nixon Administration：The President's Confidential and Subject Special Files，1969—1974：The Papers of the Nixon Administration，1969—1974，The White House Special Files，Part 1：Confidential Files；Part 2：Subject Files. Richard M. Nixon Presidential Library. Archives Unbound，网络链接：link.gale.com/apps/doc/SC5104654437/GDSC?u=peking&sid=bookmark–GDSC&xid=f15fa3f6&pg=1. Accessed 12 Apr. 2022。

议起草美国宪法草案的代表中，汉密尔顿（Alexander Hamilton）具有律师身份，但他更重要的经历是在独立战争中担任华盛顿的副官。美国著名的法学家、最高法院大法官霍姆斯（Oliver Wendell Holmes, Jr.）更是一名在内战中负伤的复转军人。与霍姆斯不同的是，伯尔曼这位"复转军人"参与的是远离本土的外战。而且他参与的，也不仅仅是第二次世界大战。从前面所述的他的经历来看，伯尔曼作为美国的苏联法专家，实际上处于美国对苏"学战"的第一线。

那么，苏联法与"教皇革命"之间究竟有什么关系呢？首先值得一提的是，《法律与革命》绝非"横空出世"之作。早在1938年从达特茅斯学院本科毕业的时候，伯尔曼就已经有写作一部关于"教皇革命"著作的想法，这个核心观念源自他的老师罗森斯托克－胡絮。经历过"凡尔登绞肉机"的罗森斯托克－胡絮在1931年出版德语著作《欧洲革命：民族性格与国家建构》（*Die Europäischen Revolutionen: Volkscharaktere und Staatenbildung*），其中的核心思想经过进一步发展，于1938年凝聚为英文著作《出自革命：西方人自传》（*Out of Revolution: Autobiography of Western Man*），罗森斯托克－胡絮在其中探讨了塑造欧洲千年历史的五场革命：俄国革命、法国革命、英国革命、德意志革命（宗教改革）以及"教皇革命"[①]——1983年伯尔曼的《法律与革命》继承了这个论述框架，只是比他老师更强调"美国革命"的重要性。年轻的伯尔曼显然从罗森斯托克－胡絮对革命的分析之中获得了巨大的启发，试图将他对于西方千年历史的分析框架运用到对西方法律传统的分析之中。

然而，在学术史上的一个常见的现象是，一位学生可能在读

---

① Eugen Rosenstock-Huessy, *Out of Revolution: Autobiography of Western Man*, New York: William Morrow and Company, 1938.

书的时候被他的老师的某个想法深深吸引，但很快接触到新的想法，形成不同的判断，最终和自己的老师分道扬镳。伯尔曼能在基本历史认知框架上如此忠诚于他的老师，显然不能仅仅从学生时代的接触和受到的震撼来理解，我们还必须观察他在以后的人生中是如何不断加固这个认知框架的。于是，我们又不得不回到伯尔曼的军事生涯：他在二战中投身军旅，这正是一个反刍罗森斯托克－胡絮关于战争与文明的思想的机会；更关键的是，二战刚刚结束，冷战又很快开始，伯尔曼的后半生，仍然处于连续不断的战争的气氛之中。

对于研究苏联法的伯尔曼来说，苏联到底意味着一种什么样的存在呢？在发表于 1958 年《美国学人》（*The American Scholar*）的一篇题为"恶魔与苏俄"（The Devil and Soviet Russia）的文章中，伯尔曼分析了美国人对于苏联的简单化印象之后，发表了这样的评论：

> 通过表明苏俄所宣称的唯物主义目标可以通过民主手段更好地实现，对于对抗共产主义是没有用的，因为共产主义的潜在吸引力不仅在于它的目标，而且首要在于动员人们实现这些目标的过程。通过建立一个动员的社会秩序，共产党为服务、自我牺牲、纪律和其他通常与军人生活相关的美德提供了和平的出口。[1]

那么，美国应该如何克服苏联的挑战呢？伯尔曼说："我们必须建立一种社会秩序，在这种秩序中，正义、仁慈和道德的目标优先于经济安全、政治权力和技术进步，我们必须通过自愿结社自由

---

[1]　Harold J. Berman，"The Devil and Soviet Russia"，*The American Scholar*，Vol. 27，No. 2（Spring，1958），p. 152.

地在这种社会秩序中注入与苏维埃制度下政党纪律所带来的同样的的服务、自我牺牲和共同事业的精神。"如果不做到这一点，"赫鲁晓夫关于我们的孙辈将成为共产主义者的预言很可能会成真"①。

这些言辞在今天读来让人相当惊异。我们可以感觉到，伯尔曼对于苏联的秩序精神怀有一种敬畏感，认为它激发了民众的服务、自我牺牲和共同事业的精神。当然，我们今天知道，苏联未能将这种精神保持下去，最终在 1991 年解体。但在 1958 年，苏联还处于上升期，对于美国而言是一种强大的外在压力。为了避免美国在冷战中走向失败，伯尔曼希望美国能够创造出苏联秩序精神的某种功能上的替代品。这可以帮助我们理解他为何重视宗教——在他看来，西方的宗教传统恰恰能够提供这样的"服务、自我牺牲和共同事业的精神"，但是这个传统在 20 世纪被大大削弱了，从而带来深刻的秩序危机。

由于人的记忆容量的有限性和意义结构的有机性，历史的书写不可避免地是一种选择性记忆，从而与书写者的主体性密不可分。既然伯尔曼与他的老师一样认定，西方的秩序因为宗教的衰落而遭遇到严重的危机，那么，对西方历史的书写，也就有必要凸显出宗教的要素。于是，在伯尔曼看来，西方的"近代"的开端，就不应该是具有强烈世俗化色彩的文艺复兴，而必须是一场重申宗教精神生活纯洁性的"教皇革命"。"教皇革命"不仅是"近代"的开端，也标志着"西方"这一文明身份的开端。"西方"的基础是蛮族入侵后形成的西欧诸民族，在此之前的古希腊、古罗马与希伯来经典与历史，都不过是"西方"自我塑造的历史资源，但并不是"西方"本身。"教皇革命"通过对之前神圣秩序与世俗秩序混杂不清的境况

---

① Harold J. Berman, "The Devil and Soviet Russia", *The American Scholar*, Vol. 27, No. 2 (Spring, 1958), p. 152.

的激烈批判和打击，带来了一个巨大的历史断裂，而所有古代资源的价值，都在这一断裂之后得到重估，从而形成新的文明认同。

在《出自革命》一书的序言中，罗森斯托克－胡絮坦言是第一次世界大战的震撼激发他撰写全人类的历史："世界大战需要一部世界的传记，而不是民族历史的碎片。"[①] 经历过二战洗礼的伯尔曼继承了乃师的志向，力求克服民族主义的史学与法学。在他看来，中世纪欧洲拥有一种"共同法"（*ius commune*），然而随着领土型国家乃至民族国家的兴起，对共同的宗教和文明传统的认同，被对民族与国家的认同所取代，书写者致力于凸显本族与本国的独特性与优越性。英国与美国的法律史研究未能免俗——通过刻意强调与欧洲大陆国家法律发展道路的差异，法律史家们也加入到了民族主义合唱团之中。然而伯尔曼要强调的是，在不同法律发展道路的分野出现之前，西方存在着一个共同的传统，各种特殊主义与例外论，都在有意无意地遮蔽人们对这个共同传统的认识。

伯尔曼对于西方共同传统的强调，与他对于美苏冷战的思考有着深刻的内在关联。在此我们可以参考美国历史学界的一个先例。1945 年，美国历史学家海斯（Carlton Joseph Huntley Hayes）曾经在美国历史协会年会上发表演讲，批判特纳（Frederick J.Turner）在 1893 年历史协会年会上提出的"边疆假说"过于强调美国的特殊性。特纳的"边疆假说"执着于论证，通过拓殖以及与印第安人的战争，源初的欧洲移民将边疆向西不断推移，并在边疆经历了渔猎、畜牧业、农业、工商业等不同生产生活方式的演进，这种锻造使得他们脱离欧洲，形成一个全新的民族。但海斯批判这样的认识方式具有很强的"孤立主义"色彩，认为必须强调，美国与欧洲具

---

① Eugen Rosenstock-Huessy, *Out of Revolution: Autobiography of Western Man*, New York: William Morrow and Company, 1938, p.10.

有共同的文化传统，美国的边疆，是这个共同的文化传统的边疆。[①]
海斯之所以批评特纳，很大程度上是因为打赢二战之后，美国已经
面临着如何领导整个西方的问题。在这个时候，只强调美国的特殊
性，已经无法回应时代的需要。美国必须强调自己和欧洲盟友之间
在文化和生活方式上的共同特征，才能够在北大西洋阵营中掌握领
导权。

　　与海斯一样，伯尔曼也具有强烈的地缘政治的自觉。在 1948
年发表的《苏联法的挑战》一文中，他直接使用了"西方 vs 东方"
这样一个分析框架，将苏联法与美国及其西方盟友的法律精神的差
异追溯到历史上东正教与罗马天主教的分野，认为苏联的指导思想
与领导政党是历史上东正教及其教士集团的对应物。苏联法给美国
带来的挑战，一是如何平衡经济计划和个人积极性，二是如何激活
本社会的精神价值观——伯尔曼在此已经将目光投向了宗教。[②]而
他在 1983 年《法律与革命》中阐发的"西方"的概念，要比海斯
的"西方"概念覆盖范围更大。在伯尔曼看来，俄国原来不属于西
欧，但后来部分被西欧发展出来的西方文明所同化。苏联的生活方
式中的公有制、集体主义和对于利他精神的倡导等，在他看来，和
马萨诸塞湾殖民地的清教徒法典有着共通性，而基督教的终末论也
深刻影响了苏联的指导思想对于历史的认识。[③] 1983 年的伯尔曼更
倾向于对"西方"作扩张解释，这样美苏之间的对抗，看起来就像
是一种更为"纯正"的西方秩序与一种"误入歧途"的西方秩序之
间的对抗，如同"正统"和"异端"之间的对抗。不过，在伯尔曼

①　张世明、王济东、牛昢昢主编：《空间、法律与学术话语：西方边疆理论经典文
　　献》，哈尔滨：黑龙江教育出版社 2014 年版，第 195—217 页。
②　Harold J. Berman, "The Challenge of Soviet Law", *Harvard Law Review*, Dec.,
　　1948, Vol. 62, No. 2（Dec., 1948）, pp. 220—265.
③　Harold J. Berman, *Law and Revolution: The Formation of the Western Legal Tradition*,
　　Cambridge, Massachusetts & London: Harvard University Press, 1983. pp.32—33.

看来，美国和苏联一样，都面临着西方文明的危机。苏联有计划经济，美国有凯恩斯主义和行政国家的扩张，二者都具有强烈的技术统治、官僚统治的色彩。但更重要的是，"人们对于作为一种文明、一种社会共同体的西方本身的信念和对九个世纪以来维系西方文明的那种法律传统普遍丧失了信心"[①]。

在美国法学界，究竟是谁代表了西方文明的危机呢？在《法律与革命》的前言中，伯尔曼把矛头指向了他在哈佛大学法学院的同事、美国"批判法学"的代表罗伯特·昂格尔（Roberto Mangabeira Unger）。在伯尔曼看来，昂格尔批评法律形式主义，倡导一种强调公正性和社会责任、政策导向的法律推理，这种主张会冲击西方法律传统中规则、先例、政策、衡平四个要素之间的平衡，助长一种蔑视法律的玩世不恭的态度。[②]众所周知，"批判法学"其实是美国内部最接近于马克思主义的法学流派，昂格尔等人会在对法律的研究中运用政治经济学分析，揭示形式的平等与公正之下实质的不平等与不公正，只是由于学术政治环境的原因，他们经常否认自己运用了马克思主义的方法。伯尔曼的批评用词并不尖刻，但其透露的问题意识，可以让我们想起他作于 1958 年的《恶魔与苏俄》一文末尾所表达的恐惧："赫鲁晓夫关于我们的孙辈将成为共产主义者的预言很可能会成真。"[③]莫非，在他眼里，他的同事昂格尔就是苏联悄悄送给美国的礼物？

《法律与革命》的核心命题——"教皇革命"塑造了西方及其法治传统，已经受到了很多学界批评。在国内学界，北京大学历史

---

① Harold J. Berman, *Law and Revolution: The Formation of the Western Legal Tradition*, Cambridge, Massachusetts & London: Harvard University Press, 1983., p.40.

② Ibid., pp.40—41.

③ Harold J. Berman, "The Devil and Soviet Russia", *The American Scholar*, Vol. 27, No. 2（Spring, 1958）, p. 152.

学系彭小瑜教授早在 2003 年出版的《教会法研究：历史与理论》就指出："伯尔曼的《法律与革命》的确通俗化了关于 11 世纪教会改革的知识，不过他主要是综合概括历史学家的研究成果，有些是比较陈旧的（他从 1938 年就开始写作这部 1983 年出版的著作了！），得出的有些结论现在是经不起推敲的。"[①]彭著引用了一系列中世纪史研究文献，对《法律与革命》进行了一些具体的批评，指出伯尔曼没有参考同时代中世纪教会法制史研究的许多最新成果，过于强调了历史的断裂，过于强调了克吕尼修道院和若干教皇个人的历史作用，而没有看到天主教会权力的集中是一个漫长、渐进的过程。最近，鲁楠、康宁主编的《清华法治论衡》第 28 辑推出"法律与革命"主题讨论，刊发了若干研究论文，从不同角度重审伯尔曼历史叙事的缺失。[②]"教皇革命论"如果要占据学术主流地位，其主张者无疑需要对专业史家提出的大量问题，给出令人信服的回应。

然而，学术史层面的种种争论，并不影响我们认定，《法律与革命》仍然是一部具有重大思想史意义的法律史著作。它向我们展示了一位参加过二战的复转军人——也许同时也是冷战的隐秘的现役服务人员，在美苏对抗的大背景之下对西方文明的深入思考。伯尔曼试图恢复美国人对西方历史传统的信心，并通过对"开端"的独特书写，召唤宗教的力量，为当代美国的法律秩序"加持"，以提供苏联秩序蕴含的精神力量的功能替代品。

旧冷战已经终结。在后冷战时期"身份政治"盛行的美国学术思想界，《法律与革命》不再具有 20 世纪 80 年代的感召力。对于少数族裔而言，《法律与革命》无疑具有强烈的欧洲中心主义、西方主义中心色彩；在性别、性取向议题上，《法律与革命》对传统宗

---

① 彭小瑜：《教会法研究》，北京：商务印书馆 2003 年版，第 22—23 页。
② 鲁楠、康宁主编：《清华法治论衡》第 28 辑，北京：清华大学出版社 2021 年版，第 5—183 页。

教力量的召唤也会让许多群体感到不安与恐惧。对于已经放弃苏联"解放全人类"理想、专注于民族荣光的俄罗斯联邦而言,《法律与革命》关心的普遍主义理想之间的斗争也不再具有相关性。但在对"十月革命一声炮响"仍然保有敬意的中国,仍然会有很多对旧冷战魂牵梦绕的心灵将这种敬意视为一种谬误,对他们而言,伯尔曼和哈耶克一样,都可以在中国起到"扳道工"的作用。只要这种问题意识仍然强劲,《法律与革命》在学术上的诸多软肋,就不会影响到它对特定人群的感召力。

然而,只要以中国、越南、印度等为代表的非西方发展中国家保持蓬勃发展的势头,只要西方发达国家内部人口的种族结构继续演变,全球文明历史叙事的多元化态势,仍然会继续向前推进。也许,一场全球文明历史书写的革命风暴,正在酝酿之中。不管美国学术思想界有多少像伯尔曼那样具有强烈"学战"自觉的"复转军人"和"现役军人",都无法阻挡这场革命的发生。而伯尔曼的"学战"姿势,也完全可以在这场历史叙事的革命之中,成为后人解剖和借鉴的标本,发挥出滋养后学的积极作用。

也许是哈布斯堡（PERHAPSBURG）？*

评克拉斯特耶夫《欧洲的黄昏》

在欧洲主权债务危机、难民危机、英国"脱欧"、美英澳组建 AUKUS 军事同盟等一系列重大事件之后，欧盟究竟何去何从？这不仅是欧洲人的疑问，也越来越成为中国公众关心的问题。《欧洲的黄昏》中文版的出版，可以为回答这个问题提供一些重要的视角和线索。

这是一本文笔流畅生动，让人恨不得一口气读完的评论性著作，其英文版于 2017 年 4 月在美国宾夕法尼亚大学出版社出版，原标题是 *After Europe*——作者也许有意模仿了苏格兰哲学家麦金泰尔（Alasdair MacIntyre）的 *After Virtue* 一书的标题，After 是个双关语，既是"之后"的意思，也有"追求"的意思。但对于作者而言，无疑前一层含义是压倒性的：作者在写作该书的时候充满悲观情绪，甚至将欧盟与哈布斯堡帝国相类比，担心其因为难民危机引发的连锁反应而走向解体（因此中文版将标题意译为"欧洲的黄昏"不乏合理性）。这种强烈的悲观情绪让作者的观察和分析既片面，又

* 本文原为笔者为保加利亚学者伊万·克拉斯特耶夫《欧洲的黄昏》中译本撰写的导言，该书版本为伊万·克拉斯特耶夫：《欧洲的黄昏》，马百亮译，上海：东方出版中心 2021 年版。

深刻。

本书的作者伊万·克拉斯特耶夫（Ivan Krastev）是一位保加利亚学者。在我看来，他的国籍与本书的核心贡献不无关系：作者从中东欧的历史经验出发，探讨难民危机为何加剧了西欧与中东欧的分裂，并进一步引发欧盟的结构性危机。他对中东欧的分析深度明显超过其对西欧的分析，为我们提供了非常重要的观察和理解欧盟的区域经验视角。

克拉斯特耶夫首先设置了一个分析的起点：在过去，西欧人更倾向于信任本国政府而不是欧盟，在他们的政府有能力影响欧洲发展方向时，他们也会因此而对欧盟有信心；在中东欧，大众原本认为欧盟的技术官僚比他们本国的领导人更可靠。2015年爆发的难民危机同时在西欧与中东欧造成深刻的影响：那些对难民持有疑惧态度的德国人和瑞典人现在不太相信他们的政府有能力塑造欧盟政策，由此也减少了对欧盟的信任；而中东欧的民众尽管仍然怀疑他们本国的政府，但对布鲁塞尔的怀疑急剧上升，超过了对本国政府的不信任。无论在西欧，还是中东欧，都在出现政治的"再国家化"——民众正在将政治信任从欧盟转向自己所在的国家，布鲁塞尔正在经历着系统性的信任危机。接下来，作者向我们展示了中东欧民众与政府之所以对移民感到疑惧的历史和现实原因，我们大致可以将其概括为以下几个方面：

一、许多中东欧国家诞生于德国、奥匈帝国、俄罗斯等族群多元的大陆帝国的解体以及随后的种族清洗（尤其是驱逐德国人和犹太人），其立国基础结合了法国人对中央集权和全能国家的钦佩与德国人所持的"公民身份意味着共同血统和共同文化"的观念。移民带来的种族多样性，会让很多人想起两次世界大战之间的动乱时期；

二、在东欧剧变后的过渡时期，中东欧的许多民众觉得自己成为被遗忘的失败者。作者认为，"东欧人对难民和移民的敌意也源于一种被背叛的感觉"，当他们听到欧洲领导人将大规模移民描述为一种"双赢"的局面时，这种被背叛的感觉就更强烈了；

三、冷战结束之后，许多中东欧国家出现了人口的大规模外流，移民的到来，让许多人进一步产生了对自己的种族即将在这片土地上消失这一前景的恐慌。这时候如果有人论证老龄化的欧洲必然需要更多的移民，许多人会感到前景更加黯淡；

四、中东欧国家在融合罗姆人（即所谓的"吉卜赛人"）方面经历了失败，这使得他们不相信自己的社会与国家具有融合已经在他们中间的"他者"的能力；

五、由于没有殖民主义的"原罪"，中东欧国家在排斥移民的时候，并没有西欧那些曾经的殖民帝国常有的负罪感。

克拉斯特耶夫最尖锐，也最让人印象深刻的观点是第三点：中东欧国家民众对于移民的恐惧，最直接的原因是后冷战时期本国或本地区人口的大量外流所引发的社会反应。克拉斯特耶夫告诉我们，在后冷战时期，大约有10%的保加利亚人口离开了他们的国家，而且这些人一般都是有能力移民的精英阶层人士。即便是在德国内部，情况也是如此。德语中还有一个新造的词，叫作Ostalgie，是Ost（东部）和Nostalgie（怀旧）两个词的合成，指向原东德居民对两德统一之前东德生活的怀念。德国右翼人士往往很难理解这种怀念，但如果考虑到两德统一之后原东德的工业企业纷纷倒闭，70%东德就业妇女失去她们的工作，许多人不得不背井离乡去西部地区谋生这些现象，这种怀念情绪无疑具有深厚的社会基础。而在大部分东欧国家，后冷战时期的许多情况只会比原东德更糟。换句话说，这些地方的民众在难民危机之前就对本国和本地区的发展持有悲观的心态，难民危机则进一步加剧了这种心态。

作者接下来分析欧盟的难民危机如何导致欧洲人自己引以为豪的"人权"话语和"民主"机制都出现深刻的危机。欧盟将"人权"作为一体化进程的意识形态黏合剂，认为"人权"是超越民族国家和公民身份的权利。因而，来自其他国家的移民在欧洲土地上受到什么样的对待，直接考验欧洲的人权承诺的严肃性。但许多欧洲人现在发现，给予这些移民以体面的人权保障，有可能冲击欧洲国家自身的福利体系的可持续性，更会带来欧洲的历史文化传统的弱化，造成"欧将不欧"的局面。而在"民主"方面，欧洲人曾经相信输出他们的政治体系会给这个脆弱的世界带来稳定，然而，难民危机恰恰源于"阿拉伯之春"所带来的中东北非地区的动荡，这让他们现在对推进邻近地区的"民主化"也充满了疑惧。越来越多的人相信，当初如果让利比亚继续处于卡扎菲的统治之下，或许对于欧洲的稳定更为有利。对于一个政治共同体而言，"举什么旗，走什么路"是极其重要的。如果旗帜和道路本身丧失了吸引力，就很难阻止成员各行其是。

在难民危机的背景下兴起的民粹主义政党，打着"人民"的旗号，将民众对自己生活的"失控"之感归咎于具有世界主义意识的精英阶层和具有部落意识的移民之间的合谋，他们的诉求是重建精英阶层和民众之间的关系。这些民粹主义政党虽然以"人民"与"民主"为口号，但在作者看来，他们寻求的"让多数人取得彻底胜利"的前景，是与欧盟当下的自由民主制度的精神相悖的。欧洲的宽容精神正在消失。作者同时认为，欧洲的左翼正在丧失国际团结意识，工人选民更多地把选票投给了排外的右翼政党，而传统的左翼政党为了选票，也经常不得不"拿香跟拜"。在这样的背景之下，作者对公投这样一种民主形式充满了疑惧，认为它可能会让民粹主义力量进一步上升，导致欧盟从内部土崩瓦解。

在研究和评论欧盟一体化进程的人士之中，有一派直接将欧盟类比为欧洲的中世纪帝国。一些人用这个类比是为了表明对欧盟的悲观情绪，但波兰裔英国学者杨·杰隆卡（Jan Zielonka）却用它来表达对欧盟的乐观看法。杰隆卡身上或许集合了波兰和英国对于欧洲深层一体化的抗拒，认为欧洲没有必要寻求建立"新威斯特伐利亚式的超级国家"，它完全可以保持内部多层次、多中心的治理结构，可以通过不断的对外扩张，实现自身的安全，并维持欧盟的内部团结。[①]克拉斯特耶夫属于悲观派。他在全书的结论部分玩了一个文字游戏，在"哈布斯堡"的英文表述"Habsburg"前面加了一个"per"，将其变成了"Perhapsburg"，"perhaps"在英文中意为"或许"，"Perhapsburg"可以表达欧洲"也许是哈布斯堡"的意思。众所周知，哈布斯堡家族领导的神圣罗马帝国于1806年灭亡，而哈布斯堡家族统治的奥地利帝国却活了下来，后组成奥匈帝国，但最终在第一次世界大战中战败解体。说欧盟"也许是哈布斯堡"，表明的是一种极端的悲观情绪。

那么，怎么才能够避免哈布斯堡帝国的命运呢？克拉斯特耶夫主张："欧盟不应试图打败众多的敌人，而应与其打一场消耗战，并在此过程中采纳他们的一些政策（包括要求保护好外部边界），甚至采取他们的一些态度（自由贸易不一定是一个双赢的游戏）。只有在糟糕的历史教科书中，进步才是线性的。"[②]这实际上是说，欧盟应当和内部疑欧的民粹主义势力进行一定妥协，必要时采取后者主张的一些政策，以增加自己存活下来的概率："很有可能，欧洲公众会对欧盟更有信心，不是因为它变得更好了，而是因为它存

---

① Jan Zielonka, *Europe as Empire? The Nature of Enlarged European Union*, Oxford University Press, 2006. 中文世界的评论参见孙璐璐：《欧盟：二十一世纪的神圣罗马帝国？》，《读书》2017年第4期。

② 伊万·克拉斯特耶夫：《欧洲的黄昏》，第135页。

活了下来。"[1] 作者的另一个类似的表述是："与其通过提高合法性以确保欧盟的生存，不如展示欧盟的生存能力，这将成为欧盟未来合法性的主要来源。"[2]

克拉斯特耶夫最后讲述了 1981 年西班牙政变如何被平息的故事，探讨什么样的政治家能够使得欧盟存活下来。1981 年 2 月 23 日，约 200 名国民卫队军官手持冲锋枪，冲入议会下院。议会厅里几乎所有议员都趴到地上或躲到椅子背后，仅有代理国防大臣古铁雷斯·梅利亚多、看守首相阿道弗·苏亚雷斯、西班牙共产党领袖圣地亚哥·卡里略三位政治家傲然直面政变者，与之周旋。他们在议会大厅里与政变者僵持，避免了政变者挟持议会号令全国的局面发生，议会大厅外的其他政治家与军人做出了回应，最后扑灭了政变。议会大厅里的这三位政治家，平时的政见极端对立，却能够在那一刻放下歧见，因为他们知道，如果他们所处的这个政治体系消失了，他们之间的政治对立也会失去意义。克拉斯特耶夫讲述的这个寓言，正是对欧盟各国政治家的警告和呼吁：要认清形势已经到了非常危急的时刻，政治家之间争论谁的理想更高尚，已经没有什么意义了，当务之急是放下各种歧见，先让欧盟活下来！只有欧盟活下来，欧盟才有可能承载更为高尚的理想。而要让欧盟活下来，欧盟的决策者就不能不对反移民的民粹势力做出一定的让步，防止他们铤而走险。

然而，几年过去了，欧盟的政客们依旧吵吵嚷嚷。难民政策在一定程度上确实收紧了。2021 年，以美国为首的北约军队撤出阿富汗，一批新的难民涌向欧美，西欧各国这次的表现就不再像 2015 年那样积极。但除了收紧难民政策之外，欧盟的政客们很难说

---

[1] 伊万·克拉斯特耶夫：《欧洲的黄昏》，第 134 页。
[2] 同上书，第 135 页。

表现出了三位西班牙政治家在 1981 年政变中的那种政治德性，"以邻为壑"仍然是不时就会发生的现象，许多妥协是在事情坏得不能再坏的时候才达成。但欧盟仍然没有解体，甚至看起来比难民危机之前更为巩固。英国公投脱欧之后，欧盟内"脱欧"的声浪反而下降了；美国特朗普政权对于英国"脱欧"的叫好，对欧盟内部"疑欧"民粹主义势力的支持，激发了欧盟政治家深刻的危机感，法国总统马克龙大讲"主权欧洲"，并得到了众多欧盟政治家的响应。在 2020 年的新冠疫情危机中，欧盟初期的应对十分混乱，但很快开始"亡羊补牢"，甚至还在欧盟的共同财政建设方面，取得了一定实质性的推进。2021 年 9 月，美、英、澳三国背着法国结成 AUKUS 军事同盟，引发法国的愤怒，而欧盟表示了对法国的大力支持，"主权欧洲"的话语迎来新一波高潮。由此看来，本书作者的观点错了么？

克拉斯特耶夫在"后记"中对之前的分析作了自我反思："它正确地指出欧盟不再是理所当然的了。它正确地猜测 2015 年的难民危机将深刻地改变欧洲政治。它错误地预测，欧洲新近兴起的全民公投可能会导致欧盟的终结。这本书被认为充满悲观和阴郁的情绪，在某种程度上确实如此。"[1] 作者现在认为，"悲观主义和宿命论将是欧洲认同的关键方面。这本身就是一个不要把欧洲人的悲观情绪看得太重的理由。"[2] 作者当初认为英国脱欧可能会引发欧盟内部的脱欧运动的进一步发酵，但现在他认识到英国的脱欧恰恰可能使得欧盟内部的疑欧势力看到脱欧所带来的消极后果：英国经历了国际影响力的下降，而且在脱欧谈判过程中，一再被羞辱，这就起到了"杀鸡儆猴"的作用。在 2019 年

---

① 伊万·克拉斯特耶夫：《欧洲的黄昏》，第 140 页。
② 同上书，第 149 页。

的欧洲议会选举中，右翼民粹主义势力在跨国联合上取得了实质进展，但同时，他们中的大部分人也已经放弃了让欧盟解体的选项。作者在后记的最后指出，欧盟已经降低了对自己的期望值："已从一个希望按照自己的形象塑造世界的传教士，转变为一个专注于保护其政治方案的特殊性质的修道院。"[①]

中国的国际新闻报道目前对英语媒体存在相当大的依赖性，而这导致中国的研究者通常更熟悉西欧而非中东欧的情况。克拉斯特耶夫对于中东欧国家民众何以抵制移民的分析，因而对于中国读者具有重要的价值。但与此同时，克拉斯特耶夫对于欧洲现状的分析进路主要聚焦于政治意识形态和政治制度层面，而这就存在一定的局限性。为了理解欧盟近年来的走向，我们或许需要一种具有全球视野的政治经济学分析进路。

首先需要关注的是经济产业的重新布局。在经历20世纪70年代的"滞涨"后，法国主动做出调整，将许多产业的制造环节外迁，在本国保留高附加值的环节，并大力发展第三产业。到了后冷战时期，更多欧洲国家走上了这一道路，推行全球范围内的"垂直分工"，将制造业外移（尤其是转移到东亚和东南亚），由此带来的是许多制造业中心的衰落和产业工人数量的不断下降，并进一步带来两个政治结果，其一是原本以产业工人为基础的一系列传统左翼政党的群众基础不断流失；其二是因产业移出而衰落的地区的民众中出现了"被剥夺感"。

其次是货币和财政政策。欧元区实现了统一货币，但欧盟在一开始缺乏共同财政政策。统一市场和统一货币增强了德国、瑞典等国的工业竞争力，中东欧国家和南欧国家的工业在竞争中节节败退；而缺乏共同财政政策，使得欧盟无法"损有余而补不足"，推

---

① 伊万·克拉斯特耶夫：《欧洲的黄昏》，第150页。

进欧盟内部各区域的"共同富裕"。其结果就是欧盟内部在经济上两极分化加剧，大量缺乏发展机会的青年不断从本国移出，前往欧盟的全球化核心获益区寻找机会。

欧盟和欧元区内部的发展出现了高度的不平衡，然而欧盟毕竟是个较为松散的联盟，缺乏促进"共同富裕"的机制，只能坐视阶层差距和区域差距不断拉大。2015 年以来，大批移民以"难民"的名义进入欧洲，这就引发了那些在不平衡的经济社会发展中产生了"相对剥夺感"的阶层和国家的不安情绪；而当欧盟精英层坚持边境开放，不断释放欢迎难民的信号时，这些不安情绪就逐渐变成了愤怒。英国实际上是从欧盟的一体化中获得较多经济利益的国家，然而其内部发展的不平衡，导致许多产生"相对剥夺感"的英国民众将自己的痛苦归咎于移民和欧盟，而公投则为这样的情绪提供了一个政治出口，最后导致英国脱离欧盟。

值得补充的是，克拉斯特耶夫在书里描写的产业工人缺乏阶级意识的现象，并不是什么新鲜的发现，也根本算不上是对马克思主义的挑战。在 19 世纪末 20 世纪初，美国加州"排华"最为激烈的其实是当地的工会；在当时的英国殖民地南非，也是来自英、美、澳等地的白人工人阶级移民表现出强烈的"排华"态度。但这恰恰证明了列宁在《怎么办？》里对于阶级意识的思考的深刻洞见：由于工人平时在意识上处于统治阶级的影响之下，让工人"自发"表达他们的诉求，表达出来的可能恰恰是统治阶级在他们身上打下的烙印。因而列宁呼吁通过先锋政党，更为积极主动地塑造工人的阶级自觉。意大利共产党人葛兰西在其《狱中笔记》中通过"领导权"（hegemony）这一概念，进一步发展了列宁的问题意识。[1]欧洲大量走议会道路的左翼政党，本来的主张就距离工团主义不远，要

---

[1]　参见佩里·安德森：《原霸》，李岩译，北京：当代世界出版社 2020 年版。

让他们去塑造工人的"国际主义"阶级自觉，一开始就是缘木求鱼。当工人被右翼势力带跑之后，这些政党除了"拿香跟拜"，也很难想到多少其他选项。

从目前来看，在英国"脱欧"之后，欧盟暂时避开了解体的危险。然而从长远来看，欧盟的产业结构是存在着重要隐患的。欧盟的互联网产业发展落后于中美两国，全球十大互联网公司中没有任何一家是欧洲公司，而欧盟国家针对数据寡头开征"数据税"，虽然首先是针对那些已经统治欧洲民众生活的美国数据寡头，但实际上又会进一步抑制本土互联网产业的发展；欧盟一度对自己的新能源技术很自信，不断强调"全球气候变暖"，号召全球各国减少碳排放，实质上是提高市场准入门槛，减少经济竞争者。但现在来看，欧盟在新能源技术方面也很难说获得了稳固的领先地位。尤其在汽车行业进入电动车时代之后，欧盟国家许多领先的传统汽车生产技术即将失去用武之地，其电动车生产技术在一些方面已与中美两国产生距离。如果欧盟国家的制造业继续衰落，而在产业链的中高端又缺乏新的增长点，在外部又面临着其他大国的经济竞争，欧盟的经济前景并不令人乐观。

这种经济状况能够引发什么样的政治后果，或许无法笼统而论。欧盟国家也许会进一步意识到，单打独斗没有前途，只有抱团取暖才能建构相对完整的供应链，共同承担全球市场波动的风险；但也不排除出现"共享福不能共患难"的情况，比如说，一些从欧盟无法获得期待的利益的中东欧国家加强与美国的关系，而德国对于法国的"主权欧洲"的呼吁仍然心存疑虑，"德法核心"无法发挥出领导作用，欧盟内部的区域矛盾进一步激化，欧盟再次出现分裂乃至解体的危险。

欧洲文明是这样的一个文明——在其居于全球统治地位的时候，它是分裂的而不是统一的，而且其主流意识为列国并立的状态而自豪，认为在这种状态下，没有一种原则、组织或势力能够主导欧洲，这使得欧洲孕育了充满多样性和丰富性的文明，具有极大的优越性。[①] 欧洲的列国并立状况和对竞争的崇尚，导向了两次世界大战。在战争中，欧洲列强相互削弱，欧洲也失去了自身在全球的主导地位。冷战时期，在美苏对立的背景下，欧洲的精英们开始通过欧洲一体化来重建欧洲的自主性。然而它的历史传统中缺乏统一的经验，现实中又充满了利益的分歧，民族国家的公民身份和代议制民主具有很高的正当性，欧盟这个超国家的联盟组织很容易被视为一架脱离民众的官僚机器。各国政客首先关注的是本国的利益，而非欧盟整体的利益，在成员国之间的谈判中，往往押注其他国家先妥协，不到万不得已，自己绝不愿做出妥协。在欧盟未来的道路上，哈布斯堡帝国的影子，也许始终会与其相伴随。

然而，当我们想到哈布斯堡帝国的时候，也许不能只是关注它在 1918 年的解体，而忘记了这是一个历史多么悠久的"政治拼盘"——哈布斯堡家族担任神圣罗马帝国皇帝的时间就接近四个世纪，担任奥地利皇帝超过一个世纪，在世界历史上打下了深刻的烙印。如果欧盟能够在未来的世界历史中享有这样的命运，用中国两三百年一个朝代的历史尺度来看，就不能算是失败，甚至可以说是相当体面的成功。如果它能够熬过一次又一次危机，不断超越自己作为"政治拼盘"的状态，形成真正的、而非仅仅是象征性的主权单位，那就可以说是更大的成功！

生活在一个两千年前就已经超越"诸夏"政治拼盘，实现核心区域统一的国家，我们对于欧洲的一体化进程，也许有必要少一些从经验直觉出发的嘲讽，多一些冷静的观察乃至同情的理解。不管

---

① 基佐：《欧洲文明史：自罗马帝国败落起到法国革命》，程洪逵等译，北京：商务印书馆 2005 年版，第 25—28 页。

当下欧盟国家的一些政客对于中国有多少的偏见乃至恶意，欧盟增强"战略自主"，成为多极化世界中的一极，避免沦为美国的政治附庸，总体上有利于全球国际关系的民主化，有利于世界和平；欧盟的一体化进程必然涉及如何克服发展的不平衡，推进区域之间、阶级之间的"共同富裕"，而这对于中国来说，是非常有益的参照，可以从不同角度促进中国对自身的道路、制度和文化形成更为清晰的自觉。欧盟没有终结，谈论"欧洲之后"无疑为时过早，推进中欧之间的"文明交流，文明互鉴、文明共存"①，可谓正当其时，值得吾辈共同努力！

---

① 《携手推进"一带一路"建设：习近平在"一带一路"国际合作高峰论坛开幕式上的演讲》，《人民日报》2017 年 05 月 15 日 03 版。

第三编
过去之未来

亚洲铜，亚洲铜

看见了吗？那两只白鸽子，它是屈原遗落在沙滩上
的白鞋子

让我们——我们和河流一起，穿上它吧

——海子《亚洲铜》

过去之未来 *

论汪晖《现代中国思想的兴起》

  自 20 世纪 90 年代以来，汪晖一直是一位在中国知识界具有强大议程设置能力的学者。他于 1994 年在韩国知识界的重要刊物《创作与批评》第 86 期发表《当代中国思想与现代性问题》，1997 年在国内由《天涯》杂志首次刊载①，引发了知识界长时间的激烈辩论，他本人也成为争议的焦点。他从 1996 年开始主编的《读书》也成为一个引人瞩目的理论争鸣与政策辩论平台。2007 年，他离开《读书》主编岗位，这在当时的中国知识界又引发了另一场争论，就其任职期间《读书》的办刊导向和文章质量，评价出现两极分化，充分反映出中国知识界的分裂。但与所有这些喧嚣相比，汪晖的巨著《现代中国思想的兴起》（下面简称《兴起》）在 2004 年的出

---

* 本文译自英文书评 Zhang Yongle, "The Future of the Past", *New Left Review*, No. 62, 2010, pp. 47—83。一个较早的中文版本曾收入何吉贤、张翔编：《探寻中国的现代性》，北京：东方出版社 2014 年版。本文在较早版本的基础上略有修改，但尽可能保持原貌，以供读者参考。自 2010 年以来，汪晖教授推出了一系列新的作品，其思想贡献在最新的"世纪三部曲"中达到了新的高峰。对这些新作品贡献的探讨，当另文处理。

① 汪晖：《当代中国思想与现代性问题》，《天涯》1997 年第 5 期。

版却没有引发多少大众舆论上的涟漪。①

　　沉默，首先是因为这是一部厚度惊人并具有高度原创性的著作，涉及两千多年来中国思想的演变。读者如果对汪晖所讨论的主题没有足够的知识，就根本谈不上对这部著作进行任何严肃的学术批评乃至政治评论。本文旨在克服读者在阅读《兴起》过程中所可能遭遇到的一些障碍：首先，在一个比较与历史的情境中理解该书宏大而难以驾驭的研究计划；其次，展开它的核心主题和观点；最后，就这部作品的总体品质及其在汪晖的写作生涯中的位置，从若干理论视角进行评论。

一、《兴起》思想事业的重要性

　　《兴起》的总体目标是在中国漫长历史所提供的知识遗产中寻找"另类现代性"（alternate modernity）的"种子"，这一"另类现代性"不同于西方的现代性，同时能够避免它的许多缺点。这一计划可以被归入一种在历史上源远流长的写作类型：来自殖民地、半殖民地乃至非西方世界的知识分子力图激活本地传统文化资源，以抵御来自西方的自命为普遍的"现代化"（modernization）。从爱尔兰到土耳其，从秘鲁到伊朗，从印度到日本都存在这一类型文献的著名范例。叶芝与爱尔兰文艺复兴运动、孜雅·格卡尔普（Ziya Gökalp）、何塞·卡洛斯·马里亚特吉（José Carlos Mariátegui）、贾迈勒丁·阿富汗尼（Jamal-al-din Afghani）、维内亚·萨瓦卡（Vinayak Savarkar）、甘地（Mahatma Gandhi）与北一辉（Kita Ikki）以不同的方式分享了这种思想姿势，这个名单还可以再扩大。第三世界的民族解放运动很少不存

---

① 　值得说明的是，汪晖本人将《现代中国思想的兴起》分为两部，每部又分为上下两卷，共有四本实体书。考虑到用"第一部（上卷）"这样的用法过于累赘，为简洁起见，本文在引用时将全著划分为四卷，每本书一卷。

在这种知识冲动。

如果说汪晖的计划与这些先驱者的努力相接近，但就历史情境而言，它又具有某种独特性。到 20 世纪末，中国虽仍未能实现领土的完全统一，但已经不再是一个半殖民地国家。而西方霸权／美国领导的资本主义又比以前更为强大，并具备了新的、渗透第三乃至第二世界的经济与文化能力。这种霸权并不纯粹是从外部强加的，它也得到中国内部的社会和文化变动的呼应。内外两个方面存在紧密关联，但都成为《兴起》的反思对象。从这一角度来看，《兴起》的某些方面与西方内部产生的某些批判性作品更为接近一些，如雷蒙·威廉姆斯在《文化与社会》中重构英国浪漫主义谱系及其影响，从而对工业资本主义做出批判。

另一差异在于，从爱尔兰文艺复兴或青年土耳其党人时代以来，相关国家的知识生产方式已发生转型。早期典型的民族解放支持者往往以一种神秘化的方式，诉诸前资本主义的传说、习俗、宗教信仰、共同体或权威形式。而相比之下，汪晖的《兴起》是现代专业学者的作品，受到当代学术规范准则的约束。在这方面，它当然并不是独一无二的，因为其他第三世界知识分子也在各自的国家致力于对前资本主义社会的重新发现，比较突出的例子是查特吉（Partha Chatterjee），他在英国入侵之前的某些印度王国里探索自发的社会理性化痕迹。但在这里，中国前资本主义文明所留下的异常完整的历史记录使得"古为今用"可以达到更为系统化的水平。与他在第三世界乃至西方的同行们相比，汪晖可以诉诸一个更漫长、更连续的书写—思考传统。众所周知，儒家经学从在西汉实现高度体系化以来，一直持续到 20 世纪早期，而作为经学基础的儒家经典的产生，则可追溯到更早的时期。

1919 年的五四运动是当时世界上最为激进的切断文化连续性的运动，其激进程度也许只有土耳其才可以比较。对汪晖的努力而言，这一知识形态具有双重含义。第一，中国的"另类现代性"的"种子"可以被追溯到比西方读者所熟悉的柏拉图、亚里士多德更早的时代；另一方面，在20世纪革命之后，这些传统资源对当代中国读者的陌生程度远远超过阿拉伯读者在阿富汗尼（Al-Afghani）或英语读者在威廉姆斯（Williams）著作中所感觉到的陌生。

第三个差别在于当代中国的知识语境本身。汪晖并不是唯一一个致力于重新发现中国的前资本主义社会、以求"古为今用"的学者。近年来，中国的经济崛起无论在官方层面还是大众层面都提升了民族自豪感，这种民族自豪感的表达形式从电影"大片"、名人国学讲座、奥运会开幕式表演以及海外语言培训学院对孔子与儒家文化符号的运用，不一而足。中国知识分子中也出现了明显的文化自信增强的现象，许多人转向中国的前资本主义历史，以建构一个与当代西方所能提供的方案有所差别的未来愿景。举两个例子：中国社会科学院的赵汀阳从周朝的秩序中找到了一个新的世界秩序的灵感，以替代西方对全球权力的安排，他称之为"天下体系"；中国儒家复兴的领袖之一蒋庆则以其主张的"王道政治"为依据，设计了一个"三院制"代表体系，以取代西方的"两院制"模型。当代中国多数儒家学者倾向于认为，儒家的道德与政治教育、科举考试与咨询政治传统不仅能够，而且应当在今天中国发挥积极作用。儒家资源也已经进入了官方的政治话语之中。

在这个竞相重新阐发中国传统的知识环境里，汪晖占据了一个独特的位置。他对儒学的系统研究可以追溯到20世纪90年代初，这些研究只是《兴起》发表之后，才获得学界广泛认知。《兴起》更像是对知识地形的勘察，而非对特定传统主张的宣传。汪晖更关心从古至今范式转变的轨迹，而非对过去某种学说的推广。如果现代的范式被证明是有缺陷的，前资本主义的资源就有了一席之地。这个知识策略有双重效果：一方面，由于不以规范性的笔调来写作，汪晖的作品给读者留下的印象是，它并不提供一个形象鲜明的替代模式，另一方面，从长远来看，他的努力却可能具有更大的可持续性，因为它为更有效的建构清理了地基。

（一）《兴起》计划的兴起

这个庞大的思想计划起源于何处？汪晖生于1959年，在扬州师范学院与南京大学接受大学与硕士研究生教育，1985年进入中国社会科学院攻读文学博士，因其对鲁迅的高度原创性的解释而成名。他的博士论文《反抗绝望》描绘出一幅比人们通常熟知的更为复杂的鲁迅形象，这个鲁迅激烈攻击中国的黑暗传统，但又清楚地看到自己深陷在这个传统之中，甚至怀疑那些认为自己能对这一传统免疫的人；他否定过去世界的种种支配关系，但又看到，每个现代性方案都会形成和不断再生产出新的支配关系。然而他并没有被自己的绝望所压倒，而是与之进行悲剧性的斗争，并在这种永恒斗争中找到自己生命的意义。汪晖似乎正是从此汲取了知识建构和社会批评的灵感。如同鲁迅一样，他抛弃了基于线性时间观的过于简单的进步观念，并且质疑隐藏在诸如"发展"或"和谐"这些形形色色的口号与面具之后的支配关系。

在80年代，与汪晖同代的多数知识分子相信他们进入了一个新启蒙时代，其使命就是完成五四运动所没有完成的任务。根据李泽厚的一个广为流传的解读，五四运动的任务是两方面的：一是"启蒙"，反对封建主义；二是作为民族整体目标的"救亡"。但是在五四运动后不久，"救亡"就压倒了"启蒙"，因而使得"启蒙"的任务迟迟没有完成。在这样一个视野下，中国革命与社会主义实践的主要贡献也就在"救亡"上面，而与"启蒙"没有多少关系，其隐含的判断是，中国的社会主义实际上可能是封建主义的新形式。在80年代的语境中，新启蒙运动的方向显然就在于追随西方所设定的议程。① 从 80 年代汪晖发表的文章来看，他对这样的看法就已经有相当大程度的保留。但是他同样分享了同代人的情感。

在 20 世纪 80 年代末与 90 年代初，全世界目睹了冷战的终结。中国受到的冲击较小，但同样经历了一场震荡。在后续的反思中，许多人推断，正是五四运动生产出一种必然导致暴力冲突的"激进主义"。从这种眼光来看，20 世纪对于平等的追求被视为一种病灶，与个人自由形成对立。同时，从 1992 年开始，市场化进程在中国迅速突进，在话语层面，"市场化"与"现代化"被紧密绑定在一起。反思"激进主义"的思潮很快与这种"现代化"话语合流，产生一种玫瑰色的想象：私有财产和市场经济比 20 世纪的社会革命更有可能带来政治的现代化。

汪晖拒绝了上述方向。对他来说，将中国社会主义实践描绘为"封建专制"，不啻为时代错乱，将市场作为避免国家压迫的避难所更是浅薄至极。在他的眼中，中国革命仍然是当代社会的重要批判资源。但面对彻底否定革命的批评者，他不得不负起解释革命过程中的那些支配与压迫现象的责任。汪晖因而被迫进行更深入的反思，不仅仅是反思资本主义和新自由主义，同时也反思社会主义和资本主义所共享的一整套前提。其结果是"现代性问题"的凸显。"现代性"这个词在那个时代仍很少有人使用，但汪晖将其变成自己的标志性术语。②

① 金观涛在 2000 年发表了一本与汪晖的作品标题非常相似的著作《中国现代思想的起源》。两位作者对现代中国的科学主义问题都非常关心。然而金著的探讨范围要小得多，其目标是为了解释 20 世纪中国共产主义文化的根源，如同哈耶克，他将社会主义看作对科学的某种滥用，他的研究潜在地指向对科学作所谓"正确"运用的方式。对金观涛来说，西方的现代性模式，加上一点点反思，对中国来说就够用了。而汪晖的计划要更富雄心。

② 在 20 世纪 80 年代，"现代化"是学术界的常用词，但只有极少数文学学者使用"现代性"这个术语，主要将之作为"现代主义"的同义词，这种用法发生在弗雷德里克·杰姆逊于 1985 年在北京大学开设的研讨班之后。杰姆逊在介绍"现代性"时，将其作为"后现代性"的反面。但这种用法直到 90 年代才开始流行。

《兴起》的计划从 1991 年起开始孕育。正是前两年中国社会经历的震荡，迫使汪晖反思五四运动中包含的自我挫败的因素。众所周知，五四运动的两大口号是"德先生"（民主）和"赛先生"（科学）。汪晖必须深入研究这两个术语。他从科学开始——在当时的政治环境中，这是一个非常自然的选择。在汪晖看来，80 年末冲突的各方共享着对科学的毫无保留的信仰。在 90 年代，这种对科学的推崇被转用于支持市场化与私有化。

汪晖孕育《兴起》计划最早的那些探路之作发表在他主编的《学人》刊物上，在这些文章里，他集中考察五四运动时期关键思想家对科学的界定与使用。很快，他在美国加利福尼亚大学洛杉矶分校做博士后研究期间，汪晖被社会史所吸引，并从与历史学家本杰明·埃尔曼的交流中受益匪浅，这大大扩展了他的探索范围。之后，他又开始与"帝国/民族国家"二分进行斗争，他在柏林高等研究院参加了一个由帝国史学者构成的学术小组的长期讨论，从而深化了在这一主题上的认识。汪晖对这一简单二分不满，认为它无法解释中国历史，尤其是清朝的复杂性。

与"科学"问题相比，理解汪晖何以转向第二个问题要较为困难一些。也许在恰当的时候，他会亲自解释它们是如何在《兴起》中融为一体的。但显而易见的是，这两个层面之间存在着某种不平衡性，这种不平衡性在他的作品上打下了烙印。从"科学"而来的问题意识似乎占据了该书四分之三的篇幅；而源于"帝国/民族国家"的层次只是占据了第二卷，在第一卷中有所涉及，但在第三与第四卷中很少谈到。就写作的顺序来说，最后一卷《科学话语共同体》实际上是汪晖最早的研究成果，其中至少一半内容在 90 年代早期就已成型；第三卷《公理与反公理》中至少三章也是在 90 年代早期和中期完成的。第一卷《理与物》中的大部分内容在写作顺序上排在第三位，而第二卷《帝国与国家》的写作又晚于其他各卷。全书由一个一百多页的序言串起来，这是全书真正意义上的终曲。这个最晚诞生的序言在一定程度上抵消了全书在两个问题上存在的不均衡，比较集中地交代了汪晖对帝国与民族国家的反思。以上是对本书写作顺序的猜测性重构。但汪晖也经常同时写作或修改不同的部分。其结果是，如同地壳运动一样，该书的不同层次经常地发生碰撞和相互嵌入。这些运动的最终结果是一部雄心勃勃和错综复杂的作品，试图捕捉中国思想两千多年的发展轨迹。

（二）路径

这一事业所依据的方法论是什么呢？我们不妨从本书的标题"现代中国思想的兴起"开始。这三个关键词，"兴起""现代"与"中国"，都有着非常深刻的意涵。首先，"现代"意味着什么呢？汪晖是否将韦伯与哈贝马斯所持的"现代性"概念移植到中国历史研究之中？回答是否定的。当他讨论西方现代性的时候，他遵循着韦伯或哈贝马斯的用法。但是他在中国历史中探寻的"现代性"或"早期现代性"，却代表着一个开放的可能性，而不是一个已经结构化了的方案。我们对此唯一所知的是，"现代性"意味着新路径的出现，而不是对西方制造的任何现代性版本的简单复制。

在该书发表之后的一系列讨论中，汪晖也引入了"反复出现的早期现代性"（recurrent early modernity）这一用法。"早期现代性"的典型现象也许包括商品交换的发展、社会流动性和平等的增强、对历史断裂性的自觉，等等。这一概念当然是对黑格尔—马克思—韦伯笔下停滞的中华帝国图像的挑战。但是汪晖同样拒绝了另一类历史解释，即认为中国遵循着与西方类似的通向现代性的道路，或只是因略有偏离而错失其结果。对他来说，以宫崎市定和内藤湖南为代表的日本京都学派——声称在中国的宋朝发现与西方相似的"早期现代性"特征——犯了第一个错误；而那些遗憾中国在某些历史关口错失资本主义、民族国家或某种基于竞争的理性的人，则犯了第二个错误。流行的历史解释模式——"为什么中国没有产生 X，Y，Z"或者"中国曾经表现出了 X，Y，Z，但没有成功保存和发展它们"——应当被对中国历史的更细致的解读所取代，人们应当意识到，中国历史遵循着自己的逻辑，孕育着不同的可能性。

然而"现代"这个术语还有其他更具实质性的内涵吗？汪晖没有透露更多。他对"现代"一词的运用方法，可能是策略性的。如果他是对那些同情他的努力方向的读者发言，他也许完全可以抛弃这个术语。但在这个西方主导的话语世界中，种种言说方式都很容易陷入"现代 / 传统"这个二分法之中：凡是不标榜"现代"的，必然是"传统"的，因此就可以遭到合理的忽略。由于汪晖试图同时在国内和国际上获得读者，这样一种非同寻常的对"现代"的用法，或许可以帮助他打开某些话语空间。

第二，"兴起"意味着什么？如果"现代"是一个缺乏结构性内涵的"漂浮的能指"，"兴起"也并不与一个特定的历史时刻相对应。在汪晖看来，在历史的每个时刻，一旦出现新的可能性，那就存在着某种"兴起"——这意味着一种革新的意愿，一种将新事物带入现实的意愿。[①]"兴起"是时势与人的能动作用（human agency）两种力量带来的结果。时势的变异使得已确定的看法和实践变得过时，人的能动作用则将新的观点与实践带入现实。因此，"兴起"

---

① 汪晖从未在《兴起》中公开地解释这个概念，因而其著作的标题也被许多人错误地理解为一种单一的数量积累意义上的上升，正如"兴起"的日常语义表明的那样。直到《兴起》出版之后，汪晖才在若干场合澄清该词的用法。可参见他为《兴起》2007 年新版所作的序言：《去政治化的政治》（北京：北京大学出版社 2008 年版，第 466 页）。以及一家德国报纸对他的访谈"Mit Konfuzius in die Zukunft"（*Die Zeit*，June 12，2009）。

应当被理解为"生生不息"意义上的"生生"。①甚至是在晚清和民国时期，当知识分子似乎以一种非常意志论的方式来传播西方观念时，仍然存在着一种正在"兴起"的另类的本土的现代性。这些对西方现代性的抵抗最终失败了。但是即便是流产的抵抗，这些插曲也都为下一次"兴起"准备了资源条件。汪晖的努力就是重访那些场景，打捞收集这些资源，以为未来所用。显然，这样一个"兴起"的观念是与线性时间观的决裂。

第三，"中国"，意味着什么？汪晖在《兴起》中提出的核心问题之一就是：何谓"中国"？冷战终结之时，中国并未和苏东阵营一样崩溃，而是迅速恢复活力，这不仅令许多西方人，也让中国知识分子自己感到惊讶，这一现象挑战了这一时期的惯常看法，更不用说90年代流行的新自由主义观念了。正是为了理解这种活力的历史根源，汪晖才深入探索，并获得了一个不同凡响的答案。对他来说，中国在不同的历史时期经历了非常深刻的演变，"中国"概念的外延和内涵也一直处于变化之中。他认为将"帝国／国家"二分用到中国分析上来必将遭遇困境，而他的努力是追溯中国演变的历史机制。唯一的方法是去研究具体的历史时刻。所谓"中国思想"，总是活生生的知识创造实践，孕育于一定时势之中，并对时势做出回应。

在这个巨大的标题之下，汪晖著作的重点落到中国思想在漫长历史中的活力与创造力上。它的目标是在当代世界接续这种能量。在一个丧失想象"另一种可能性"的后革命社会里，汪晖试图用历史来激发想象。他对线性时间观的抛弃源于他的一个判断，即这一观念已经成为当代"去政治化"社会的压迫机器的一部分，将人们

---

① 语出《易经·系辞上传》："富有之谓大业，日新之谓盛德。生生之谓易，成象之谓乾，效法之谓坤。"（《周易译注》，北京：中华书局2013年版，第248页）

与他们过去的动力机制疏离开来，剥夺他们想象另一种可能性的必要资源。他对儒学的同情，也许会给一些人留下一种文化保守主义的印象。然而，这种同情更多是在方法论层面，而非在实质思想层面的——他个人的情感认同仍然更接近 20 世纪的革命。

综上，《兴起》的事业是基础性的——为在当代世界进行创造性思考准备必要的知识资源和政治刺激。

二、内 中 一 瞥

从程序上说，汪晖的探索方式更接近于福柯，而非威廉姆斯或拉夫乔伊（Lovejoy）。因为他用以组织全书的重点并非关键词（如同《文化与社会》一样），或者是"单元观念"（unit ideas）（如同《存在的巨链》（*The Great Chain of Being*）那样），而是与《词与物》中的"知识型"（epistemes）更为接近的思想框架，是一个又一个思想的星座（constellations），在其中不同的关键理念或概念占据着特定的位置。汪晖精心挑选出了三个这样的框架。从周朝流传下来的是"礼乐论"，它在一个分封制的背景之下，要求政治统治通过"礼乐"来展开，而"礼乐"是一个有机和稳定的道德秩序的组织性原则，是那些具有直接道德目的的制度的名称，包括了封地、朝贡、田制、学制等等。由于道德本来就内在于这些制度，其结果是，外在秩序的准则就可以直接作为道德评判的标准。在礼乐论的视野中，经学——对一系列儒学经典的仔细研究——成为知识的主干。在《兴起》中，"礼乐论"构成第一卷的前史，而这一卷的主要内容是探讨礼乐论如何崩溃，以及出现了何种替代物。

在秦、汉、唐三朝，封建时代的有机生活被中央集权统治削弱，郡县制成为最基本的统治制度。政治权威越来越多地依赖于一系列功能性的、但缺乏内在道德意义的制度。在这种情况之下，"礼乐"和"制度"之间出现分野，事物的秩序不再与价值的秩序直接对应。汪晖从孔子自己对传统秩序衰落的回应开始，回顾了汉儒（尤其是董仲舒）修补从封建时代流传下来的道德理想与非封建的现实之间的断裂的努力。汉儒诉诸"天人感应"，赋予一系列自然现象以政治意义。这一具有某种神秘主义色彩的路径既能被用来对非封建的当代世界秩序进行正当化，也能在一定程度上限制皇帝远远超过周天子的权力，其方法是要求皇帝尊敬上天的征兆，而对这些征兆的解释又与其臣民的福利联系在一起。但在唐朝，这样一种解决方案却衰落了。① 当柳宗元试图捍卫郡县制时候，他只能诉诸"时势"，但这其实是一种比较弱的辩护，缺乏强有力的道德基础。这种理论的贫困正是新知识型出现的知识背景。

宋朝无疑是一个基于郡县制与官僚制而非分封体制的王朝，士大夫们为回应现实与道德实质之断裂的回应，提出了在西方被称为"新儒家"（Neo-Confucian）的理论体系。为了回归儒家理想中的有机道德秩序，这些思想家诉诸"天理"，作为最终的价值判断标准。"天理"既是普遍的，也内在于事物的秩序与运动之中。但为了确定事物存在的目的，以使之回归到恰当的秩序之中，有必要对它们进行研究，这被称为"格物"。因此，如何"格物"，就成了"天理世界观"内部争论的焦点，而学问的重点也从经学转向了具有本体论－宇宙论色彩的新路径。

---

① 汪晖在这部分的分析是清晰和令人信服的。但他并没有探讨汉儒的"天人感应"进路和谶纬实践何以在唐朝丧失影响力。他对此问题的进一步讨论，参见汪晖："汉唐混合制度及其道德理想"，《师大法学》，2018 年第 2 辑，总第 4 辑，北京：法律出版社 2019 年版。

（一）反思京都学派

汪晖对宋朝新儒学的解释从批评日本京都学派历史学家们的"唐宋转型"论述开始。根据京都学派历史学家的解释，宋朝出现了民族国家、商品经济和一个摆脱固定等级秩序的社会，标志着东洋"近世"的诞生。在京都学派看来，新儒学是一个世俗化社会的意识形态。汪晖则认为，这种叙事内部包含着一种目的论，实际上是将欧洲的发展轨迹投射到中国研究上，其结果是，京都学派将新儒学理解为一种进步主义的意识形态，但这恰恰没有抓住中国历史的内在演变逻辑。实际上，宋朝新儒家们对日本历史学家们所赞许的"现代"现象往往持批判而非接受的态度。他们赞美的并不是"进步"，而是遥远的"三代"。但五四以降的许多学者认为新儒学是一种反动和压迫性的观念，这一批判并不完全恰当。事实上，儒学扮演着统治者和被统治者共享的一种话语的角色。统治者试图利用它来对现状进行正当化，而被统治者则试图将许多当下的问题政治化。用一个现代例子来类比：资产阶级和无产阶级都曾用"民主"这种话语来促进他们自己的利益，前者希望将"民主"程序化、精英化，而后者则更强调其实质追求。将"民主"话语截然视为一种"虚假意识"是武断的，应当研究的是谁在使用它、如何使用它。

新儒家通过诉诸一个遥远的时代来填补当代世界的道德赤字。借助滕尼斯（Ferdinand Tönnies）的术语来说，新儒家试图在一个向"法理社会"（Gesellschaft）运动的世界里保存"共同体"或"礼俗社会"（Gemeinschaft）的生活。但直接回到远古的黄金时代又不可能，宋儒被迫将道德理想与"三代"的具体政治社会设置区分开来，使用前者而非后者来作为政治与道德评判的标准。正如汪晖所看到的那样，在"礼乐"与"制度"之间的分野，和现代个人主义文化中"价值"与"事实"、"应当"与"是"之间的分离，具有一定的对应关系。虽然宋儒们认为这种区分是病态的，他们仍被迫承认，在事实与价值之间的传统和谐已经崩溃，他们必须将这种张力作为起点，并试图去克服它。正是在这种背景下，"理"，这个在汉代经学体系中并不是很重要的概念，获得了显著的地位。

宋儒，尤其是集大成者朱熹，在填补唐朝的知识缺陷的过程中，建立起一个宏大的理学体系。这一努力具有强烈的批判性内涵。通过将"天理"树立为评判标准，将三代作为其典范，宋儒能够对一系列制度提出改革的建议，如田制、兵制、学校制度、科举制度和地方政府。然而，一旦改革的成果被制度化和官僚化，理学也就丧失掉其批判的动力，不再强调天理与现有秩序之间的张力，其"格物"的主张也存在坠入研究外部世界中的细枝末节的危险。正是在这个环境里，明朝产生了新儒学的第二波——尽管其理论先驱已在宋朝存在。王阳明继承了理学的理论结构，但修正了它的一些关键概念，从而发展完善了陆九渊的"心学"。在阳明的体系里，"物"不再是与"心"分离的外在世界冷冰冰的客观事物，相反，"物"乃心中之物，因而"格物"也不再是对客观现实的冷静研究，而是"格其心之物也，格其意之物也，格其知之物也"，"格物"与"格心"乃成一体。

王阳明这一带有某种"主观主义"色彩的转向将新儒家从对外物的崇拜中解放出来，使之重获批判性动力。但对他来说，自我深深嵌在社会之中，只有通过道德实践才能领会天理。他的某些追随者却对他的教导进行了激进化的处理。比如李贽用阳明的"良心"概念来对外在世界的礼乐制度进行整体性的批判。[①] 虽然沟口雄三

---

① "夫天生一人，自有一人之用，不待取给于孔子而后足也。若必待取足于孔子，则千古以前无孔子，终不得为人乎？"；"于是有德礼以格其心，有政刑以繁其四体，而人始大失所矣。"（李贽：《答耿中丞》，《焚书》，北京：中华书局2009年版，第16—17页）

（Mizoguchi Yuzo）认为李贽仍可以被认为是新儒家内部的思想家，汪晖则认为其表现出逾越新儒家界限的强烈倾向。李贽对静态社会伦理的批判态度，是一个具有高度流动性的社会的产物，有可能导向一种新的学问形式：将社会与经济作为基于情感与欲望的对象来进行研究。汪晖称之为"王学左派"。

明朝的覆灭也带来了心学的衰落，这很大程度上是因为政治世界基础的动摇提醒学者们极端主观主义的危险所在。诉诸"良心"产生的是可靠的知识，还是变化无常的意见？在明末清初阶段，黄宗羲和顾炎武更重视制度研究。黄宗羲将儒家的"三代"传说发展成为系统的理想政治与法律制度体系，并运用这个制度范式（而非抽象的天理或良心观念），作为社会－道德的评判基础。在清兵入关的背景下，顾炎武在"亡国"与"亡天下"之间做出区分，号召中国士大夫们将"天下"的保存作为首要的任务。这不仅出于顾炎武对满族统治者的敌意。保存"天下"的主张也存在着某种学理意涵，它指向某种制度范式，以及对演变中的礼乐共同体的细致的历史研究。如果说黄宗羲将他的理想投射到"三代"，顾炎武的进路则更为情境化，强调最佳制度范式的内在精神可以在不同的历史情境中采取不同的形式。在崇敬先秦封建社会有机道德生活的同时，顾炎武也认可当下郡县制的价值，并呼吁在郡县制之下部分地恢复封建制精神，即所谓"寓封建于郡县"。这些思想家，以及稍晚时的颜元，都促进了经学研究的复兴，但他们的经学研究倡导对古典文献与制度的历史探讨，这在当时带来了新的学风。

从 20 世纪早期以来，许多学者都将这一"经学转向"的原因归结为清朝统治者的专制压迫，毕竟咬文嚼字比哲学思辨在政治上更为安全一些。汪晖在这一问题上同意余英时的观点，认为清代学术的主要倾向已经在晚明成型。实际上，清朝统治者还借用了晚明思想家对极端主观主义的批判，同时参考了他们所提出的改革方案，以服务于自身利益。因此，虽然许多清代早期的学者在政治上反对新政权，他们的理论视野与他们的统治者却不无共通之处。当然，政治压迫也并非无足轻重。在更严格的审查制度下，经学发展为高度专业化、去政治化的文字学研究，偏离了原初的通过经典文字考据探究理想制度范式的本意。

汉学对宋学的取代引发了一些反思。在清代中期的学者中，汪晖尤其集中处理了戴震与章学诚，二人都很难归入当时的主流。戴震是现代学者很感兴趣的人物，他批判宋代的"理"的观念过于抽象，以至于陷入主观意见的范畴。宋明儒家将"理"与"欲"相对立，而戴震却认为，确切意义上的"理"并不与"欲"截然对立，而是内在于"欲"，而"欲"则有某种自然性与必要性。戴震著名的"以理杀人"在20世纪革命中被作为反抗封建专制的重要口号。汪晖将这一说法还原到历史语境中去，认为戴震的直接批评对象并不是他所在时代的整体政治社会秩序，而是那些被宗族控制、滥用家法的地方共同体，因而与后世解释相反，戴震这一批判恰恰响应了清廷收紧对地方宗族共同体控制的倾向。在批评宋学过于抽象的同时，戴震也对他那个时代去政治化的经学研究非常不满，并希望通过部分借鉴宋学来重申经学研究的道德－政治目的，这也引发了一些更为正统的经学学者的抨击。

在下一代学者中，章学诚意识到了戴震"两线作战"的困境。章继承了戴震对当代汉学与宋学的不满，但他采取的是一条非常激进和新颖的进路。对他来说，无论是汉学还是宋学，都在一定程度上忽略了镶嵌在具体制度结构中的活生生的实践。古代的经典应当被理解为那些曾经是活生生的实践的痕迹，用他的广为人知的话说，"六经皆史"。这一努力，既是要将宋学拯救出主观主义，也是试图将汉学拯救出病态的客观主义。对汪晖来说，戴震和章学诚都试图在一个"去政治化"的政治环境中重新激发儒家思想的活力。

（二）清代儒学

《兴起》的第二卷《帝国与国家》覆盖从清代早期到晚期的思想发展历程。其基本主题是今文经学对清朝持续演变的皇权结构的调适反应。自汉代以来，儒学经典就存在版本之别，其根源是因为秦朝焚烧儒学经典，一些学者用汉代文字写下了自己背诵下来的经典内容。然而不久，以先秦文字写就的经典一部接一部被重新发现。用汉代文字写下来的经典被称为"今文"，而重新发现的用先秦文字写就的经典被称为"古文"。争议的焦点是何者更为真实。古文经学通常更加强调文字上的精确，以及经典中所包含的文化－政治传统的历史演变。而今文经学，尤其是公羊学派，将孔子作为一位伟大的立法者，并试图在经典中寻找其隐秘的意图。在西汉，公羊学派学者尤其是董仲舒，为汉武帝的统一帝国的巩固提供了许多新的思想。

类似地，虽然古文经学在清代早期与中期更为盛行，今文经学在清朝统治的巩固过程中起到了显著的作用。清廷统治了一系列语言与文化差异很大的族群，因而采取了高度灵活的、因族群而异的统治方式。这种统治方式混合了封建制和郡县制，其朝贡制度甚至灵活到能够容忍与沙皇俄国的平等条约。

对汪晖来说，这种制度多元主义使得"帝国／民族国家"二分变得无效。正是在这里，清朝中期的今文家们通过将"夷／夏""内／外"相对化，弱化族群血统差别的重要性，促进了清朝政治秩序的巩固。在这个过程中，今文经学对"中国"进行了重新定义，将其界定为一个至大无外的共同体，其核心并不是特定疆域或族群，而是一套礼仪实践。汪晖借助庄存与、刘逢禄两位清朝官员的学术作品和书信来演示这个过程。两位官员都出身于汉人家庭，对清朝的制度多元主义实践非常熟悉。在汪晖看来，他们对今文经学的运用，不仅为一个少数民族建立的王朝提供正当性资源，也具有某种批判性意涵：一个礼乐中国的理想需要一定的族群平等，而这与清廷的某些民族压迫实践存在着张力。

汪晖注意到，历史上少数民族建立的中原王朝多次利用今文经学来论证自己是合法的中国统治者，比如说，在女真人建立的金朝和蒙古人建立的元朝，这一现象都曾出现。这两个王朝都淡化血统差异，将礼仪实践作为王朝正当性的基础。因而，清朝统治者对于今文经学的利用并不是一个完全新颖的现象。然而，清朝统治的独特性在于他们成功地实现了"通三统"：首先是他们自己的建州女真传统，其次是元朝的传统，最后是明朝的正统。而"通三统"是今文经学中的核心信条之一。汪晖梳理了不同王朝对今文经学的运用，这是一个具有新议程设置意义的学术贡献。

如果说庄存与和刘逢禄的今文经学主要用于思考满汉关系的话，在下一代学者中，龚自珍与魏源则转向了思考清朝统治与其国际环境的关系。此时，中国已经遭遇到了沙皇俄国与欧洲殖民扩张势力的压力。"至大无外"的秩序观念已经很难持续下去，面对新的挑战，学者们不得不与时俱进。曾被用来描述王朝内部不同族群之间关系的"夷 / 夏""内 / 外"现在被用以描述清朝与其他帝国或国家的关系。在过去非常灵活的"夷 / 夏""内 / 外"区分，逐渐被带入现代民族主义的逻辑。同时，清朝边疆的危机促使他们向清廷提议加强内部整合，尤其是加强族群的同质性。今文经学一步一步地与主权国家体系、民族主义与国际公法发生关联。许多后世的儒家学者——部分受到美国传教士丁韪良（William Alexander Parsons Martin）探讨中国古代国际公法的著作的影响——开始重新解释古代的经典，促使非常灵活的传统朝贡体系转向一个更为同质化、更为严密的主权国家秩序。

（三）"公理"的思考者

在 19 世纪晚期，中国与西方之间的冲突并不仅仅是一种军事或政治冲突，也是两种世界图景的冲突。清王朝对"至大无外"政治秩序的想象被打破之后，晚清士大夫将今文经学的方向调整为服务于建设民族国家。然而同时，他们也不能接受这样一个结论：儒学已经丧失其普遍性，而彻底沦为一种地方性知识。对汪晖来说，晚清的改革思想家康有为是最后一个集中体现这种二重性的经学家。康有为对儒家经典进行了非常大胆的解释，尤其是在战国时代与当今世界之间作了类比，以服务于朝向民族国家建设的改革。他提议将儒教变成一种"国教"，以便给组织松散的大清带来一种共通的文化认同；同时，引进立宪君主制。康有为又基于儒家公羊学的历史观，区分"据乱世""升平世""太平世"，最后描述出一幅世界治理的"大同"图景。不管这种努力在欧洲列强主导的世界中是多么徒劳，对汪晖来说，康有为的"儒家普遍主义"始终具有强烈的批判价值。

《兴起》的第三卷集中探讨了清末所出现的三种重构世界与中国的理论主张，分别由严复、梁启超、章太炎提供。在他们的作品中浮现出"公理世界观"。与康有为不同，这些思想家并非在今文经学或古文经学内部进行工作。他们都试图结合传统资源（未必是儒家资源）与西方的影响，以回应他们所遇到的问题。对严复来说，这些资源包括宋代的理学、易学与西方的实证主义；对梁启超来说，是王阳明的心学、今文经学和德国观念论；对章太炎来说，是道家与唯识论。

一种共同的新的原则——"公理"——作为传统"天理"的替代物，出现在他们的视野中，只不过严复和梁启超赞同它，而章太炎反对它而已。公理的星座（constellation）出现在一个现代科学逐渐建立起自身霸权的世界中。它从三个方面带来了与过去的断裂：首先，未来，而非过去，成为道德与政治实现的终端；其次，时间被视为一种线性的、持续前进的绵延，而根据天理，时间却被想象为断裂或循环的，环境的变化也带来时势的变化。第三，公理世界观基于原子论的"事实"，伦理与政治都要根据这些"事实"进行重组，其在事实与价值之间的区分，但这恰恰是天理世界观努力要去避免的。但虽然两个星座在这三个方面存在如此大的差异，仍然存在某种路径上的连续性。因为它们都共享一个信念："理"是普遍的原则，覆盖生活的方方面面。可以说，"天理世界观"中包含的某种整体主义，为"公理世界观"的整体主义作了准备。

在晚清，严复因翻译亚当·斯密、托马斯·赫胥黎和约翰·斯图亚特·穆勒而著名。对汪晖来说，严复最大的贡献在于将对世界和宇宙的实证主义认知视角介绍到中国，并将这种视角带入社会学之中。严复从《易经》和宋学知识背景出发，对宇宙持一元论理解。因此，他不同意赫胥黎认为人类社会并不遵循与自然界一样的演化规律的观点。但他也不同意斯宾塞认为演化是单线的观点。但是他对《易经》的浸淫，提供了调和这两位思想家的资源。对严复来说，进化的规律，正如《易经》中的变易之道那样，普遍运行于自然界和人类社会。进化的自然进程和《易经》中自然的循环运动都不是非道德的。恰恰相反，宇宙的进化潜在地指向"公"的道德理想，而非"私"。这种宇宙观又进一步在他的以"群"为核心的社会学中得到反映。他将社会视为一个建立于劳动分工、学科分化和追求国家富强的集体欲望之上的人造物。这可以被视为对基于血缘和家庭关系的传统中国社会的严厉批判。与这个社会视野相应，严复设计了一个基于"群学"/社会学之上的新知识秩序。

本杰明·史华兹（Benjamin Schwartz）认为严复误解了西方思想的许多关键特征，而且严复的翻译对于中国人对西方的普遍误解负有责任，比如说，严复过于片面地强调了西方的集体权力，从而弱化了在类似穆勒这样的思想家的著作中个体性作为一种基本价值的重要性。① 这个观点在学界有很大影响力。汪晖注意到同样的现象，但并不将此视为严复的弱点。因为在晚清，对中国来说最紧迫的问题并不是国家和社会之间的关系，而是中国是否能在与西方的竞争中生存下来。在外来压力之下，中国的国家和社会同时需要重构，严复对西方思想的接受，正是要服务于这个目的。严复看似显而易见的"误解"事出有因，恰恰表明他看到了西方思想家自己没有理解或已遗忘的东西。

如果说严复的世界观是一元论的，梁启超认识到了自然科学与道德世界之间的差异，但又试图去调和它们。梁启超多变的知识生涯具有何种内在一贯性，一直是近代中国思想史家们聚讼不已的问题。在一个与史华兹对严复的解释同样有名的研究中，列文森（Levenson）认为梁启超对于自身文化传统的情感认同是维系其变化无常的观点和身段的唯一力量。② 汪晖表示强烈异议，他认为梁启超的著作中存在某种方法论上的一致性：终其一生，梁启超都试图在科学和宗教－道德之间保持某种平衡。一方面，科学使得区分宗教与迷信、公共理性和私人观点成为可能；另一方面，科学并不能取消自由意志，对它的使用也应当受到道德目的的指引。

在其作为康有为追随者的早期知识生涯（1896—1901）中，梁启超主要是在康有为的"三世说"（据乱世、升平世、太平世）框架中进行写作。梁仍然以"三代"作为立论的模范，同时以此为理论根据，设计了一系列基于"群"与"公"精神的改革。在其中期

① See Benjamin Schwartz, *In Search of Wealth and Power*: *Yen Fu and the West*, Cambridge: Harvard University Press, 1964.

② See Joseph Levenson, *Liang Ch'i-ch'ao and the Mind of Modern China*, Cambridge: Harvard University Press, 1953.

阶段（1902—1917），梁抛开了"三世说"，越来越多地采用西方术语来进行写作。他注意到西方经验主义与理念论之间的差异，但试图用中国思想来比附，如用朱熹来理解培根，用孟子来理解笛卡尔，而综合前述两种方向的康德的中国对应者则是王阳明。康德在纯粹理性和实践理性之间所作出的区分帮助梁深入思考科学与宗教－道德之间的关系。在这个阶段，梁启超将人类社会的演化视为向更高道德层次的运动，在此过程中需要控制自然本能。包含有社会性的"群"的观念，仍然是他的作品的核心，包括他的"新民"学说在内。在其最后阶段（1918—1929），梁启超看似回到了一种文化保守主义立场。他现在清晰地看到客观与主观、科学与自由意志之间冲突的可能性，并在儒学中寻求解决这种冲突的路径。在这一阶段，他推崇的西方哲学家是詹姆士，后者用实用主义来协调一系列对立。梁的现代理想与严复的社会学方案有很大不同，在汪晖看来，梁启超的终极理想是和谐的人类世界，与"三代"的礼乐视野已非常接近。

章太炎——本卷思想"三部曲"最后一部的主人公，是这些思想家中最离经叛道的。他也是"公理与反公理"这一标题后半部分的灵感来源，因为章太炎坚决地批判类似"群"与"公理"这样的观念。他从古文经学、日本人翻译的康德与叔本华、佛教唯识论与庄子的道家思想中汲取资源，并对其进行了一个激进的综合。对章太炎来说，个体降生到这个世界之中，并没有任何先定的目的。任何目的论和决定论，都与个体的自主性无法兼容。而像"进化""自然"这样的观念并不与现实中的实体相对应，而只不过是人的思维所产生的名相，很容易被滥用来追求私利。章太炎实际上攻击了他那个时代各种主流的改革方案：代议制政治体制、商会、学会、政党、士绅－村庄共同体。对他来说，所有这些组织和制度都是具有潜在的压迫性。

但是章太炎的视野并不是西方自由主义或个人主义的中国翻版。个体比集体更为真实，但即便是它，也不能被认为是真正的实体。汪晖指出章太炎在这点上得益于佛教唯识论：从"阿赖耶识"[①]来看，世界上所有的事物，包括个人，都不具有独立的存在。章太炎也得益于庄子的"齐物论"，认为需要超越"名"对"物"的差异性的人为夷平，将差异的"物"视为平等的前提。以这种方式，章太炎超越了现代世界的人类中心主义。他的观点与严复、梁启超存在激烈冲突，但他通过对"公理"的否定，丰富了"公理"的观念星座。

（四）赛先生

《兴起》的第四卷追溯从晚清到民国"科学话语共同体"的诞生。其覆盖范围上至 1902 年新学制在晚清的设立，中间包括从 1917 年以来与"天理世界观"具有某种家族类似的科学话语的发展；从 1915 年开始的关于东西方文化的辩论；下至 20 年代早期的科学与玄学之争。[②] 对汪晖来说，五四运动时期（1917—1923）标志着"公理世界观"的高潮，以陈独秀、胡适与吴稚晖为代表的思想家试图在生活的每个领域——包括政治与道德在内——都建立起科学的权威。陈独秀拥抱实证主义和唯物主义，胡适倡导实用主义和人文主义，吴稚晖主张在日常生活中实践科学。汪晖的分析重点落在他们思想与过去的连续性而非断裂上。作为对"天理世界观"的批判者，他们继承了"天理世界观"的整体主义冲动以及其他一些内容。陈独秀的科学概念一开始看起来像是宋儒的"格物致知"；

---

① "阿赖耶识"为唯识论中"八识心王"所说的第八识，是本性与妄心的和合体，一切善恶种子寄托的所在。唯识论主张一切万有皆缘起于阿赖耶识。

② 东西文化之争的主将是梁漱溟（1893—1988）；科学与玄学之争的主将是张君劢（1887—1968）与丁文江（1887—1936）。

胡适则试图从新儒家手中抢救知识论遗产，他诉诸心学来强化知识论，并从顾炎武、颜元和戴震等清代的理学批判者那里汲取了许多资源；吴稚晖则强烈攻击新儒家，但是他的新世界观却与旧世界观存在某种同构性。

至 20 年代晚期，通过一系列运动和辩论，"公理世界观"分化为不同的相对自主的领域，每个领域都有自己的有效性标准。汪晖引用了哈贝马斯提出的"沟通行为"的三个领域（认知—工具的、道德—实践的与审美—表达的）的分离构成文化现代性基本条件的论述，指出我们不应从字面上来看这些辩论，好像真的就是科学与道德、科学与宗教、科学与审美之间的辩论，而是要将这些辩论看作迈向诸领域分离的当代境况的步骤。中国与西方的演化轨迹的不同在于，在西方，宗教和形而上学分解为三个相对自主的领域，而在中国，"公理"则是产生这种分化的母体。

在回顾《兴起》全书观点时，汪晖对现代中国思想史上的科学主义主题进行了总结性的反思。他批评了新自由主义思想家（尤其是哈耶克）在"科学"与"科学主义"之间做出的区分。在哈耶克看来，如果"科学"越出了自己的合法边界，就变成了"科学主义"，而这正是相信自己能够对经济与社会进行科学计划的社会主义的致命的错误。哈耶克反对社会主义，倡导对不能被计划的市场经济"自生自发秩序"的尊敬，认为这才是真正的科学精神的体现。在 20 世纪 90 年代，这一命题在中国得到了很多人的赞同。但在汪晖看来，这一分析对理解中国自从晚清以来的社会转型并没有多大帮助。哈耶克的区分预设科学主义运动与科学共同体之间并没有多大关系，而后者又和更广阔的社会与政治实践没有多大关系。但这些都是错误的假设。《兴起》的叙事表明，知识话语共同体在重塑整个社会的政治与社会关系上发挥了关键性作用。因而在"科学"与"科学主义"之间做出的区分是肤浅的。新自由主义缺乏知识社会学，因而不能阐明社会主义在中国兴起的真正动力机制，而只是将其解释为一种错误知识论的结果。汪晖借用了布罗代尔和波兰尼对资本主义发展的叙事，将新自由主义重视的一系列二元对立，如国家／社会，市场／计划，自然／文化，均置于历史检验之下，认为他们并没有推进对资本主义与现代世界的社会动力学的研究，反而带来更多困惑。

在汪晖的计划中，对新自由主义的这种批判究竟有何重要性，以至于要将其放在最后？答案是显而易见的：如果哈耶克是对的，汪晖的全部事业就是徒劳无益的，因为无论是"天理"还是"公理"，都是整体主义的世界观，在哈耶克看来都近乎"通向奴役之路"。这并不意味着《兴起》是对哈耶克的专门回应，因为哈耶克不过是汪晖想要回应的诸多理论对手之一。同时，2008 年金融危机之后新自由主义在全世界范围内的退潮也并不就此削弱汪晖事业的当代针对性。汪晖以号召细致研究社会主义与资本主义共同体现的现代性的内在动力机制结束其巨著：

> ……我们就不得不认真地思考以民族－国家体系为基本政治形式的资本主义与社会主义共有的历史前提：对进步的信念，对现代化的承诺，民族主义的历史使命，以及自由平等的大同远景，特别是将自身的奋斗和存在的意义与向未来远景过渡的这一当代时刻相联系的现代性的态度，等等。正是对这些问题的思考把我们带入现代思想得以发生的各种历史条件和久远的历史过程之中，因为现代性充满豪情甚至傲慢地加以拒绝的历史本身蕴含着克服现代性危机的可能性与启示。[1]

---

[1] 汪晖：《现代中国思想的兴起·下·第 2 部：科学话语共同体》，北京：生活·读书·新知三联书店 2004 年版，第 1492 页。

三、批判性反思

综上,《兴起》在自清末民初以来的中国思想史上足以占据一个独特的位置。然而这部作品的知识雄心之宏大,所涉及的学术文献之庞杂,也导致了迄今为止仍缺乏批判性的讨论。考虑到这本书的覆盖范围,这并不完全令人惊异:欲深入其中,对任何读者来说需要很高的知识要求。但在此我们仍然能够进行若干尝试性反思。在这样一种类型的作品中,某些失衡现象可能是不可避免的,一些批评已经涉及这些失衡。这部书的一些局限或遗漏,下文将一一指出。

与其对宋代理学的处理相比,汪晖对明朝心学及其知识继承者的处理看起来显得有点仓促。他只花了大约三十页来处理王阳明与其追随者,而这与心学在新儒学历史上的重要性似乎不成比例。尤其是,汪晖急于证明心学仍然处于理学的概念框架之中,在这一证明上花了很大篇幅,导致其对这一学派思想的语境化处理不够。当他细致讨论宋儒的改革方案时,他对明朝思想的讨论较少对政治背景的交代,这就将心学化减为知识链条上的一个环节,而这对他自己的重新发现另类现代性的中国资源的目标来说是一种损失。有一位重要的人物也未在汪晖的叙事中出现——王夫之,这位生活在明末清初的儒家学者对晚清的反清思潮产生了重要影响。但汪晖只在两处匆匆提到他的名字,并没有展开他的思想。[①]这些缺陷的产生,也许在一定程度上跟这一研究领域中的文献条件有关:关于宋代理

---

① 汪晖对王夫之的忽略可能有若干理由。抗清失败后,王夫之成为隐士,在其所生活的时代寂寂无名,对晚清之前的儒学发展也缺乏影响,直到他在晚清被重新发现,并被转化为反满革命的理论资源之一。此外,在知识论上,他在很大程度上仍处于理学的传统视野之中,并不像黄宗羲或顾炎武那样刻意求新。

学的兴起，已经有非常集中的原创性的研究文献可资借鉴，但对于宋之后的思想学派的新陈代谢，研究文献呈现出了更为纷繁复杂的线索和观点。

《兴起》历史叙事中的另一个不平衡是，汪晖强调了今文经学对于现代中国诞生的重要性，但对古文经学在这一时期的政治意义尚缺乏同等力度的阐发。章太炎可以说是晚清最重要的古文经学的代表，他利用古文经学来服务于自己的反满民族主义，与康有为基于今文经学的保皇立场形成对立。但在讨论章太炎的一章里，汪晖并没有提到章太炎的古文经学背景，在讨论康有为的一章里，汪晖也没有讨论康与章之间的辩论，这给读者留下的一个印象是，古文经学在清朝中期达到高潮，但在晚清丧失了其政治重要性。

这一不平衡有何种意涵？我认为这只是体现了《兴起》历史叙事的局限，而不是汪晖研究的弱点。汪晖对晚清的今古文辩论探究甚详，只是《兴起》的写作方式限制了其思想表达。《兴起》最初只是一系列相关主题研究的集合，存在某些内在的线索关联。其诸多章节已经或本可以作为独立的文章发表。它们被整合到一本著作中，但整合的规则却又各不相同。如果该书第一卷基本上遵循着时间轨迹，第二卷从清代早期一直讲到康有为，基本上也遵循时间顺序，第三卷则是在一个平面上覆盖三位晚清思想家，探讨中国本土出产的三个现代性方案。从逻辑上说，康有为也可以被划归这一部分。他被归入第二卷而非第三卷，是因为他就帝国/国家问题多有著述，因而有助于巩固第二卷的论点。最后，第四卷的结构是复合性的，将思想运动、辩论与对其参与者的专门研究结合在一起。这一安排的结果是，晚清传统派和西化派、儒家和非儒家各个学派之间丰富而激烈的辩论，在汪晖的篇章结构安排中所获得的处理，与其实际重要性相比，仍然不成比例。

另一个问题牵涉到汪晖作品中两条线索——"科学"与"帝国/

民族国家"关系。第二条线索叠加在第一条线索之上，使得汪晖的计划变得更为复杂，也引发了两条线索之间的形式与实质整合问题。汪晖的长篇序言解释了两条线索之间的关系：第二条线索应该被视为第一条线索的历史具体化。因为天理与公理这样的观念并不仅仅涉及知识的基础，也是道德—政治权威与认同的基础。而以"中国"概念为核心组织起来的对这种权威和认同的讨论，是汪晖对前后相继的知识型的探讨中不可或缺的部分，而要探讨"中国"，就必须将"帝国／民族国家"这个概念框架带出来。更具体地说，从整体主义的冲动出发，儒学倾向于将认知、道德实践与政治统治纳入一个框架中去。其知识论总是具有道德与政治意涵，因而道德与政治实践的变迁，往往也呼唤着知识论上的改变。甚至在儒学衰落之后，这种整体主义的冲动仍在晚清的改革时期存续下去，继续将知识、道德与政治凝聚为一体，直到在 20 世纪，诸领域的分离成为一种坚硬的现实。汪晖这一解释颇有说服力。然而从形式上说，两个主题之间仍然存在着不平衡。这或许和该书的写作顺序有很大关系。可以设想，如果汪晖彻底地修改后两卷，有可能进一步提高其整体性，提供一幅更为全面和圆润的图景，描绘出康有为、梁启超、章太炎和他们同时代人之间关于中国未来的辩论。[①]

（一）缺席的学派

更为根本的问题来自标题"现代中国思想的兴起"中的"思想"一词：这四卷中争论的到底是什么思想呢？从宋到民国早期，显而易见，答案是儒学，各种各样的儒学学派及其余波。汪晖从宋

[①] 康有为作于 1913 年的《拟中华民国宪法草案》提议将佛教作为蒙古地区与西藏地区的"国教"，将儒教作为汉地的"国教"。这对于思考上述问题而言，是一个重要的文件。（参见姜义华、张荣华编校：《康有为全集》（第十集），北京：中国人民大学出版社 2007 年版，第 82 页）

开始探讨的直接理由是，他要和京都学派对中国现代性的探讨对话。但是这个论战的动机并不足以提供全部解释。读者仍然可以问：为什么这一叙事不开始得更早一些，如果不追溯到春秋，也可以从战国开始。与中国五四运动同期，马克斯·韦伯早就指出，先秦的中国已经展现出了与早期近代欧洲相比的政治理性。汪晖的建构当然是反韦伯的：秦以后的中国充满动态变化，展现出了一种韦伯并不熟悉的理性。在欣赏这一反驳的同时，读者仍可注意到汪晖仍未对韦伯的战国论述做出实质回应，虽然作为一个对历史的具体性非常敏感的学者，他不可能完全同意韦伯对战国时代的描述。

即便退一步，承认韦伯政治理性基于竞争这一命题，汪晖仍然可能会争辩，中国的政治理性的机制与前景也与韦伯阐发的西方政治理性有内在差异。然而，很难反驳"战国时代包含着中国现代性的种子"这个观点。那么，为什么战国时代被排除在该书的视野之外呢？既然汪晖解释说"兴起"不应在时间前后相继的意义上去理解，而应该被理解为一种"反复兴起"，也就很难用"时间过于古老"来解释对战国时代的忽略。

我们可以用一个类比来帮助阐明由此发生的视角缩短效应的重要意义。战国时代出现了"百家争鸣"，而不仅仅是道家、墨家和法家争鸣，这一时期通常被视为中国哲学与政治思想最具有创造性的时代之一，如果不是唯一的话。这一时代可与西方的古典时代（classical antiquity）相提并论，而且在很大程度上还早于后者。用当代的标准来看，许多学派的代表人物，如庄子、荀子、墨子、孙子、韩非子都比后世的建制化的儒家更为"现代"，正如德谟克利特、修昔底德、柏拉图、亚里士多德、卢克莱修、塞涅卡比教父们或圣伊格内修（St Ignatius）更接近现代的视野。如果从"生生"的角度去研究现代西方思想的兴起，但同时又忽略整个古代及其重新发现，只将自己局限于中世纪基督教及其余波，会是非常奇怪的。这种比较当然不是非常准确，但从晚清以来那些借助非儒家知识资源来批评儒家传统的人，可能会对非儒家资源在汪晖著作中的边缘地位感到惊讶：甚至没有任何一个独立的章节来探讨非儒家思想的现代意涵！

然而，在某种意义上，这种缺席是汪晖将战国时代排除出其计划所导致的自然结果。因为他的历史叙事从实质上开始于宋，之前的时代很大程度上被处理为一种前史，非儒家思想学派当然很难占据显著的地位，因为从汉以来，它们就被排除出神圣的经典体系，而自宋之后，它们几乎从视野中消失了，被掩埋在新的理学体系之下。这并不是说，汪晖没有意识到许多儒学思想家对非儒学资源的汲取。相反，他经常提到这方面：新儒家得益于佛学，戴震对欲与法的分析具有一定法家色彩；康有为受到佛教的深刻影响，章太炎同时受到佛教和道教影响；梁启超在其"新民"学说中借助墨家资源。但所有这些引用分散在全书的不同章节里，缺乏集中的展示。

这可能出于一种有意的选择。在很长一段时间里，官方的历史编撰学传统倾向于将儒家视为统治者的落后反动的意识形态，对中国资本主义萌芽的发展不利，并将法家的线性时间观视为一种进步。既然汪晖摒弃了线性时间观，他就很难接受将儒学一概视为反动的说法，更不用说接受目的论式的"资本主义萌芽"概念了。他将儒学描绘为一个向各种知识资源开放的传统，作为一种占据主导地位的意识形态，它被迫回应政治与社会实践的需要。儒学可以吸纳和巩固法家提倡的郡县制度，可以模仿佛教的宇宙论—本体论；将墨家的一些想法吸纳进"大同"的图景中，康有为甚至还从爱德华·贝拉米（Edward Bellamy）这样的西方社会主义者那里汲取知识资源，以建构其"大同"乌托邦。

这些都是非常重要的视角。然而，纯粹的"内在化"的进路是否足以处理非儒家学派和另类现代性的可能资源之间的关系？汪晖对基于线性时间观的进步观念的保留是完全可以理解的，这也可能是他不去讨论战国时代的原因之一。法家传统最为大胆的思想家韩非子相信，人类的物质与文化进步是可以证明的，而且应在未来寻求这种进步。[①] 但是，将整个现代中国思想的兴起凝聚在儒家传统上，存在一个相反的负担：整个理学的传统都聚焦于"三代"的神话，聚焦于对想象的过去的崇拜。许多文化都有"黄金时代"的传说。但需要问的是，有多少像儒家传统那样，如此严格和持久地从制度和知识上将"黄金时代"的传说嵌入自身？需要进一步从思想上证明：这种对"黄金时代"的崇拜，也是"另类现代性"的诸多资源之一。

（二）意涵

这四卷作品也提出了一个相关的问题。《兴起》的基本组织线索是知识论的——重构自宋到民国早期前后相继的支配中国的知识或信仰体系。但是正如汪晖强调的那样，在儒家思想中，认知的维度很难与伦理或政治的维度分开，由此也产生了他的研究的两条线索的相互交织。但是这些维度仍非同等重要。主导这部作品的兴趣仍然是知识论的，这不仅仅体现在篇幅的分配上。汪晖并不那么关注剧中人对时代的社会或政治干预。这体现在对明代李贽或黄宗羲的处理中，《兴起》很少提到他们对政治专制和社会服从的大胆批判，而戴震对"理"的辛辣的批评也被化减为对阻碍国家的宗族的

---

① "宋有人耕田者，田中有株，兔走触株，折颈而死，因释其耒而守株，冀复得兔，兔不可复得，而身为宋国笑。今欲以先王之政，治当世之民，皆守株之类也。"（《韩非子集解·五蠹》，北京：中华书局 1998 年版，第 443 页）五种蠹虫中的第一种就是那些"称先王之道以籍仁义"的学者。

批判。① 更出人意料的是，在第三和第四卷中，不仅是晚清，就连五四运动时期也呈现出这样一幅景象，仿佛其领军人物之间主要围绕着科学问题而发生分歧。康、梁、章、陈、胡、吴和其他人参与的君宪与共和之争，改良与革命之争，汉满之争，资本主义与社会主义之争，在这个故事中都没有多少位置。汪晖的历史叙述以这样一种"去政治化"的方式来结束，乍看起来令人费解。

这当然并不是因为汪晖要逃避政治，汪晖最晚完成的长达百页的序言足以澄清这一点。在这个序言中，汪晖在一系列当代政治反思之后，提出了"帝国与国家"这一主题。然而读者完全可以提出一个更为基础的问题：对于当下来说，通过两条线索来对现代中国思想"生生不息"进行追溯，最终产生了什么结果呢？在知识论的层面，其主要意涵是展现一个本土的整体主义传统所具有的创造性，说明其对今天的我们仍然构成一种有意义的借鉴。但这样一个结论遭遇到的困难是，正如汪晖已表明的那样，从"天理"的整体主义走向"公理"的整体主义，然后从"公理"的整体主义走向能够将真理、道德与审美融为一个价值秩序的理论星座的解体，不管是讨论韦伯的"诸神之争"的现代性图景，还是哈贝马斯的（更为中性一点的）"沟通行动"诸维度之间的紧张，汪晖都没有提出逆转这种解体的道路。即便整体主义世界观在中国走向解体的轨迹具有自身的独特性，解体的结果又有何差别呢？

也许这正能解释《兴起》的另外一条政治性线索的交织。如果理学在知识论上的整全性今日已无法企及，如果 20 世纪革命已经

---

① "尊者以理责卑，长者以理责幼，贵者以理责贱，虽失，谓之顺；卑者、幼者、贱者以理争之，虽得，谓之逆。于是下之人不能以天下之同情、天下所同欲达之于上；上以理责其下，而在下之罪，人人不胜指数。人死于法，犹有怜者，死于理，其谁怜之？"（戴震著、何文光整理：《孟子字义疏证》，北京：中华书局 1982 年版，第 10 页）

摧毁了与理学伴随的几乎所有实践制度，至少还有一种资源被保存了下来：清王朝所聚集起来的领土秩序，既非经典的帝国亦非常见的民族国家，仍然是今日中华人民共和国的基本框架。这一看得见的从过去传下来的遗产，或许正是突破西方的典型现代性模式的资源。帝国／国家主题在汪晖历史重构的政治图景中所占据的显要地位，在此也许可以得到最合乎逻辑的解释。而在这个耐久的现实之前，二十世纪早期许多如同火山一样爆发的政治辩论就居于边缘地位，仿佛对现代中国思想的兴起贡献甚微，只反映了一些昙花一现的政治理想。

在这个方面，《兴起》与更早的第三世界同类作品之间存在差异，甚至在一个方面可以说是首创的。像阿富汗尼（Afghani）、萨瓦卡（Savarkar）或马里亚特吉（Mariátegui）这些作者试图恢复过去的文化资源，以动员群众来进行反殖民或社会性—革命性的大众运动。在英国，雷蒙·威廉姆斯提供了一个可资比较的在发达国家进行工人运动的激进议程，这种动员成为《文化与社会》中对传统进行追溯分析的政治终点。然而从各个方面来看，《兴起》的四卷缺乏任何类似这样动员的维度。在汪晖的叙事中，甚至晚清的知识分子们也看似主要在考虑合法性的问题，而非动员的问题，他们的政治激情看起来不过是一种插曲。如果汪晖著作被局限在这个视野中，那就可能更接近当代伊朗知识分子的寂静主义（quietism）的作品，他们探究流传下来的伊斯兰法学传统，以便从中发现集体伦理与政治改革的新基础。

事实当然远非如此。要理解其所以然，我们需要回顾，汪晖的最初的计划是要覆盖五四运动的两大关键词——科学与民主。《兴起》是被作为一个长时段计划的第一阶段而孕育的。后冷战时期的"时势"界定了他的研究议程：在缺乏任何政治动员可能性的情况之下，汪晖不能不从与当代政治看起来更为遥远的某些东西开始，为激活批判性思考积累潜能。但随着这种时势发生改变，他的知识事业的政治维度变得越来越明显。

（三）阻击官僚化

我们可以从汪晖继《兴起》之后最重要的作品来看他是如何坚持其源初计划目标的。其长文《去政治化的政治：从东方到西方》发表于 2006 年，这个标题让人想起他之前用过的"反现代性的现代性"，只不过这次是以否定而非肯定的模式出现。[①] "去政治化的政治"中的后一个"政治"指向的是将政治作为权力与利益斗争的日常理解，但第一个"政治"却暗含着一个规范性的"政治性"（the political）概念，指向公共领域中的能动的主体性和行动。去政治化，意味着剥夺政治主体在公共空间进行政治干预的可能性。汪晖认为，东方与西方的政党政治在经历着一个共同的去政治化进程。当政党仍然积极代表他们的社会基础时，他们是政治性的。但从 20 世纪 70 年代开始，无论是在东方还是西方，政党都逐渐变成国家机器的一部分，其真正的政治能力已经衰退。[②]

在《去政治化的政治》与汪晖更早的作品之间又存在何种关联呢？可以看到，《兴起》勾勒出了一个知识创造的政治周期：一开始，一个思想体系与社会匹配较好，但一旦被制度化，那么就往往无法与时俱进，新的思想就会兴起，挑战时代过于僵硬的制度框架，打开创新的空间，如果改革是成功的，新的思想的整体又会成为新的官方信条，新一轮循环重新开始。在儒学的历史上，保存或重新激活封建时代有机的道德生活的愿望是许多思想变迁背后的驱

---

① See Wang Hui, "Depoliticized Politics, From East to West," *New Left Review* 41, September–October 2006, pp. 29—45；现收入 Wang Hui, *The End of the Revolution*, London and New York 2010, pp. 3—18.

② 这一判断在《去政治化的政治》发表之时完全成立。但在晚近的十年，许多国家的政党都在经历一个"再政治化"的过程。

动力。宋儒发明了"天理"，是因为"礼乐世界观"已经无法在一个新的社会环境中维系积极的道德生活了。当理学成为官方信条，对其新的挑战催生了新的思想。正是通过一轮又一轮的批评—制度化/官僚化—批评，儒学才能在时势的持续变化下维持自身的活力。甚至在这个体系崩溃之后，它对积极与自发的道德—政治生活的追求仍然在继起的思想体系中遗留下来。

汪晖的历史研究的目的在于探索政治批评的新语言。《兴起》似乎没有讨论当代世界，但已经以隐秘的方式回应了诸多当代问题：中国民族与国家的性质、市场经济、科学、进步、现代化，等等。一旦汪晖直接讨论 20 世纪的政治动荡，我们将看到对这些问题的更明显的回答。

在思考这些问题的时候，汪晖与晚清思想家们无论在方案还是历史处境上都存在很大的可比性。就汪晖的性情而言，他与若干晚清思想家存在着相似性。比如说，就对建构中国自身的普遍性，以及作为一个建设性的改革思想者而言，汪晖与康有为相似，后者在汪晖对那个时代的考察中占据着极其重要的地位。而就其毫不妥协的激进主义以及对一个革命传统的忠诚而言，他又是章太炎的继承者，在《兴起》中，汪晖对章太炎的处理也带有特殊的感情。[1] 实际上，就师承关系而言，章太炎确实是汪晖思想上的曾祖父——汪晖在中国社会科学院的博士生导师是鲁迅的嫡传弟子唐弢，而鲁迅又曾在留学日本期间师从章太炎。在君宪派与共和派之间，在君主谋士与革命者之间，调和之困难显而易见。汪晖作品中的紧张表明，对这些思想家的记忆仍然在发生相互争执。也许我们可以仿效列宁的说法，探讨汪晖的"两个灵魂"？

---

① 参见《新左翼评论》对汪晖的访谈 "Fire at the Castle Gate"（*New Left Review* 6, November–December 2000, pp. 91—92）。

（四）超越否定

以上所述，或许与中国国内对汪晖著作的一个批评存在间接关联。这个批评是：汪晖花了太多的时间来回应海外中国研究的理论范式，但同时又没有提供一个替代范式。或者用人类学家肯尼斯·派克（Kenneth Pike）的区分来说，汪晖开始于一个客位（etic）视角，并通过批判这个客位视角来推进主位（emic）视角的研究，但还没有推进到用主位（emic）视角展开一个理论世界的程度。虽然他挑战了"帝国/国家"二分，他仍没有提供一个更好的描绘中国政治秩序的新的概念框架。他还是继续使用这些术语，只是加上他自己的限定。因而人们不禁要问，如果离开这些概念，汪晖还能够探讨清朝的政治秩序吗？

这一质疑具有合理成分，那就是触及了汪晖的书写习惯。每当面对一个二元对立时，汪晖的典型书写方式是避免非此即彼的选择。他对二元对立似乎有一种本能的反感，更偏向于在中间地带建立关联。对他来说，静态的对立通常会错失历史的复杂性，而他试图解构这些对立，将历史的动力学从坚硬的概念框架下解放出来。这一本能帮助汪晖发现新的问题，设定新的议程。但否弃二元对立有其代价。将二元对立当作真实固然会阻碍我们看到历史的动力；但如果只是将其作为理想类型，它们却往往具有简洁和尖锐的优点，也便于在政治动员中发挥作用。弃用二元对立也就意味着在一定程度上放弃简洁和尖锐。很长一段时间以来，汪晖的理论写作被人称为"晦涩"，这一选择或许是导致这种声誉的原因之一。

但汪晖并不喜欢"理想类型"（ideal type）的方法，认为其很容易导致僵化。这样做的代价就是，他不得不展开大量历史细节，并说明二元对立忽略了中间地带的关联。他的习惯性的努力是建立这些中间关联。然而，这可能还不够，因为那些使用二元对立的思想家很少会否定中间关联的存在。他们只是坚持认为这种关联的力量还没有强到挑战他们理论框架的地步。要回应这种姿态，就需要迈出更远的一步：证明这些关联的力量，或甚至为他们提供一个独立的概念。汪晖叙事的关键的弱点就在于缺乏一些中程理论工具，以便概括他所展开的中间关联项，并衡量它们的历史意义。其结果是，在《兴起》之中，汪晖更善于拆解他人的理论结构，而非建构起可取而代之的理论体系。

就驱动《兴起》研究计划的核心概念而言，以上的判断同样成立。汪晖并不是试图以常见的方式来追溯一个具体的当代进程的历史源头，而是要在诸多历史时刻拯救中国"现代性"的可能性。然而在他书写的故事末尾，这个"现代性"的意涵仍然不确定。我们所知道的是，它与西方制造的、以线性时间观、原子论的个人观念、民族国家，三大价值领域的分离等为特征的现代性版本具有很大差异。汪晖的追求是值得敬佩的，但是他的"另类现代性"仍然悬而未决，这在其宏大的计划中构成一个潜在的自我挫败因素。他努力探寻，但还没有找到一个结构化的替代方案。他暗示我们中国历史上有许多时刻能够为超越西方现代性提供资源，但是他并没有告诉我们哪个时刻比其他时刻更重要，以及为什么。

这当然是思考尚未发展到产生实践方案的表征。但这种不确定性也是后革命的当代世界生存状况的固有特征。汪晖对这个世界的抵抗，已经给我们竖起一块知识的里程碑。他的成功与失败，都会同样成为滋养未来思想者的营养。

通向民族自觉的历史进程[*]

读黄兴涛《重塑中华》

已经过去的"短二十世纪"[①]既是一个革命的世纪，也是一个民族塑造（nation-building）的世纪。随着一度具有强大整合力的冷战意识形态的退潮，既有的民族国家的认同在两个方向上受到冲击：在外部，美国强力推进的经济全球化、以欧盟为典型的区域一体化运动、国际法领域中以"保护的责任"（responsibility to protection）理论对"人道主义干涉"的支持，都在削弱民族国家原有的自主性（autonomy）；在民族国家之内，具有离心乃至分离倾向的区域、宗教、族群认同兴起，也强烈冲击着国家的整合。2008年金融危机之后，自上而下冲击民族国家的力量有所弱化：经济全球化的态势趋于停滞，其原来的推动者美国改奉"美国优先"路线，热衷于贸易保护政策；作为超国家政治单位的欧盟，其一体化进程踟蹰不前，

---

* 本文得益于中国人民大学历史学院青年史学工作坊第88期的讨论，尤其是高波教授的评论，对本书评的完善起到了重要作用。本文更早的版本发表于《史学月刊》2018年第10期。一如既往，任何错漏概由笔者本人负责。

① 艾瑞克·霍布斯鲍姆：郑明萱译，《极端的年代：1914—1991》，北京：中信出版社2014年版，第6页。汪晖曾将中国的"20世纪"定为1911—1976年（参见汪晖：《短二十世纪》，牛津大学出版社2015年版）。但在最近的论述中，汪晖将"20世纪"的上限推到了亚洲系列革命的爆发（参见汪晖：《世纪的诞生》，北京：生活·读书·新知三联书店2020年版）。

分裂的危险日益增大。然而，自下而上的冲击力量仍然此起彼伏。在可预见的未来，民族国家仍然会是政治共同体的基本组织形式，但许多国家政治秩序的稳定性将持续受到考验。

黄兴涛教授的观念史著作《重塑中华：近代中国"中华民族"观念研究》[1]问世于这样一个历史时刻，其问题意识也与这一时代背景密切相关。冷战落幕为前一阶段的政治整合话语带来了新的困境，在中国国内，"中华民族"话语被期待发挥更大的政治整合功能，但同样遭遇到上述两个方向上的"夹击"。在学理上，最大的质疑路径，是以构成中华民族的各民族为"实"，以中华民族为虚，将中华民族观念视为一种缺乏历史依据、自上而下强加的官方建构物。这一质疑并非野狐禅，而有相当的学术积淀——20世纪上半叶，日本的"满蒙学"曾经对中华民族的一体性提出系统的质疑，为日本侵华提供了历史论述论证[2]；在21世纪，最为系统的质疑来自美国"新清史"，尽管其研究者未必都有清晰的政治自觉。而且两个学术脉络之间存在着某种继承关系："新清史"的领军人物欧立德（Mark Elliot）就曾师从"满蒙学"的重要人物冈田英弘。[3]

---

[1] 本书目前有两个版本，其一为北京师范大学出版社简体字版，其二为三联书店（香港）有限公司繁体字版。本文在引用时，使用的是内地读者更容易获得的北京师范大学出版社版本。

[2] "满蒙学"代表作是矢野仁一的《近代支那论》，提出"中国非国论"和"满蒙非中国领土论"。1927年著名的《田中奏折》中对矢野仁一的论述大加赞扬，该奏折可能系日本官员森恪、铃木贞一和吉田茂等人炮制，但日本的国策却是按照此方向前行。（参见李明：《日本知识人"中国论"的检证》，载中国社会科学院中日历史研究所编：《九一八事变与近代中日关系——九一八事变70周年国际学术讨论会论文集》，北京：社会科学文献出版社2004年版，第168页）

[3] 欧立德在一个访谈中提到他在获得日本政府奖学金之后，在日师从冈田英弘。贾建飞、欧立德：《欧立德教授谈清史研究》，《国际社会科学杂志》2009年第2期。另参见汪荣祖：《海外中国史研究值得警惕的六大问题》，《国际汉学》2020年第2期。

从"满蒙学"到"新清史",其中国叙事内部一直潜藏着两种政治状态的对立:在第一种状态下,清朝统治者自上而下地建立对巨大的疆域上诸多族群的统治,但没有在这些异质性很强的族群之间建立强劲的横向联系与认同;而辛亥革命则带来第二种政治状态,一个主体民族的国家。相关论者又认为,原本服从于清朝统治者的大量亚洲内陆边疆族群,在很大程度上游离于主体民族的国家之外。从"满蒙学"到"新清史",诸多研究者坚持将"中国"与"汉族"绑定在一起,认定包含境内全部族群的民族认同是人为建构的,缺乏历史基础。用更晚近的理论话语来概括,这就是在"帝国"(empire)与"民族国家"(nation-state)之间的二元对立范式,在此中国被设想为一个汉人的民族国家,而统治着诸多族群的清帝国包含中国,但不等于中国。①

更一般的冲击来自民族主义研究晚近的主流范式,黄兴涛将其命名为"建构论"。他将已故民族主义研究大师本尼迪克特·安德森(Benedict Anderson)所著《想象的共同体》(*Imagined Communities*)视为"建构论"的代表著作。②那么,挑战究竟从何而来?从《想象的共同体》在汉语世界中的传播来看,我们可以发现,"想象的共同体"是一个极易遭到误解的表述。按照安德森的本意,"想象"(imagine)并无"虚构"乃至"虚假"的意思,而是强调,民族(nation)是一种超越面对面(face-to-face)交往社群的认同,它的维系需要一种共时性想象;这种"想象"也不是随心所欲的,而总是在一定的约束条件下发生的。安德森并不试图提供一个规范性理论,论证合乎哪些条件的人群有资格达到民族的门槛,他的工作方

---

① 作者也提到了汪晖对"帝国"与"民族国家"二元对立反思的启发意义(参见黄兴涛:《重塑中华》,第35页脚注)。

② 本尼迪克特·安德森:《想象的共同体》,吴叡人译,上海:上海人民出版社2016年版。

向是对其研究的历史现象进行分类，尤其是重述"想象"的约束条件与基本机制。

但不管安德森的本意是什么，描绘和展示民族认同塑造的过程，多少会导致对所分析的民族认同的"去神秘化"和"去神圣化"，而这会进一步带来两种反应：一部分受众倾向于认为，经过剖析的民族认同，从本质上就是虚构的，是假的，而这就使得"建构论"有可能变成"解构"民族认同的理论工具——对于自己拒绝的那些身份认同，就可以分析其通过何种权力结构与政治机制生产出来，从而将其空洞化、相对化。海外大量关于"中国民族主义"的研究，其重点就在于选择性地运用"建构论"的理论工具来进行解构。将"想象"等同于"虚构"，其实并不符合安德森强调民族认同现象的强劲性与持久性的本意，但毕竟还属于常见的与易于理解的反应。而另外一些受众认为，只要掌握了塑造的权力并遵循一定的历史先例，就可以正当地塑造出不同的民族认同。这一种反应虽然看似不常见，但其实距离我们并不遥远，其典型例子就是"台独"意识形态的塑造——"台独"理论家很难否认绝大多台湾人不过是不同时期的大陆移民，但一些人会从拉丁美洲西裔与葡裔殖民者的"克里奥民族主义"（Creole Nationalism，可以意译为"土生仔民族主义"）寻找先例：西裔与葡裔殖民者因为长期在拉美殖民地居住，在一个与母国相隔离的政治系统之下，已经发展出了不同于母国民众的认同，从而可以正当地宣称自己是一个新的民族，并获得独立建国的资格，而台湾地区的情况被认为与此并无根本不同。[①]

---

① 《想象的共同体》译者吴叡人本身就从安德森的"Creole Nationalism"概念中汲取资源以支持"台独"意识形态，代表论述可见吴叡人：《受困的思想》，台北：卫城出版社2016年版。不过安德森本人确实认为台湾地区出现了一种"Creole Nationalism"，本尼迪克特·安德森：《西方民族主义与东方民族主义：有什么重大差异吗？》（"Western Nationalism and Eastern Nationalism: Is there a difference that matters？"），载《新左翼评论》（*New Left Review*）第9卷（2001年5—6月）。

通过寻找并确立"先例"，看似"价值无涉"的社会科学研究，就被读出了某种规范性意涵，并被用于支持特定的政治实践。

在强调差异、多元、流动性、建构性的学术风尚之下，质疑"中华民族"这一在 20 世纪才得以巩固的身份认同，既容易得到各种理论工具的支持，也容易得到国际学界的承认；而坚持和加固这一认同，反而经常面临着理论工具的缺乏。黄兴涛教授迎难而上，其十多年的研究心血，最终凝聚成为这本 40 多万字的观念史巨著。作者"以传统的精英思想史为骨骼"，但又借助了"新文化史"的某些做法，如概念史、话语符号的实例分析等①，将对思想形态的研究与社会心理、政治文化实践紧密结合起来，既重视对精英的理论观念的辨析，也重视对政治斗争过程与大众舆论传播的考察，用翔实丰富的史料与扎实的理论分析，呈现出"中华民族"概念生长发育与相应身份认同不断推进的历史过程，同时也精确地勾勒出相关研究领域内部的前沿讨论格局，提供了一张细节丰富的理论地图。

在《重塑中华》中，作者经常交错使用"'中华民族'观念"与"'中华民族'概念"两个词，这可能会让一些敏感的读者联想到史学领域中的"观念史"（history of ideas）与"概念史"（conceptual history）进路之辨析。那么，作者怎么处理这两个词汇之间的关系呢？《重塑中华》绪论中首先界定了一种主导型、符号化的"中华民族"概念，其"明确强调中国境内各族人民作为国民或公民的平等身份，他们由历史延续下来的政治、经济、文化乃至泛血缘联系的特殊性及其强化趋势，以及依托在新的现代共和国家形式上的民族共同体之整体性与统一性，包括各族人民摆脱帝国主义列强的侵略，实现全民族独立和现代化发展的共同命运"；作者进而将这一

---

① 黄兴涛：《重塑中华》，北京：北京师范大学出版社 2017 年版，第 8 页。

主导型"中华民族"概念"所直接传导和涵括的族类认同意识，及其运用展开的民族一体化理念和信念等"，称为"现代中华民族观念"，之所以称"观念"而非"概念"，是考虑到汉语中的"概念"一词内涵比较狭窄，可能无法充分涵括运用主导型"中华民族"概念所直接传达的理念、信念与命运感知等认同性观念的广阔内容。[①]因此，这是在中文语境中为符合普通读者阅读习惯而做出的界定，读者不必望文生义，看到"观念"就想到洛维乔伊（Lovejoy），看到"概念"就想到昆汀·斯金纳（Quentin Skinner）或柯史莱克（Reinhart Koselleck）。

而就《重塑中华》而言，作者借鉴概念史的进路，关注不同的历史主体在其话语实践对于话语符号的运用，但并不刻意强调差异和断裂，而是用很大篇幅来处理话语实践中所出现的意义重叠（overlapping），强调这种重叠之所以能够发生，本身就是一种具有历史性的现象：特定的时代境遇使得不同的历史主体有意或无意地向相似的方向行进。这与柯史莱克在区分"语词"与"概念"之时强调"概念"的模糊性与歧义性的立场有一定区别。事实上，早在2012年发表的《概念史方法与中国近代史研究》一文中，黄兴涛就批评过柯史莱克对于"语词"与"概念"的区分过于简单化，尤其是对于"概念"的模糊性的强调过于绝对化。黄兴涛主张，某些具有较强政治性的抽象概念中既有模糊含混的层面，但也存在确定的层面。[②]《重塑中华》中对概念史方法的运用贯彻了这一主张，作者对于"中华民族"概念的分析，就区分出了意义模糊与流变的层面与相对确定的层面。而这与作者在演化论与建构论之间取中道的学术进路选择，有着分不开的关系。

---

① 黄兴涛：《重塑中华》，第1页。
② 黄兴涛：《概念史方法与中国近代史研究》，载《史学月刊》2012年第9期，第12—13页。

一、从"自在"到"自觉"：在演化论与建构论之间

黄兴涛研究工作的重要起点，是费孝通先生的经典论断：中华民族作为一个"自觉"的民族实体，是在近代中国与西方列强对抗之中出现的，但作为一个"自在"的民族实体，是几千年的历史过程所形成的。作者指出，费孝通先生这一论断具有重要的"启发性与反思价值"[①]。《重塑中华》试图对费孝通先生所说的"几千年"进行进一步的辨析，探讨"自在"的中华民族究竟是在哪个阶段最终形成，而作者认为能够获得最大学界共识的时段，是清朝的康乾时期。[②] 这不仅是因为康乾时期奠定了延续至今的中国内部民族构成的基本格局，同时也是因为这一时期的清王朝已经与若干欧洲列强发生重要的互动，乃至于与俄国通过平等条约确定两国数千里的边界线。在这一语境下，作为整体认同对象的"中华"或"中国"概念"获得了带有现代性因素的历史文化共同体与国家政治体符号性质的客观内涵"[③]。

在康乾时期成型的"自在"意义上的中华民族，接下来经历了一个从"自在"到"自觉"的过程。清朝的中国与欧美各国的进一步互动，西方"种族"、历史地理、政治法律等新知识的传入，与传统民族意识之间发生互动，逐渐形成了一种自觉的中华民族观念。作者特别强调的是，"自觉"也意味着一种"重塑"，一种"再造"。但这种"重塑"或"再造"并非能够随意为之，而是有着严格的历史条件限制。"自在"状态下的存在方式，为"自觉"的形成提供了基本的前提——正如作者指出的那样："作为一种历史存在，那种

---

① 黄兴涛：《重塑中华》，第 2 页。
② 同上书，第 3 页脚注。
③ 同上书，第 380 页。

具有独特联系的、尚处于自在阶段或古代状态的族群共同体之存在及其向近现代演化的内在可能与趋势，对于中华民族概念及与之相应的一体认同观念的形成来说，也是最为重要的决定性因素。"①

《重塑中华》的理论进路，其核心是对演化论和建构论的一种综合。在对身份认同的研究中，"演化论"经常会沦为一个具有神秘主义色彩的标签，宣称某一认同通过历史演化而来，往往是拒绝进一步分析的遁词。但《重塑中华》自觉地避免了这一倾向，将"演化论"的意识，落实到对选择行为及其历史条件的分析上。黄兴涛引用了哲学学者陈先达的两个金句来表明自己的分析进路："人的活动的选择性是以不可选择为前提的"，"选择，在任何时候都是对可以选择的东西的选择。"②在黄兴涛看来，近代的民族"自觉"过程固然包含了话语的选择，但是，中华民族在"自在"阶段所形成的各民族之间实际融合关系的历史"联系性"和演进趋势具有某种潜在的"不可选择性"，现实的政治、经济和文化关系的基本走向，同样具有某种"不可选择性"。近代不同政治势力对于民族的认识出现过比较大的差异，但"各种对立的力量最后都不得不高举中华民族整体性旗帜，有其内在的道理"。正是以此为基础，黄兴涛批评本尼迪克特·安德森的《想象的共同体》③，认为安德森对人的主观性强调过头。而他主张的综合演化论与建构论的进路，落实到操作层面，重点就在于呈现"对可以选择的东西的选择"。

从这一进路来看，"帝国"与"民族国家"的二元对立，极有可能扭曲中国历史的图景。从"满蒙学"到"新清史"，论者通常会着力强调清王朝治下的中国的"帝国性"。在"帝国"的观念背后，又是一种源于欧洲的"复合君主制"想象，仿佛清朝的皇帝如

---

① 黄兴涛：《重塑中华》，第 380 页。
② 同上书，第 381—382 页。
③ 同上书，第 383 页。

同一战前的奥地利皇帝兼匈牙利国王，只是兼任了面向不同族群的特殊统治身份，从来没有将这些不同的族群统合在一起；因此，当帝制倒台时，各族群就获得挣脱"民族大监狱"的权利。《重塑中华》对这一历史叙事提出了严肃而有力的批评。黄兴涛指出，满人建立的清朝绝不能被简单地视为一个"满人族群主权"的王朝：清朝皇帝主动地将自己纳入中原王朝的谱系之中，所确立的是一种面向各个族群的普遍皇权[①]，而非只是针对各个族群的特殊统治身份（比如满人族长，蒙古可汗，西藏文殊菩萨、转轮王）的简单加总；康熙、雍正、乾隆已经将他们所统治的庞大国土称为"中国"，在与西方国家打交道以及与朝鲜划界的时候，都以"中国"自居。晚清"预备立宪"时期，一些清朝旗人官员和留日旗人也力倡破除满汉畛域，倡导五族"大同"，并产生了一定的政治影响力。[②]

在 20 世纪初，尽管"中华民族"这一符号尚未普及，但是中国已有的族群关系和政治结构，有利于并强调维护政治共同体的一体性。基于这些历史条件，晚清虽然出现了以"驱除鞑虏"为口号的汉民族主义运动，但并没有真正走向单一民族独立建国的道路。黄兴涛特别强调，在辛亥革命之前，革命阵营内部就在修正自己的民族论述，尤其是黄兴、刘揆一等提出了"五族共和"的思想，这就为辛亥革命爆发之后革命派的全面转向提供了条件。这一论述破解了将革命派与汉民族主义关联在一起的刻板印象，为理解辛亥革命后的民族论述转向提供了新的理解线索。

要评估黄兴涛教授这些论述的重要性，就有必要提及辛亥革命百年纪念前后的一场以重新认识南北和谈、清帝逊位为中心的学

---

① 对于这一点的强调，在黄兴涛 2011 年发表的《清代满人的"中国认同"》中就已显明（黄兴涛：《清代满人的"中国认同"》，载《清史研究》2011 年第 1 期）。

② 作者在结语中批评清末儒家的"天下"观念与大同主义并非与民族主义观念处于对立状态（第 380—381 页），其重要证据即在清末满人的"五族大同"观念。

术讨论。作为讨论的参与人之一，笔者的论述具有回应新清史论述的明确意图，强调《清帝逊位诏书》对于中华民族保持统一的意义。但与此同时，笔者也引用了新清史学者对于清朝皇帝多重统治身份的论述①，以强调清朝内部整合的难度以及向共和转变可能带来的国家分裂危险。但如果采用了这样一个历史起点来论述《清帝逊位诏书》对于中国统一的历史意义，就有可能过多地依赖于这一纸诏书对于"大清即中国"的证明，而对清廷在更早的时候推进中国认同建设的种种努力呈现不够。类似的问题也可能存在其他的一些讨论者的论述之中。不过，随着研究的推进，在2016年重版的《旧邦新造：1911—1917》中，笔者已经作了论述上的调整，指出尽管清王朝对各地方与藩属的治理具有很强的多样性与弹性，但清朝君主作为皇帝的身份具有普遍性，其他身份是叠加在这个基础身份之上。治理体系的多样性，并不能取消皇帝身份在法理上的普遍性。②

不过，对这一论断最好的史料证据支持，无过于黄兴涛《重塑中华》第一章的讨论。黄兴涛指出，从皇太极登基开始，清王朝就致力于将自身打造成为超越特殊族群的王朝。清朝皇帝并不仅仅是在汉人之前自称皇帝，无论是在满语、蒙古语还是藏语中，清朝皇帝都有其作为中国君主的称呼，因此，清朝皇帝的中国君主身份是一个普遍的身份，而不仅仅是针对特定族群的身份。奥匈帝国式的复合君主制模型，并不适合用来描述清朝的皇权形态。同时，黄兴涛指出，早在18世纪早期，康熙就已经和沙皇俄国签订《尼布楚条约》，勘定边界，同时也在中朝边境勘界，这些勘界实践，甚至

① 章永乐：《旧邦新造：1911—1917》，北京：北京大学出版社2011年版，第39页。杨昂：《清帝〈逊位诏书〉在中华民族统一上的法律意义》，《环球法律评论》2011年第4期。
② 章永乐：《旧邦新造：1911—1917》，北京：北京大学出版社2016年版，第46—47页。

走在大部分欧洲国家的前面。"中国"认同，在此与一种比较清晰的领土边界意识关联在一起，而这绝不是强调边疆（frontier）而非边界（boundary）的传统"帝国"范式所能涵盖。

黄兴涛更是进一步强调，在19世纪清廷与各国签订的条约之中，绝大多数条约都是"中国"或"中华"与"大清国"或"大清帝国"混用。清朝君主对内拥有皇帝的普遍身份，对外又是列强广泛承认的中国的主权代表。这一强调，在笔者看来是非常恰当的。在辛亥革命发生之后，在多数列强的认知当中，中国发生的变迁不过是政府的更迭，所发生的是一个"政府承认"的国际法问题，而非像20世纪90年代苏联和南斯拉夫解体所带来的"国家承认"的问题。① 如此来看，《清帝逊位诏书》的重要意义之一，就在于它坚持了清政府长期以来的"大清即中国"的立场，没有为革命后的"政府继承"制造出额外的法律难题。

针对清史领域中对中国与中华民族一体性的怀疑，黄兴涛做出的回应相当有力，同时，这一回应也有助于防止"建构论"的滥用。民族主义研究界一般承认，历史上的王朝统治，往往对于民族意识的塑造有重要的意义，王朝的疆域在很大程度上划定了民族的空间边界，王朝的政治体系为政治—文化精英的跨地域流动提供了空间边界，从而打造出一种模糊的政治共同体意识，而这就有可能成为近代民族意识的前身。清朝皇帝塑造统一认同的努力是很早就开始了的，而不是在晚清时候"临时抱佛脚"，20世纪形成的"中华民族"自觉有着更加深厚的历史基础。而与此相比，欧洲各国王朝国家之下的民族意识塑造，为时其实并不长远。

---

① 关于国际法上"国家承认"与"政府承认"的区别，可参见陈体强：《关于承认的国际法——英国与美国的实践》（Ti-chiang Chen, *The International Law of Recognition: With Special Reference to Practice in Great Britain and the United States*）纽约1951年版，第97—104页。

二、两种中华民族观的变奏

中华民族"自在"状态下的存在方式，对近代民族"自觉"的生长，形成了强有力的限制和塑造。在辛亥革命之后，建设一种统一的民族认同，以维护中国的一体性，就成为中国政治—文化精英的主流共识，并在抗战时期达到了一个高潮。《重塑中华》浓墨重彩地描写了抗战前后祭祀黄帝、界定"民族英雄"与"汉奸"等具有强烈情感性的实践，其对"民族英雄"与"汉奸"话语的研究尤具开创性。然而，关于中华民族认同的分歧仍然长期存在。贯穿《重塑中华》的一条重要的线索，就是单一性中华民族认同与多元性中华民族认同的变奏。作者将民国时期的这两种路径，分别称为"一元多流论"与"多元一体论"①，但各自内部又有不同子类型，二者之间也存在大片模糊地带。《重塑中华》从民国肇始论述到民国的终结，呈现出不同类型话语之间丰富的互动与对话。

民初的"五族共和"话语，虽然并没有在五族之上设"中华民族"或"中国民族"这一总称，但对于一个联合体的存在，并无分歧。"五族共和"作为官方标准话语，本身就会对单一性的中华民族论述构成一种抑制作用。然而，在1910年代末，出现了对"五族共和"的强势质疑。《重塑中华》重点分析了孙中山的民族论述。孙中山在民初时曾经赞同"五族共和"，但到了1919年，孙中山就开始批判"五族共和"，加强对单一性的强调。在1924年《民族主义》演讲中，孙中山进一步提出了"国族说"，称中国是一个国家，一个民族，《民族主义》演讲中也提到了联合"宗族"加强国族认同的路径。但与此同时，孙中山支持的国民党一大宣言中却强调"民

---

① 黄兴涛：《重塑中华》，第376—379页。

族平等"，乃至于承认"民族自决"，这就和孙中山的《三民主义》演讲形成了很大的张力。

作为具有清晰方法论自觉的史家，黄兴涛重视研究对象思想的内在差异与张力，避免强行替历史行动者自圆其说。《重塑中华》的后续论述，也向读者展示了孙中山民族思想的内部张力如何影响此后的历史论述。比如说，孙中山之子孙科继承了孙中山民族思想中的这一张力，一方面用单一性色彩很强的"国族"，另一方面，又有很强的境内各族群平等的意识。但蒋介石主要吸收了孙中山对于单一性的强调，而且将"国族"论述与"宗族"论述结合起来，最终打造出一个极端强调单一性的论述：中华民族是一个国族，而国内各族群，应当被称为"宗族"！

蒋介石倡导的"分枝宗族论"只是"一元多流论"中的一个代表。黄兴涛以语境化的方式，展开论述了"一元多流论"的谱系。强调中华民族单一性的声浪与抗日战争的爆发有着非常大的关系，在抗战的背景之下，不少论者认为必须强调中华民族的内部的紧密团结，才能够激励民气。除蒋介石提出"分枝宗族论"之外，顾颉刚提出"中华民族是一个"，汪少伦提出"支族论"，《我们的国族》称各民族为"部族"，熊十力强调中国各民族都源于远古"北京人"始祖，等等。但影响论者判断的国际因素又不仅仅是日本。作者提到1938年9月至1939年初德国借口少数民族问题强迫捷克割让苏台德地区，并最终占领捷克全境，对于国内知识人与国民党人士，起到了直接的刺激作用；1939年国民政府行政院一度下令禁止滥用"少数民族"名词，倡导以地域来称呼边疆同胞。

与"一元多流论"相对的是"多元一体论"，代表者有20年代的梁启超，吴文藻与费孝通师徒，以及抗战爆发后的中共，等等。梁启超20年代致力于中华民族论述的完善，既强调中华民族的一体性，也肯认其内部存在着多元性。共产党人早期受苏联的"民族自决"理论影响，一开始就肯认中国境内民族的多样性，但抗战期间又强调中华民族的内部团结，由此形成了完整的"多元一体"论述结构；吴文藻、费孝通长期在边疆从事社会学、人类学研究，对于边疆族群的多元，有着非常深入的认识。但黄兴涛指出，"多元一体论"中也存在不同的未来指向，比如梁启超比较强调以主体民族为中心加强民族融合，而吴文藻、费孝通与中共在当时强调将会在很长一个时期内保持民族之间的差异。

《重塑中华》重构了两种路径之间的数次交锋，借助戏剧性的对抗，捕捉并呈现不同话语的内在特征。一是顾颉刚、傅斯年与吴文藻、费孝通师徒之间的讨论。顾颉刚 1939 年 2 月提出"中华民族是一个"，引发热烈讨论，费孝通、翦伯赞和鲁格夫尔表示异议，而张维华、白寿彝、徐旭生、杨向奎、马毅等对顾颉刚表示支持。与顾颉刚思想接近的傅斯年试图从行政上干预顾颉刚与费孝通的争论，将矛头指向了费孝通的老师吴文藻。黄兴涛指出，吴文藻于 1939 年发表的《论边疆教育》一文十分重要，明确提出"多元文化"与"政治一体"的现阶段中华民族建设构想，将苏俄的民族政策作为典范，主张政治经济事务上采中央集权主义，在教育文化上采地方分权主义，但又不采苏联的"加盟共和国"模式。吴文藻同时主张结合各民族自身的需要，进行一定的"汉化教育"，以增进民族之间的交流沟通。在黄兴涛看来，这一主张比费孝通与顾颉刚讨论中表明的意见还要"稍微高明一些"。费孝通后来提出的中华民族多元一体理论后来成为权威理论，其早年与顾颉刚的争论，因此也获得了较多的关注。但黄兴涛指出，吴文藻在争论过程中对费孝通的指点，以及《论边疆教育》中提出的"文化多元""政治一体"主张，对于费孝通思想的发展是有影响意义的。而忽略《论边疆教育》，仅以吴文藻 1927 年《民族与国家》和 1942 年《边政学发凡》为据来认识吴文藻的思想，也会出现一定的偏差，比如遗漏吴文藻对于汉文化在边疆的功能的认识。

《重塑中华》的论述举重若轻，对吴文藻的讨论，也隐含了对当下实践的回应。近年以来，社会各界对于在民族地区推行双语教育的重要性，有了更深的认识。历史的教训是，如果只学习民族语言，而不掌握普通话，那么民族之间的交往就难以深化；在市场经济条件下，"先富带动后富"更依赖于不同区域和民族之间的民间交流，如果不掌握交流的中介，一些边疆地区就不容易做到脱贫致富。如果要深入探讨双语教育的理由，可以说吴文藻是一个十分重要的理论先行者。《重塑中华》通过对这一史料的发掘，对中国民族学当下的一些重要理论讨论，做出了极有意义的回应。

第二是蒋介石1943年出版《中国之命运》所引发的辩论。黄兴涛强调蒋介石的理论与顾颉刚存在重要差异，以"宗族"而非"种族"来界定国族的分支。《重塑中华》对《中国之命运》出版之后正反两方面意见都作了概括，避免了只陈述一方意见的传统论述弊病，同时也明确判断，蒋介石的"宗族论"不顾既有的学术研究成果和舆论中的成说，欠缺明智与审慎，是一次基本失败的尝试。黄兴涛进一步指出，蒋介石的"宗族论"并非抗战时期国民党民族思想和政策的全部，国民党内不少人并不认同蒋介石的理论，国民政府在抗战期间曾经订正对于西南少数民族具有歧视性的称谓。在这些细节上，处处可以看到黄兴涛追求平衡而全面的历史叙事的努力。

第三是从1936年"五五宪草"到46宪法，围绕着"中华国族"入宪展开的争论。孙科主持起草、1936年公布的"五五宪草"将"中华国族"写入总纲第五条，规定"中华民国各民族均为中华国族之构成分子，一律平等"，这就出现了国族之下有多民族存在的观念。这体现了孙科的民族观，同时也体现了孙中山民族观对孙科的影响。而1940年国民参政会通过"期成宪草"之时，陶孟和与章士钊将"中华国族"改成了"中华民国",体现出与孙科不同的政治取向。蒋介石对孙科的立场也不满意,但其方向与陶孟和与章士钊不同,试图将其"宗族论"写入宪法,以凸显民族的单一性。然而1946年底的"制宪国大"讨论激烈,蒋介石不得不放弃自己的"宗族论",接受国族之下存在各民族的事实,《中华民国宪法》第五条最终定为"中华民国各民族一律平等",既没有"中华民族",也没有"中华国族"。黄兴涛同时注意到1949年《共同纲领》中也没有使用"中华民族"概念,由此反映出"中华民族"这一总的民族共同体符号,虽然传播广泛,但仍存在着认识和理解上的分歧。

黄兴涛对"中华国族"入宪的讨论,对于中国宪法史是一个直接的贡献,能够而且应当激发新的讨论。1949年以来,从《共同纲领》到五四宪法、七五宪法、七八宪法乃至八二宪法及其四个修正案,中国宪法文本中都没有出现"中华民族"四个字。这四个字直到2018年,才嵌入"中华民族伟大复兴"的表述,通过宪法修正案的形式,进入了中国宪法序言,这不仅是1949年以来的第一次,也是中国自有成文宪法以来的第一次。"中华民族"四个字为何是在2018年,而非更早的时候进入中国宪法,这本身就是一个非常值得探讨的问题。由于主题所限,本文将止步于提出这一问题,但可以预料,任何进一步的讨论,都有必要参考《重塑中华》的论述。

在单一性中华民族认同与多元性中华民族认同的变奏中,也不可避免地出现大量模糊地带。值得一提的是,《重塑中华》不仅善于作理论观念的辨析,也善于剖析感情性现象。作者在第四章中特别分析过抗战期间的黄帝祭祀。理论上,黄帝祭祀假设中国人人为黄帝后裔,似乎指向某种单一民族论述,然而抗战期间许多"多元一体论"者都参与黄帝祭祀,对祭祀背后的理念不作深究。比如说,延安时期的中共是复合型现代中华民族观念的有力倡导者,但同时也认同"炎黄子孙"的论述,积极参加祭拜黄帝陵。黄兴涛评论说，这是在民族危机异常强烈之时，需要一种情感上的团结力的体现——光有政治认同还不够，还需要一种带着历史文化认同意义的"泛血缘"纽带的联结。[1] 对情感与思想关系的这些思考，可以体现出黄兴涛对于"新文化史"研究进路的汲取和运用。

《重塑中华》对所有这些历史细节的挖掘和展示，有助于我们理解今天中华民族"多元一体"的主流论述，究竟是经过何种锤炼才成为主流的，同时也有助于我们理解和把握"多元一体"大框架之下仍然存在的不同取向。正如作者在结语中指出的一样："在当今中国，强化中华民族或中华国族的整体认同，无疑仍是时代的使命与当务之急，而与此同时，自觉而有效地维护少数民族的权利，努力保持各民族的文化个性与多样化发展，也同样是迫切而持久的需求——如何在两者之间保持一种张力与平衡，实在既需要国人平静的理性、深入的调研，又需要长远的眼光和智慧的创造。"[2] 这在笔者看来，是一个从"自觉"走向"更大的自觉"的呼吁。而《重塑中华》的重要贡献，就在于为达到一种"更大的自觉"，提供了清晰而丰富的历史线索。

三、朝向较为整全的历史图景

然而，一本四十多万字、跨度达数个世纪的著作，在无数的论述点之中，也必然会存在一些薄弱之处。就结构而言，读者可以感觉到本书对于抗战时期的论述极其丰满与立体，有学者与政治家的理论辩论，有国民政府的祭祀黄帝、界定"汉奸"与"民族英雄"的实践，也有教育层面的教科书编写与大众舆论层面的情感性表

---

[1]　黄兴涛：《重塑中华》，第301页。
[2]　同上书，第384页。

达。相比之下，对晚清时期的论述力度稍弱，尤其是，在对革命派与立宪派的分析之中，论述上略有失衡。在黄兴涛的历史叙事中，立宪派的面目是中华民族一体性观念的积极生产者与传播者，而革命派总体而言是受影响者和接受者，不断从一个原有的褊狭立场上后退。在革命派中，黄兴涛最为重视黄兴、刘揆一等较早接受五族一体观念的人士，着重阐发其在辛亥革命之前就已经发展出"五族共和"的观念——这一史实发掘，是《重塑中华》的重要贡献之一，有助于解释辛亥革命之后革命阵营何以如此迅速地接受"五族共和"的观念。但《重塑中华》第一章对孙中山、章太炎、汪精卫、胡汉民等人着墨甚少，他们的历史面目，究竟只是被动后退，还是对于中国与中华民族的一体性有另外一些值得重视的论述？

比如说，《重塑中华》在探讨章太炎在《中华民国解》中对杨度之回应时，认为章太炎虽然超越了民族复仇主义，但仍然强调"血统"，体现出某种思想的褊狭性[1]，这在处理上可能略显仓促。章太炎的"血统"论述复杂性远超常人想象。章氏并非强调生物学意义上的种族特征，其重点恰恰落在历史记忆上，强调近世种族之辨重在"历史民族"而非"天然民族"。于是，历史记忆和历史记载是否确定，成为认定一个种族的前提条件，而经由历史所成之民族才具有政治民族的主体性。[2] 这种"历史民族"观念针对的是杨度的"文化民族"观念，试图破解其内嵌的源于今文经学与欧洲列强"文明的标准"（standard of civilization）话语的文明等级论。

而从"历史民族"的观念出发，尤其着眼于中国语言文字的传播所体现的交往实践，章氏认为，"二郡一司"（朝鲜、越南、缅甸）对于中国的意义更大于"三荒服"（蒙、藏、回），中国本更应

---

[1] 黄兴涛：《重塑中华》，第70页。

[2] 参见张志强：《一种伦理民族主义是否可能——论章太炎的民族主义》，载《哲学动态》2015年第2期。

致力于将"二郡一司"重新纳入中国版图,至于"三荒服",本可"任其去来"①,只是由于地缘政治的缘由,恢复"二郡一司"的难度远大于保有"三荒服",故此,中国可暂先持有"三荒服",再图进取:"若三荒服而一切同化于吾,则民族主义所行益广。自兹以后,二郡一司反乎可覆,则先汉之疆域始完,而中华民国于是真为成立。"②

考虑到章太炎对于"二郡一司"的执念,他在《中华民国解》中设想的中华民国版图,实际上远大于康有为、杨度等人的期待。而在这个更大的疆域之内,章太炎所设想的民族关系,也比杨度等人更加灵活。针对杨度等人提出的蒙回藏人有选举权与被选举权者,必以通中国语为唯一条件的主张,章太炎不以为然,他的替代方案是"令三荒服,各置议士,其与选者,惟涉彼部之事则言之"③。章太炎的方案如果实现,那么我们将面对的是一个内部族群构成更具多样性的中国,必然需要某种联合体乃至集合体的概念,这将对概念建构产生何种影响,不无探讨价值。

从章太炎探讨的"二郡一司"问题中,我们还可以进一步延伸到"中华民族"论述与南洋华人华侨的关系。如果说立宪派的思路总体上是以中国既定版图为基础,推进"以国立族",革命派的思考经常延伸到既有版图之外,重视海外华人华侨,尤其是南洋华人华侨——他们保留着传统的宗族组织,在列强殖民地掌握了相当大的经济财富,具有可观的政治动员力,甚至不乏摆脱列强统治,在

---

① 章太炎:《中华民国解》,《章太炎全集》第4册,上海:上海人民出版社1985年版,第257页。一个对《中华民国解》的解读,参见陕庆:《命名与论述中国的方式——对〈中华民国解〉的一种解读》,载《开放时代》2017年第5期,第76—93页。
② 《章太炎全集》第4册,第258页。联系到章太炎的当时积极奔走成立"亚洲和亲会"的实践,他的"二郡一司"论,具有强烈的反对西方殖民主义的意涵。
③ 同上书,第262页。

未来建立某种政治实体的可能性。而在与革命派的宣传竞争中，像康有为、梁启超这样的立宪派也不得不推进自己的民族论述对于海外华人华侨的回应性。如果将南洋包含的政治潜能考虑进来，这样的中国，会是一个什么样的中国？在当下，这一问题无疑具有进一步挖掘的空间。

而长期追随孙中山的胡汉民，其民族主义思想在辛亥革命之前的演变，也并不仅仅是从"排满""仇满"的立场上不断后退。早在1905年所作的《排外与国际法》一文中，胡汉民就当时清廷所下的一则防止"排外"的谕旨做出评论。清政府丧权辱国，将中国权益出卖给外国人，而且压抑中国人对于国家权益的主张。而所谓"排外"，即由此而起。"吾国人者，内不得援于政府，又欲亟争之于外，此所以允无当也。"这就引向胡汉民的结论，"欲达吾人主张权利之目的，则莫如扑满革命"[1]。胡汉民通过对国际法的探讨，建立起一个民族国家独立平等的参照系，以此将清廷作为中国争取国际权益的障碍，将"排满"论证为有效抵抗帝国主义的基础。胡汉民呈现的这一逻辑，并非其个人独有。熟悉章太炎的研究者知道，章氏之所以从早年的赞同君主立宪转向革命，很大程度上就是受到了八国联军侵华的刺激，认定清廷已经成为反帝的障碍。这是许多革命派共享的判断。考虑到"反帝"这个更为重要的大前提，许多革命派人士在中华民族范围问题上展示的灵活性，也就比较好理解了。

笔者的另一个兴趣点在于《重塑中华》对"中华民族"与"中国人民"两个概念之间关系的探讨。《重塑中华》在第343—346页探讨抗战时期中共的民族观时，强调抗战期间中共用"中华民族"

---

[1] 中国国民党中央委员会党史委员会编：《胡汉民先生文集》（第一卷），中国国民党中央委员会党史委员会1978年版，第113—115页。

来指称全体中国人。在第 344 页论及毛泽东的《新民主主义论》中"新民主主义的文化……主张中华民族的尊严与独立"之论断，作者评论说："从毛泽东的上述文字中，我们可以清楚地看到中华民族是'一个'大民族共同体整体的意思，同时也可以看出，该词与带有从古至今历史文化延续性内涵的"中国人民"一词基本上是近似语。"而在第 345 页，作者强调了张闻天"中华民族与中国人民"连用的表述方法，强调的也是"中华民族"概念指向"全体中国人"的含义。"中华民族"与"中国人民"的关系，在此并非作者处理的重点，但在笔者看来是一个比较重要的问题。从概念史的方法来说，"中华民族"这一核心概念的"语义域"影响着这一概念意义的界定，而"中国人民"在"语义域"中占据重要地位，而且其重要性自抗战以来不断增加。《重塑中华》已经展现了某些历史片段，但存在展开进一步论述的余地。

在帝制之下，"人民"最为广泛的传统用法，泛指一地一处的居民，并不刻意强调其内部同质性，接近于英文"people"政治色彩较淡的用法。[①] 这种用法延续到了民国，如 1920 年《致中》杂志发表过一篇《中国人民非五族》，大致是在这种非政治的意义上使用"人民"二字 [②]，"人民"指的是居住在中国土地上的民众。帝制之下，"人民"也被用来指代作为被统治者的"臣民"，政治色彩略有加深。但近代出现了政治色彩更深的"人民"用法，其顶点就是卢梭式的"人民主权"观念——在此，人民的"公意"被视为政治正当性的源泉，人民仿佛是一个始终保持着的广场集会，不断认可或者否决那些自称是其代表的政治人物的行动。在清末大臣出洋考察列国宪法之后向清廷递交的奏折中，"人民"的这几种用法都存

---

① 清时又有"民人"的用法，与"旗人"相对，指的是以汉人为主体的各族平民。这一用法甚至延伸到一些国际条约的汉文本中。

② 《中国人民非五族》，载《致中》1920 年第 1 卷第 2 期，第 100 页。

在，达寿更在其奏折中直接提到了卢梭的人民主权学说。[①]

辛亥革命在很大程度上普及了"人民主权"的理念，但同样流行起来的还有"国民"一词。1912年南京临时参议院制定的《临时约法》、1923年北洋直系势力主导制定的《中华民国宪法》（即曹锟贿选宪法）以及1931年蒋介石主导制定的《中华民国训政时期约法》均规定主权属于"国民全体"。而在我们今天看来属于公民权利义务的章节，《临时约法》中的标题是"人民"，《中华民国宪法》中的标题为"国民"，《中华民国训政时期约法》中的标题是"人民之权利义务"，并不统一。在此章节之下，三部宪法之中凡涉及个体性的权利与义务的，其主体均称"人民"，只是《中华民国训政时期约法》在涉及选举、罢免、创制、复决之权时，称其主体为"国民"。这样看来，似乎"国民"对应 people，"人民"对应 citizen。然而《临时约法》又有"中华民国由中华人民组织之"的表述，可见"国民""人民"意义重叠之严重。政论家也经常混用二者，如戴季陶1913年所作《民国政治论》大讲"人民主权"与"人民公意"，但也经常在相似意义上使用"国民"一词。[②]

中国共产党人在第一次国共合作期间也是"人民""国民"并用，这在其中央机关报《向导》周报上就有相当体现。但在国共合作失败之后，中共文献中"国民"的使用就大大减少，当然，这并不等于"人民"的使用就变得更为频繁。1931年的《中华苏维埃共和国宪法大纲》中只有"人民委员会"的设置中有"人民"的表述，其他各处并没有出现"人民"或"国民"。这一时期中共使用"工农""民众""群众"更多，苏区的政府称"工农兵苏维埃"，而

① 达寿：《考察宪政大臣达寿奏考察日本宪政情形折》，载夏新华等编：《近代中国宪政历程：史料荟萃》，北京：中国政法大学出版社2004年版，第57页。

② 戴季陶：《民国政治论》，载唐文权、桑兵编：《戴季陶集》，武汉：华中师范大学出版社1990年版，第606—621页。

非"人民政府"。在这一语境下，"人民"意味着比"工农"外延更为宽泛的群体单位。长征过程中，张国焘在四川成立"四川人民政府"，就是刻意强调不执行苏维埃的土地革命政策，以求吸纳更多的社会群体。

在抗战压力增大的背景下，中共在频繁地使用"中华民族""全民族"等概念同时，也比以往更多使用"中国人民""全国人民"等词。考虑到前一阶段中共主要使用"工农"或"无产阶级"来指代自己的社会基础，频繁使用"中国人民"一词，本身就意味着对阶级对抗性的淡化处理。《重塑中华》在这方面展示了历史的一个片段：中共领导人，特别是张闻天，一度在比较接近的意义上使用"中华民族"与"中国人民"两个词。不过，在张闻天那里，"中华民族"与"中国人民"的接近程度究竟有多高，还可以有辨析的余地。张闻天在 30 年代末还在与"少数上层统治者"相对的意义上使用"人民大众"[1]，同时还运用"工人阶级与最大多数人民"[2] 的表述。与此对照，张闻天所说的"中国人民"是否遵循着帝制之下政治色彩较淡的传统用法，也都可以从语用学出发进行讨论。

同时，领导人之间还存在着个体差异。与张闻天相比，毛泽东对于"人民"和"中国人民"的使用具有更强的政治性自觉。1935年，毛泽东在《论反对日本帝国主义的策略》中说："大土豪、大劣绅、大军阀、大官僚、大买办们……这一卖国贼营垒是中国人民的死敌。"[3] 在国内敌我区分的语境之下，这里的"中国人民"呈现出革命阶级之联合的意味。1940 年的《新民主主义论》（原题"新民主主义的政治与新民主主义的文化"）进一步阐明了"人民"作

---

① 张闻天：《在民族自卫战最前线的岗位上》，载《张闻天选集》，北京：人民出版社 1985 年版，第 227 页。
② 同上书，第 229 页。
③ 《毛泽东选集》第 1 卷，北京：人民出版社 1991 年版，第 144 页。

为各革命阶级之联合的意涵，并且对"国民"的常规用法做出批评："资产阶级总是隐瞒这种阶级地位，而用'国民'的名词达到其一阶级专政的实际。这种隐瞒，对于革命的人民，毫无利益，应该为之清楚地指明。'国民'这个名词是可用的，但是国民不包括反革命分子，不包括汉奸。"[①]

因此，在毛泽东 1940 年《新民主主义论》的文本语境中，"中国人民"与"中华民族"并非一回事。几乎可以说，一个具有中国国籍的人天生属于"中华民族"，但是否属于"中国人民"，则要看其阶级出身与在革命斗争中的表现。在毛泽东的"中国人民"用法成为党内标准用法之后，中共对"中国人民"与"中华民族"的组合使用，颇能体现出对于不同性质的矛盾的平衡处理方式。抗战胜利之后，国内革命继续推进，"中国人民"的范围也就不断发生变化。比如在 1949 年《共同纲领》中，民族资产阶级与小资产阶级还是"人民"的一部分，但到了 1954 年宪法中，这两种成分就已经消失。通过阶级分析视角界定的"人民"也完全可以越出国界。天安门城楼上"世界人民大团结万岁"的标语可以提示我们中国革命朝向"世界大同"的国际主义面相。

阐明"中华民族"与"中国人民"的语义分野，有助于今人更好地理解，为什么从《共同纲领》、五四宪法、七五宪法、七八宪法到八二宪法及其四个修正案，中国的宪法性文件都会特别强调"中国人民"这个政治主体，但均没有出现"中华民族"概念，只是到了 2018 年，"中华民族"表述才经由宪法修正案，成为中国宪法文本的一部分。概念的轻重之变，背后是不同政治形态的此起彼伏。《重塑中华》通过追溯"中华民族"的观念史描绘出与之相关的政治形态，而这也让我们期待能有同样分量的"中国人民"概念史的问世。

---

① 《毛泽东选集》第 2 卷，北京：人民出版社 1991 年版，第 676 页。

四、余 论

《重塑中华》覆盖的时段截止于 1949 年，但其问题意识绝非仅限于近代。事实上，任何优秀的历史作品，都不仅是关于过去的，而是用过去观照未来，"通古今之变"。既然中华民族认同的塑造仍然"在路上"，"一"与"多"之间的张力也将长期存在，《重塑中华》对近代"中华民族"观念塑造历程的叙述，也将作为一种思想的力量，参与到这个塑造的过程中去。[①] 未来的实践者将能从这部作品中看到"中华民族"观念内部包含的复杂性，从而从"自觉"走向更大的"自觉"，捍卫和继续巩固既有的共识，避免无谓的争论和消耗。

而对于学界同仁而言，《重塑中华》极为可贵之处在于，它不仅贡献了新的历史叙事，而且通过历史叙事，勾勒出了一张巨大的多层次的对话网络，在历史行动者相互之间，在作者与历史行动者之间，在作者与当代研究者之间，各个层面都充满了富有启发的对话。这些对话对各个学科开放，无论一个研究者是来自文学、哲学、人类学还是政治学、法学，只要他/她关心"中国"与"中华民族"的认同的近代演变，都将能够从《重塑中华》中找到自己感兴趣的对话点，并以《重塑中华》整理的既有研究文献为基础，展开新的研究。尽管本书出版不到一年，我们可以大胆预测，这部著作的辐射力将远远超出史学学科，成为常读常新的当代名著；而其局部未竟之处，也可以激励研究者继续努力，贡献出更为全面和精细的历史图景。

---

① 《重塑中华》发掘了一条十分有意义的历史线索。在第二章《现代中华民族观念的确立与传播》过程中，作者分析了李大钊 1917 年的《新中华民族主义》与《大亚细亚主义》以及 1924 年的《人种问题》，勾勒出李大钊的"中华民族复活论"。这一论述在历史上一度湮没无闻，但在今日，或许具有了重要的现实意义。

从秋菊到 WTO[*]

再论苏力《法治及其本土资源》

    我们生活在历史急速前行的洪流之中。1996 年 10 月，一本题为"法治及其本土资源"的专著问世，那个向各级领导讨要"说法"的秋菊的形象从此在中国学术史上打下了深刻的烙印，法治建设应当如何回应中国基层乡土社会的需求，成为一个重要的学术议题；当月，中美两国元首会晤，同意加快中国加入世界贸易组织（以下简称"WTO"）的谈判；当年中国按汇率计算的名义 GDP 排名世界第七，几乎是美国的十分之一，不到英国的三分之二。2016 年，《法治及其本土资源》迎来出版二十周年，已经有后辈学者总结《法治及其本土资源》所激发的对《秋菊打官司》的后续研究，其文献规模与理论深度均颇为可观^①；此时中国的名义 GDP 已经排名世界第二，接近美国的三分之二，是英国的四倍。面对中国这个第一贸易大国的压力，欧美各国政客纷纷呼吁重新祭出贸易保护主义。

---

* 本文的一个较早版本曾以《从秋菊到 WTO：重审国际战略选择与国内法律秩序演变的关系》为题，刊载于《武汉大学学报》2017 年第 1 期。本文在此基础上有所修订。

① 陈颀：《秋菊二十年：反思"法律与文学"》，《读书》2016 年第 2 期。

二十年之后,《法治及其本土资源》的作者苏力推出了一系列对"大国宪制"的研究,从三个层面探讨古代中国如何通过一系列基本制度将许多松散的农耕小共同体整合成为一个大国,他将小共同体内部的秩序安排与"齐家"相对应,将国家层面将众多横向联系松散的小共同体整合在一起的制度安排与"治国"相对应,将国家回应游牧文明与农耕文明之间的对立与冲突的努力与"平天下"相对应。① 在这个新的分析框架里,《法治及其本土资源》无疑聚焦在"齐家"与"治国"两个层面,尤其是强调国家正式法律制度的建构需要回应小共同体生活的内在需要,并指出"法律移植"与这种内在需要存在着脱节,因而需要反思。但是,《法治及其本土资源》与"平天下"这个层面的关联比较薄弱,尤其是未能充分展现出其所批评的"法律移植"在国际秩序层面的动力来源。

本文试图接着苏力对"齐家""治国""平天下"三个层面的区分,进一步讨论法律制度演变的国际动力来源。地缘政治与国际秩序的演变推动国内制度建构的演变其实并不是什么新的命题。英国地理学家哈尔福德·麦金德(Halford J. Mackinder)认为国家的观念通常是在"共同苦难的压力和抵抗外来力量的共同需要下才被接受的"②。奥托·欣茨(Otto Hintze)甚至认为国家之间的冲突比马克思讲的阶级斗争对国家内部结构的影响更具决定性。③ 查尔斯·蒂利(Charles Tilly)、佩里·安德森(Perry Anderson)、迈克尔·曼(Michael Mann)、托马斯·埃特曼(Thomas Ertman)等历史社会学家都在不同程度上强调了地缘政治与国际秩序演变对于国内秩序的

① 苏力:《宪制的军事塑造》,载《法学评论》2015 年第 1 期;苏力:《齐家:父慈子孝与长幼有序》,载《法制与社会发展》2016 年第 2 期。

② 哈尔福德·麦金德:《历史的地理枢纽》,北京:商务印书馆 1985 年版,第 51 页。

③ Otto Hintze, *Historical Essays*, Oxford: Oxford University Press, pp. 178—215.

影响 ①，并且影响到了许田波、赵鼎新等学者对于中国国家建构历史进程的研究 ②。本文无意重述既有的理论传统，而试图在此背景之下，思考 19 世纪以来中国的国际战略选择对国内法律制度的影响，并重新探讨"法律移植"这一苏力曾给予很大关注的问题。

本文仍将借用苏力常用的秋菊形象展开论述，但试图将其与世纪之交时国际秩序的代表 WTO 关联在一起。这种并列多少会让人感到突兀：一个是遥远山村的农妇，处在基层的基层；另外一个，属于世界贸易的"顶层设计"，与国际货币基金组织（IMF）、世界银行（WB）一起被称为世界经济发展的三大支柱。但二者都构成国内法律秩序需要回应的力量。秋菊及其所生活的小共同体，是中国当下的政治—法律秩序的基础，60 年前，一场轰轰烈烈的基层社会革命奠定了这个基础，而 30 多年前的基层改革，则将秋菊们推入了商品经济时代。"基础不牢，地动山摇"，多年以来，决策者在农村改革上十分谨慎，尽可能避免触及基本制度。而在冷战结束之后，WTO 成为全球贸易的主导框架，中国如果完全自外于这个霸权体系，经济就很难有飞跃式的发展。但是，要加入 WTO 并不是容易的事情，列强坐地起价，提出种种要求，其中一项就是要对本国法律体系进行大幅修改，使之与欧美的制度更为接近。

在加入 WTO 的压力之下，中国开始大幅修改旧有的法律与政策，并制定一系列符合 WTO 要求的新法律和新政策。这种"变法"，直接目的是获得美国霸权支配的国际贸易秩序的入场券，而

---

① 佩里·安德森：《绝对主义国家的系谱》，上海：上海人民出版社 2001 年版。查尔斯·蒂利《强制、资本和欧洲国家》，上海：上海人民出版社 2007 年版；托马斯·埃托曼：《利维坦的诞生》，上海：上海人民出版社 2010 年版；迈克尔·曼：《社会权力的来源》（第一卷），上海：上海人民出版社 2007 年版。

② 赵鼎新：《东周战争与儒法国家的诞生》，上海：华东师范大学出版社 2011 年版；许田波：《战争与国家形成：春秋战国与近代早期欧洲之比较》，上海：上海人民出版社 2009 年版。

不是回应本土社会提出的迫切的诉求，所以可以说是纯正形式的"法律移植"，用更为温和的说法，叫作"超前立法"。但这种"超前立法"，实际上是 20 世纪中国的常态而非例外，源于一个古老国家在新的列国时代寻求国家地位的努力。本文试图指出的是，从 20 世纪历史来看，"超前立法"完全可能是源于不同类型的国际行动策略选择：第一种动力，源于适应列强主导的国际霸权秩序的战略选择，第二种动力，源于与列强主导的旧国际秩序决裂，并试图创新国际秩序的革命运动。两种战略选择的交织，在很大程度上塑造了当代中国的法律发展路径和基本面貌。

一、适应型策略与"超前立法"

自从鸦片战争打开国门，中国接触到的第一个欧洲国际体系，就是 1815 年维也纳会议奠定的"维也纳体系"，英国、俄国、奥地利、普鲁士、法国是这个体系的五大强权。这些国家的世袭统治者们为了防止再次发生法国大革命，建立了一个相互协调的机制，避免相互之间发生冲突，将精力转向海外殖民扩张。在扩张之中，列强将欧洲文明的某些特征设定为普遍的"文明标准"（standard of civilization），据此对非欧洲国家的性质做出区分。梁启超曾于 1899 年在《文野三界之别》重述福泽谕吉引入日本的文明等级论："泰西学者，分世界人类为三级：一曰蛮野之人，二曰半开之人，三曰文明之人。"① 据此，中国被视为处于一个"半开化"的等级，列强可以在获得领事裁判权的前提下，与中国签订不平等条约。"维也纳体系"维持了欧洲内部的长久和平。但随着德国统一并迅速崛起，列强之间的冲突增大，协调体系失效，最终导向第一次世界大战。

---

① 张品兴主编：《梁启超全集》，北京：北京出版社 1990 年版，第 340 页。

一战之后的凡尔赛和会试图重建国际体系，但未能恢复"维也纳体系"中的大国协调机制，列强之间的冲突持续，并导致二战的爆发。在二战结束之后，人类迎来的是两大阵营对立的冷战秩序，这一秩序持续到90年代初，随后进入美国一超独霸的时代。[1]

在这个背景之下，我们就可以理解清末修律和民国时期南京国民政府大规模立法背后的适应列强霸权秩序的动力来源。近代东西方列强在中国建立领事裁判权，其理论基础正是"文明的标准"的论述：中国的法律不符合文明标准，因此让列强的侨民接受中国法庭的审判，是不人道的。清政府和民国南京国民政府[2]为了收回领事裁判权，一方面是与列强博弈，另一方面也进行了以"改同西例"为导向的法律改革。"文明的标准"背后隐藏着的是列强强大的组织化暴力，但是，它之所以能通行世界各地，跟被殖民者的自愿和非自愿的接受，是分不开的。不少人也主动接受了列强的文明优越论，将"改同西例"变成一个自愿的、充满热切期望的过程。民国时代的法律人王伯琦在一篇题为《超前立法的出路》道出了他心目中"超前立法"的意义：

> ……我们的行为规范，虽不是立法者可以制造的，但立法者制成的法律，对于社会大众的意识，确有莫大的启示作用。从而足以加速促成其意识之成熟……早熟的立法，在其一时的效力方面，或许要打些折扣，但在启迪人民意识方面，却有

---

[1] 以上对19世纪以来国际秩序的演变的概括，得益于2016年秋季学期笔者的博士论文导师之一佩里·安德森（Perry Anderson）教授在北京大学所发表的一系列演讲，尤其是第一讲《十九世纪的大国协调》。参见章永乐、魏磊杰主编：《大国协调及其反抗者》，北京：北京大学出版社2018年版。

[2] 国民党在第一次国共合作时期坚持"反帝"。在1927年国共合作最终破裂之后，国民党仍然坚持修改不平等条约，收回租界等，但在对外交往中表现出越来越强的妥协性。因此本文将南京国民政府的国际战略主要归为适应型战略。

极大的作用。我们不妨称之为"法教"。尤其在一个社会需要有重大的变革之时．此种立法上的手段，更为重要。[①]

超前的立法有什么意义？王伯琦说，它可以"启迪人民意识"，因此可以称为一种"法教"。他将这种"法教"放在代议制的背景下来考察，超前的立法者们既是民众的代表者，又是民众的教育者。那么，究竟教什么呢？当然是引入当下西方的法律发展成果。在第一次世界大战结束之前，当西方法律仍保留着浓厚的古典自由主义色彩时，中国学习古典自由主义的声音也较高。而在第一次世界大战结束后，西方法律日益趋向于"社会本位"，"学习西方"也就日益变成了学习"社会本位"的最新立法。围绕着西方两个阶段的精神差异，民国的政治与法律精英中还爆发了究竟应学习"社会本位"还是"个人本位"立法的争论。胡汉民、吴经熊主张"社会本位"，而王伯琦、蔡枢衡则认为西洋的当下法律是在人格独立基础上的进一步发展，而中国本来就没有真正确立个人人格独立的原则。[②]前者对西方晚近的"社会本位"倾向与中国传统民族心理的相似感到欣欣鼓舞，将此作为中国能够适应世界潮流的证据；而后者则对前者的乐观感到忧心忡忡，认为中国需要补上古典自由主义的课之后才真正追得上世界潮流。但无论如何，两派共享了同样的焦虑，都努力使中国适应国际秩序的主流。

"适应型策略"在民国时期碰到的最大尴尬是：在一战最终摧毁维也纳体系之后，新建立的凡尔赛—华盛顿体系高度不稳定，未能真正重建维也纳体系下的"大国协调"。随着世界秩序加速进入一个混乱时期，若干大国竞争对区域和世界的控制权，更是出现了

---

① 王伯琦：《近代法律思潮与中国固有文化》，北京：清华大学出版社 2005 年版，第 74 页。
② 孔庆平：《个人或社会：民国时期法律本位之争》，载《中外法学》2008 年第 6 期。

不同社会制度之间的竞争。当有能力建"朋友圈"的"群主"们在那里打成一团的时候，努力寻找主流"朋友圈"加入的中国人，也就面临着一个根本问题：谁才是主流呢？

二、革命型战略与"超前立法"

在一战导致 1815 年建立的"维也纳体系"全面崩溃之后，另外一批仁人志士选择的是与列强主导的旧秩序决裂的革命运动。在巴黎和会上，中国名为一战的战胜国，却被列强像战利品一样处置，引发了国内的抗议热潮。而十月革命之后，苏俄对列强霸权秩序的挑战，呈现出了一种不同的国际秩序可能性。在十月革命影响之下，1921 年中国共产党成立，1923 年国民党改组，两党联手发动的国民革命公开打出了"反帝"旗号，但最后是中共将这一旗帜真正坚持到底。新的革命并不是获得既有的国际秩序的承认，而是要改造既有的国际秩序，在一个新的、更为平等的国际秩序中为中国赢得尊严。在此，对一种新的、尚未变成现实的理想社会的渴求，取代了列强的承认，成为立法的引导意识。同时，伴随挑战而来的战争的压力，也成为制度演变的重要动力。

在革命过程中，共产党人在中国乡村推行的许多新法实际上都是非常"超前"的，以妇女解放为例，这本身并不是中国基层社会自身提出的迫切诉求，它首先是中国进步知识分子在国际影响下所产生的理念，后来才变成行动。当这一主张变成实践之时，也经历了诸多曲折。1928 年 7 月中共六大《妇女运动决议案》要求苏维埃政府成立时，立刻颁布解放妇女的条例。各革命根据地颁布相应婚姻条例，废除重婚、婢女、童养媳、买卖婚姻和包办婚姻。这一阶段受到苏联影响较深，许多地方的婚姻政策规定"结婚、离婚绝对自由"。1931 年制定的《中华苏维埃共和国婚姻条例》几乎更是照搬了苏联《婚姻、家庭及监护法》第 18 条的规定，宣布："确定离婚自由。凡男女双方同意离婚的，即行离婚，男女一方坚决要求离婚的，亦即行离婚。"① 这一规定主要考虑的是妇女解放、社会革命而非社会稳定，对按传统习俗成婚的婚姻关系也没有做出规定。革命根据地很快出现"离婚潮"，尤其对红军战士家庭的稳定造成了很大的冲击。在调查研究的基础上，苏维埃政府于 1934 年 4 月 8 日颁布了《中华苏维埃共和国婚姻法》，在坚持解放妇女、保护妇女合法权益的同时，也进一步保护了儿童的权益，又适当体现公平原则和照顾现实情况，对红军战士的家庭婚姻也进行了特别的保护。

类似的故事，在后来的陕甘宁边区又上演了一次。《陕甘宁边区婚姻条例》颁布之后，边区掀起"离婚潮"，抗日军人的家庭稳定尤其受到冲击。边区政府在 1943 年 1 月同时颁布了《陕甘宁边区抗属离婚处理办法》和《修正陕甘宁边区优待抗日军人家属条例》，对抗属离婚做出了一些特别规定。1944 年 3 月 20 日重新颁布了《修正陕甘宁边区婚姻暂行条例》，一定程度上向当地的传统作了妥协。② 中共认识到仅仅是法律条文的变化并不能保障妇女地位，更重要的是从经济基础上提升妇女地位，于是动员妇女参与边区大生产运动，促使男女两性的利益在发展经济、增加家庭收入上得到统一，并提出了"家庭和睦"的口号，同时，大力鼓励妇女加入农会、工会、共青团、共产党乃至革命军队。

无论是中央苏区还是陕甘宁边区，由于立法者与基层民众存在频繁的互动，尤其是因为立法者直接仰赖于民众这个"衣食父母"，一步走错可能会导致革命力量的削弱，立法中出现的教条倾向，很

---

① 张希坡：《中国婚姻立法史》，北京：人民出版社 2004 年版，第 136—137 页。

② 韩延龙、常兆儒：《中国新民主主义革命时期根据地法制文献选编》（第四卷），北京：中国社会科学出版社 1984 年版，第 810 页。

快就能获得纠正。但是，不管中共如何做出现实主义的调整，立法始终是其庞大的社会变革计划中的一个环节。站在国民党一边的王伯琦所说的"法教"，对于共产党人来说也具有部分的现实意义——对新法的宣传，实际上成为思想政治工作的一部分，成为社会动员的一部分。社会或许没有成熟到可以实施新法的地步，但共产党人将通过革命，将其改造成适应新法的社会。在这一背景下出现的马锡五就是一个极具典型性的形象，他镶嵌在一场以"超前立法"为手段的社会革命之中，通过与基层民众密切互动的司法，既维护个案的公正，也继续推动这场社会革命。

对一个尚未实现的新社会的憧憬，引导着革命根据地法律制度的变革。但与此同时，革命者时刻处于战争的压力之下，当社会理想碰到战争的必然性（necessity）的时候，很多时候就需要权衡。上文所述根据地婚姻法的演变之中，就存在对战争因素的考量——如果过度的"离婚自由"导致广大指战员的婚姻家庭不稳，那么它最终将会削弱革命的力量。而另一个重要的例子，就是朝鲜战争爆发对中国国内制度变迁的影响。

中华人民共和国成立之时，在工业化道路上实际上存在不同选项。但是，朝鲜战争爆发，美国第七舰队侵入台湾海峡，对决策者而言，打赢迫在眉睫的战争，关系到新社会的生死存亡。而战争需要一个强大的重工业，重工业需要大量投资，在当时的条件下，只能是从农业剩余中提取。1953 年，梁漱溟对中央的工业化战略提出质疑，认为中共进城之后，工作重点转移于城市，忽略了农民。而毛泽东的回应是："照顾农民是小仁政，发展重工业、打美帝是大仁政。"毛泽东完全理解梁漱溟要的是个什么样的"说法"[1]，但在当时的国际环境之下，只有优先发展工业，才能建设强大的国防，保

---

① 汪东林：《梁漱溟与毛泽东》，长春：吉林人民出版社 1989 年版，第 20—23 页。

卫国内建设成果。

在当时的地缘政治压力下，中国走上了城乡二元、重工业优先的工业化道路。这是一条最有利于集中资源加强国防的道路，但它必然有自身的"副作用"：行政等级制的加强，管理者"命令主义"与脱离群众倾向的发展、知识分子与乡村生活经验日益隔膜……试图以革命时代的经验和路径来解决这些问题的尝试，在现实之中遭遇到了很大的挫折，在国际上，随着中国同时陷入与美苏两国的冲突，中国面临的地缘政治环境进一步恶化、战争压力进一步增大。这一切都推动了20世纪70年代初的政策转变。

三、重归"适应型"战略？

在1972年尼克松访华、中美会谈的基础上，中国于1979年与美国建交，而且形成了合作防苏的关系。美国领导的资本主义世界也向中国部分开放了市场。在"世界大战打不起来"的判断下，重工业优先的发展战略也发生了改变，这为轻工业蓬勃发展，从而迅速惠及民生提供了前提。

而在知识界发生的变化，则是线性史观与"西方文明优越论"发生叠加——既然要推动改革，那就要弱化前一阶段对中国站到人类文明前沿的确信，承认中国在社会发展阶梯上处于一个较低的位置，需要"补课"。在这种"补课论"意识下，19世纪的"西方文明优越论"就正大光明地回归20世纪80年代的中国，各行各业更是涌现出了一批正在行走的"当代福泽谕吉"，而苏联解体，东欧剧变之后，美国成为世界唯一的超级霸权，"历史终结论"甚嚣尘上，也当然会对中国知识界产生影响。

在美国单极霸权的背景下，源于线性史观的"补课论"与西方文明优越论的叠加，产生的是加强版的"超前立法"观念："超前立法"，对上能够获得列强的承认，加快中国进入"国际文明社会"的步伐；对下可以教化民众，培养出所谓"现代人格"，推动社会的现代化，何乐而不为呢？如果不考虑这样一种几乎是"主流共识"的知识背景，我们就很难理解为什么《法治及其本土资源》的出版能够引起这么大的争议——并不是因为批评者完全不愿考虑苏力所提出的"法律移植"在技术层面可能有的缺陷，而是因为苏力在其中表现出来的世界观与价值观对20世纪90年代知识界的"主流共识"的背离——苏力以"地方性知识"这一概念将"向上"的眼光相对化了，由此来看，与工业与城市工商业文明相配套的现代法律体系，从根本上来讲也是一种"地方性知识"，受到自己的时空限制；因而，"向下"的眼光，就获得了正当性，而秋菊要的"说法"，正是在这样的眼光之中得到了呈现。

那么，20世纪90年代中国寻求加入WTO并因此修改自身的法律体系，究竟属于哪一种类型的"超前立法"？从表面上看，它其实接近晚清修律和南京国民政府制定《六法全书》，都是基于一种适应国际霸权秩序的行为策略。事实上，在20世纪90年代，中国的批判知识分子大部分对WTO的印象非常负面，认为一旦中国加入WTO，中国的民族产业可能会遭遇外资清洗，而中国民众的境遇更是岌岌可危。[1]但是，出人意料的是，加入WTO之后，中国却迎来了人类历史上少有的一个经济飞跃时期，在十多年之间，中国的经济总量几乎每年保持两位数的增长速度。国家统计局2006年编辑出版的《中国未来经济增长及其国际经济地位展望》曾刊登有关专家文章（原文发表于2003年），预测中国国内生产总值在本世纪中叶有可能超过日本，但在本世纪内很难超过美

---

① 《读书》杂志编：《重构我们的世界图景》，北京：生活·读书·新知三联书店2007年版。

国，成为世界第一经济大国。^① 2005 年，中国著名的网络 BBS"天涯论坛"上一位名为"雪亮军刀"的网友发帖论证中国经济总量会在 2030 年超过日本，众多网友表示怀疑，纷纷与之论战，试图证明中国经济并没有这么大的潜力，这一辩论成为当年一个重要的网络事件。但正反双方都没有想到，仅仅五年之后，中国的名义 GDP 就超过了日本，到了 2021 年，中国的名义 GDP 已经是日本的 3.6 倍。

这种生产力的爆发，不仅中国自己没有想到，欧美列强也没有想到。然而，当欧美政治与经济精英们回过神来的时候，为时已晚。中国拥有世界上门类最为齐全的产业体系，产品配套能力强，制造业规模超过了美国、德国与日本的总和，而且处在不断升级的过程之中，即便是按照对自己不利的游戏规则竞争，也足以在许多领域后来居上。2018 年 1 月 19 日，美国贸易代表办公室向美国国会提交报告称，美国支持中国加入 WTO 是错误的决定。就世界贸易秩序而言，中国是从一种"适应型"的战略选择开始，但随着实力的增长，绝不会一直"适应"下去。中国必将提出参与规则制定的主张，而这正是让欧美列强极为不快的前景。

尽管 20 世纪 90 年代中国国内的讨论并没有预测到这样一个结果，但将这样一个结果归结为自由化、市场化的胜利，那是非常片面的。数亿人口在极短的时间内进入制造业，这在世界历史上是从来没有过的。在世界各国的历史上，这种急剧的工业化往往伴随着极大的社会分化与动荡。但中国较好地控制了急剧工业化的社会后果。这就与新民主主义革命、社会主义革命与社会主义建设时期所打下的坚实的基础有很大的关系。在通过 WTO 打开国际市场，从

---

① 国家统计局国民经济核算司编：《2002—2005 年中国宏观经济运行轨迹》，北京：中国统计出版社 2006 年版，第 60 页。

而扩大生产规模之前，中国已经拥有了数亿优质的不充分就业的劳动力，他们的健康状况、文化水平和工作伦理完全能够胜任正在兴起的制造业的劳动；同时，绝大部分农民工在农村仍拥有土地，生活有保底，能够承受进城失败的风险；土地并非私有，集中土地进行基础设施建设的谈判成本较低，这就大大加快了基础设施建设的进程，促进投资的迅速扩大。[①]这些条件是革命与社会主义建设所留下的，在新的形势条件下发挥出了优势。

四、"入世"之后的秋菊？

而在这个故事中，秋菊有可能会扮演什么角色呢？秋菊属于乡土中国，但那是一个经过革命与改革塑造的乡土中国。她作为一个普通村妇，敢跟村长叫板，这是近代社会革命塑造的农村妇女，而非古代"三从四德"伦理束缚下的妇女。秋菊家种辣椒，而且有足够的劳动力收辣椒，运到集市上去卖，获得了可自由支配的现金。秋菊的丈夫之所以一开始会言语冲撞村长，跟他建立在自家经济实力基础上的信心有很大关系。而在冲突发生之后，秋菊不断上访的盘缠，也来自她家农副产品所奠定的经济基础。秋菊，已经是一个进入区域商品经济市场的妇女。只是，这个阶段的乡土中国，经济尚未从社会中"脱嵌"（卡尔·波兰尼语）出来，儒家的礼俗和社会主义的伦理的某种混合，深刻影响着村庄成员的行为。

在加入 WTO 之后，我们将看到成百上千万的秋菊，离开她们的村庄，在遥远的沿海城市成为不断扩展的中国制造业的新工人。

[①] 乔万尼·阿里吉：《亚当·斯密在北京》，北京：社会科学文献出版社 2009 年版；黄宗智：《中国经济是如此快速发展的？——五种巧合的交汇》，载《开放时代》2015 年第 3 期。

她们寄钱回家，老人们则在家乡抚育她们的孩子。由于长期存在户籍制度的限制，她们中只有少数人能在城市扎根，大多数人最终还是要回到自己的家乡。打工的经济也将深刻改造村庄内部的关系，在城市的经历让秋菊们学会给自己的劳动定价。"礼物经济"将在许多方面让位于"商品经济"，原来常有的免费的相互帮忙，现在也要货币计价了。熟人社会变成半熟人社会，经济逐渐从社会中"脱嵌"，适合陌生人社会的法律在村庄里具有了更大的适用性。秋菊们原来生活的礼俗社会，也许就这样逐渐瓦解了。在新的"市场社会"里，秋菊们可能也不再要求当年的镶嵌在礼俗社会中的"说法"。

但悖谬的是，当市场经济从社会中"脱嵌"，秋菊们的传统生活世界走向碎片化的时候，中国的知识分子们似乎却对秋菊们当年要的"说法"有了更深切的同情和理解。

要理解这个现象何以发生，我们或许可以回到同样是在二十年前出版的另外一本书，塞缪尔·亨廷顿的《文明的冲突与世界秩序的重建》。在这本书里，亨廷顿反复提醒他的西方读者，西方文明并不是普遍的，而现代化也不等于西化，在很多时候，它反而会带来非西方国家本土文明的复兴："在社会层面上，现代化提高了社会的总体经济、军事和政治实力，鼓励这个社会的人民具有对自己文化的信心，从而成为文化的伸张者。在个人层面上，当传统纽带和社会关系断裂时，现代化便造成了异化感和反常感，并导致了需要从宗教中寻求答案的认同危机。"[1]

亨廷顿以宗教的差别来界定不同文明的差异，多少有些狭隘。但他的经验观察在很大程度上是准确的。一个人在落魄的时候容易怪祖宗没有给自己好的出身条件，他在很多时候要努力地突破祖

---

[1]　塞缪尔·亨廷顿：《文明的冲突与世界秩序的重建》，第67—68页。

宗之道，才能够生存下来，但富裕之后，却热衷于修家谱，垒坟圈，将自己的创新论证为祖宗之道的延续，这种情况屡见不鲜。比如说，日本在明治改革之后就已经跻身列强，在二战之后再一次成为发达国家，但现代日本文化并非西方文化的简单翻版，而是具有自身鲜明的特点；基督徒在日本人口中也始终是极少数。印度近年来经济的高速发展就伴随着印度教民族主义的兴起；埃尔多安治下的土耳其则正在经历着传统宗教和民族主义的复兴。以这些例子为参照，中国在经济高速发展同时经历的传统文化复兴丝毫不令人惊奇。

"修家谱，垒坟圈"不等于回到传统社会，实际上真正传统的生活方式已经回不去了，大多数人也不会接受原汁原味的传统生活方式。在现实中发生的只是一种"抽象继承"和"选择性继承"。但越是在传统社会解体的时刻，建立历史连续性的现实需要却进一步凸显出来。这不仅是因为个体在传统社会解体的时候更迫切地需要一种集体归属感，也是因为，经济层面的产业升级本身就会提出这样一种诉求。核心技术的创新和产业标准的制定是全球产业链中具有高附加值的环节，制造环节的利润通常是极其微薄的。如果一个国家的工业界不掌握标准的制定权，只是为其他国家作外包代工，那么落实到具体的产品上，对于其核心技术和设计，就不会有多少发言权。而一双鞋，一辆车，一件衣服的设计，都包含着文化符号的要素，更不用说音乐、电影这样的文化工业产品了，代工者通常只能是被动地接受设计者给出的文化符号，在这个阶段，寻求文化自主性是困难的。要克服利润微薄的状态，就必须向产业链的上游攀爬，进入标准制定的环节，掌握核心技术，进行产品的设计。于是，产业升级就产生出了产业标准的"进口替代"的需要，而这种"进口替代"就会推动对于本土传统文化符号的积极运用，进而塑造消费者的消费习惯。

更重要的是，一个更具有主体意识的国家，也不会再安于做霸权所制定的国际规则的被动遵从者，而历史上的"光辉岁月"将在很大程度上影响其对如何行使规则制定权的想象。旧霸权们为自己所制定的规则加上"文明""进步"的光环，而一个试图分享规则制定权的人将很快发现，这些规则中隐藏着"玻璃门""天花板"，处处排斥和压抑新的力量的成长。有了这样的审视，附加在这些规则之上的"文明""进步"的光环也将逐渐褪去。他将能更好地看清楚这些规则的利益分配功能，努力争取应属于自己的一份。这个过程可以叫作祛魅（disenchantment），也可以叫作"启蒙"——按照康德在《对这个问题的一个回答：什么是启蒙？》中的界定，启蒙意味着摆脱"自我招致的不成熟"。"自我招致"这个限定在此十分重要，其中的一个表现就是轻信霸权制造的那些光环，从而放弃了"运用理智的决心与勇气"。①

20世纪90年代中国充满着对"国际秩序"的玫瑰色想象，而入世谈判正是在这一背景下发生的。如果让一个祛魅者从2016年穿越回1996年，他将如何面对"入世"谈判呢？我相信他仍然会坚持，"入世"是必要的，由此而推进一些"法律移植"和"超前立法"也是必要的，因为这里牵涉到中国巨大的发展利益。但是，在具体的谈判中，祛魅者将能以更加冷静的态度来面对所谓"国际规则"，在保证能够加入更大的国际贸易圈的前提之下，为民族产业与中下层民众争取更多利益。

我们所庆幸的是，20世纪革命与社会主义建设所打下的基础足够坚实，以至于能够扛得住国际市场的冲击，并借助国际市场壮大了中国的经济力量，最终加快了对"国际社会"和"国际规则"

---

① 詹姆斯·施密特编：《启蒙运动与现代性——18世纪与20世纪的对话》，徐向东、卢华萍译，上海：上海人民出版社2005年版，第61页。

的祛魅。这种祛魅将使得"向下"的视角获得更多的同情者，激活"法治的本土资源"，让法律制度能更敏锐地回应这片土地上民众的现实需要，也因此在学界成为一个比二十年前更能引人共鸣的倡议。

五、余　　论

一个国家的基本制度，无论古今，绝不会仅仅是满足小共同体生活的需要，它还要回应将许多小共同体整合在一起的需要，以及维系自身在国际秩序中的地位的需要。国家之间的合作、竞争与冲突，对一个国家内部的法律秩序演变有着极其重要的影响，对于近代以来的中国而言，这种压力甚至传递到了国人生活的方方面面。而国际秩序从来都是一个霸权秩序，如果采取一种适应型的、寻求加入主流"朋友圈"的战略，就要付出相应的代价，在历史上就产生了适应国际霸权秩序需要的"法律移植"；而基于一种新的社会秩序理想，改造既有的霸权秩序，自建"朋友圈"，也会激起霸权力量的反弹。对理想社会的追求，以及随之而来的冲突与战争的压力，都可能导向"超前立法"。

这一国际战略的视角，与"法治的本土资源"之间又存在何种关联呢？一个国家内部法律制度的演变必须回应国际秩序的压力，而这种压力未必是镶嵌在小共同体内的秋菊们所能理解的。但是，从根本上说，国际战略应当是决策者立足于本土民众整体利益与长远利益的选择。决策者需要密切关注国际秩序的演变，但不应轻易地被霸权力量所制造的"文明"光环和各种"政治正确"的"大词"所迷惑，而是要保持"向下看"的眼光，保持冷静计算利益得失的本能。在此意义上说，秋菊寻求的"说法"，尽管未必能实现，但应当被听到，被决策者们所理解。对中国基层社会及其诉求的经验感，有助于决策者们在做出重大战略决策的时候，更准确地估测这些决策的基层效果，坚持那些对国家长远发展必要的"超前立法"，但力求避免那些被"大词"忽悠之后一厢情愿的、对中国社会无益乃至有害的"超前立法"。同时，我们相信，一个在国际秩序中分享规则制定权的大国，也必将有更大的空间，在自身的法治建设过程中回应来自基层社会的诉求。尽管这种可能性最终未必能变成现实，但值得努力。

在过去三十多年，中国的法学理论研究者往往是以加入和适应美国主导的国际秩序为基本前提展开思考的。但当中国正逐渐获得一部分国际规则制定权，完全基于"适应"的理论假设就会限制我们的想象力，导致我们在应当提出自我主张的时刻无所作为。这个时刻的到来比我们预想的要快得多。当下中国正在经历一个"百年未有之大变局"，美国的单极霸权正在衰落，国际体系进入一个动荡变革期，在可预见的未来，国际社会各种力量将发生新的分化组合，许多原本稳定的国际规则都可能需要重新设定。而国际博弈的压力，也必然会传导到国内，影响到国内的诸多制度选择。

国际体系的突变，呼吁法学理论研究者以更广阔的视野，批判性地审视国际体系的演变与各国国际战略选择对其国内法律制度的影响，将对国内法治议题的思考与中国争夺国际规则制定权的实践结合起来。我们需要思考WTO这样的西方主导的国际"朋友圈"与中国基层的秋菊们的关系，但更需要思考上海合作组织、金砖国家、"一带一路"、亚投行等中国自己组建的国际"朋友圈"与秋菊们的关系。我们的制度思考，需要在抽象的国际秩序与中国基层社会的秋菊们之间循环往复，将苏力晚近作品中所界定的"齐家""治国"与"平天下"三个层面，有机地整合起来。

奔走于城乡之间的秋菊，也许一辈子都理解不了WTO这样的抽象国际制度的运作。但如果与国际秩序"顶层设计"打交道的法律工作者们能够理解秋菊们的诉求，也许可以在围绕着国际规则的博弈中做出更有针对性的努力，让中国加入和自建的国际"朋友圈"，更好地服务于这片土地上的秋菊们。

络德睦的《法律东方主义》未讲的中国故事*

在爱德华·萨义德（Edward Said）离世十年之后，一本名为"法律东方主义"的中国法研究著作在哈佛大学出版社推出，并引起了美国主流学界的关注。三年之后，在魏磊杰教授的努力之下，这本著作有了一个相当准确流畅的中文译本，并引起了若干领域中研究者的浓厚兴趣。[①]

如果萨义德仍然在世，他应该会对络德睦（Teemu Ruskola）将他的视角运用到中国问题上备感欣慰。萨义德在《东方学》（Orientalism）中所梳理的东方学和东方主义话语，其重心一直在近东与中东[②]，而《法律东方主义》则将研究的视角扩展到对中国的研究中去，探讨欧洲人对于中国法律秩序的偏见如何影响到了美帝国的建构，并影响至今。在这本书中，作者既从宏观层面探讨了美帝国

---

* 本文一个较早的版本，曾以《从萨义德到中国：〈法律东方主义〉的一种读法》为题，刊载于《中国法律评论》2016 年第 4 期，修改版《〈法律东方主义〉未讲的中国故事》转载于何志辉等主编：《跨域法政研究》2019 年第 1 辑，澳门：启蒙时代出版社 2019 年版。

① 络德睦：《法律东方主义》，魏磊杰译，北京：中国政法大学出版社 2016 年版。

② 爱德华·W. 萨义德：《东方学》，王宇根译，北京：生活·读书·新知三联书店 2007 年版，序言第 2 页。

的法律运作，又探讨了"中国是否存在公司法"、美国在华法院的运作、公共租界的会审公廨等议题，从微观层面阐述"法律东方主义"的基本构成。

如果说萨义德批判了"东方学"这一学科建制中隐含的霸权结构，那么《法律东方主义》的学院政治意涵，就是探讨"中国法"这一研究领域的正当性。作者络德睦，一位在美国讲授中国法的教授，经常被人问自己的职业是什么，而别人对他的"教中国法"这一问答常常不以为然，并质疑"中国法"这一范畴的成立。对质疑的回应，可以是辩护式的，但这样的回应在思想上很难给质疑者带来冲击。当络德睦引入萨义德的视角来反驳质疑者的时候，性质就不同了。他为质疑者打造了"法律东方主义"这个标签，要求他们反思自己提出的问题本身是否就隐含了一种居高临下的偏见。回答别人提出的问题固然有意义，但更有意义的是改变别人提问的方式。

对于一个美国主流社会的读者来说，"法律东方主义"这个概念可以带来牛虻叮咬般的刺痛感，让他反思自己身上的西方中心主义乃至美国例外主义。在一战以前的国际法秩序中，只有被承认为文明世界成员的列强才能完整地享受平等的国际法秩序，而像中国这样的古老文明，在列强眼里实际上只具有半开化国家的地位，更不用说那些被认为是不开化的原住民部落了。[①] 从一战到二战的历史进程改变了这个国际法秩序，一系列在反帝反殖斗争中独立建国

---

① 最为典型的表述来自苏格兰法学家詹姆斯·拉里默，他的三分法表述分别是 civilized humanity，barbarous humanity，以及 savage humanity，参见 James Lorimer, *The Institutes of the Law of Nations*，Vol.1，Edinburgh and London：William Blackwood and Sons，1883，p.101。有学者将此解读为，判定何谓文明国家的关键，是这些国家保护欧洲旅行者与商人生命、自由与财产的意愿和能力，参见 Georg Schwarzenberger，*The Frontiers of International Law*，London：Stevens and Sons，1962，p.71。另可参见刘禾：《国际法的思想谱系：从文野之分到全球统治》，载刘禾主编：《世界秩序与文明等级：全球史研究的新路径》，北京：生活·读书·新知三联书店 2016 年版，第 77—78 页。

的国家加入了国际大家庭，被承认为国际秩序中平等的主权国家。然而，在旧霸权的废墟上，新的霸权又产生了，作为一种意识形态的文明等级论并没有淡出，而是戴上新的面具延续至今。在今天，公开说非西方民族是"劣等民族"，已经被打上"种族主义"的标签，哪怕在西方内部也会被视为政治不正确；但是，西方学术界、舆论界总是能发明种种更精巧的方式，来说明别的国家的社会秩序因为缺乏当代西方文明的某些要素，因而是保守的、落后的、停滞的、危险的乃至反人类的，需要接受西方的引导。

络德睦向我们展现了晚清与民国时期美国的"法律东方主义"最为典型的若干种运作方式。比如说，领事裁判权的引入，实际上就是以一种"法律东方主义"话语为正当性基础的，这种话语认为因为中国的法律太"野蛮落后"，让来自文明世界的人屈居其下，是不可接受的。由此产生了美国驻华领事的裁判，并进一步发展出驻美租界的美国法院，用他们界定的"美国法"（在殖民地界定何谓"美国法"，本身就是一种非常神奇的实践）来审理美国公民以及与之发生纠纷的中国人。而在名义上实行中国法的公共租界的会审公廨中，外国法官们实际上已经成为中国法官的"太上皇"，他们根据自己的意志来界定什么是"中国法"。"法律东方主义"这一概念凝炼地勾勒出帝国主义与殖民主义在法律领域的认识论原则。如果没有这个概念，作者提供的就是若干平淡无奇的法制史研究。但这一概念让史料活了起来，种种历史细节，都成为"法律东方主义"制度化和物质化的外在形态。

本书的大部分篇幅都在处理二战之前"法律东方主义"话语在美国对华接触中的体现，因而也可能引发读者这样的疑问：从早已被废除的领事裁判权，到路人甲对作者所研究的中国法的质疑，二者之间是否存在一个过大的跳跃？二者都体现了"法律东方主义"，但在二战之后，国际秩序发生巨变，那种简单粗暴的"法律东方主义"的早期形态在很大程度上已经失去了正当性。但既然"法律东方主义"还在持续，它又发展出了哪些新的形态？在中译本最后一章，作者描述了一系列美帝国法律运作的基本现象：例如，遍布世界的美军基地（变相的租借地）所享受的豁免权，美国士兵在冲绳的奸杀案大多不了了之便是其例证；例如，美国主导的一系列全球金融与治理机构及它们秉持并对外强加的新自由主义意识形态；例如，迫使中国在加入 WTO 之时接受远超其他成员方的苛刻条件。这些制度和实践的基础，仍然是变相的法律东方主义前见。这证明作者对于"法律东方主义"的再生产机制有着明确的意识。当然，与其对二战之前的论述相比，后一部分的论述比较简略，还有进一步类型化的空间，即从概念上，将那些新的、更微妙的法律东方主义表现形态，与那些旧的、简单粗暴的表现形态区分开来。

不过，鉴于作者运用了萨义德的视角，萨义德生前所遭遇的一些质疑，也可以被转用到这部派生性的著作身上。阿里夫·德里克（Arif Dirlik）曾经以自己的中国研究为基础，对萨义德提出批评。在他看来，东方主义话语并不是欧洲列强单方面制造，然后强加给所谓的"东方"的，毋宁说，这套话语是在双方不平等的"接触地带"（Contact Zone）被制造出来。[①]一方面，研究"东方"的欧洲学者常因为对"东方"的同情，在自己所在的社会里也经常被视为另类；另一方面，隐含了文明等级论的"东方主义"，需要获得非西方受众的接受和配合，才可能真正流行起来。从第三方的角度来看，德里克对萨义德的批评，实际上是对萨义德的补充，因为萨义德所借鉴的葛兰西（Antonio Gramsci）的领导权（hegemony）概念，本身就包含了"同意"（consent）的要素。而德里克的批评有价值的

---

① 阿里夫·德里克：《中国历史与东方主义问题》，载罗钢、刘象愚编：《后殖民主义文化理论》，北京：中国社会科学出版社 1999 年版，第 89 页。

部分是，萨义德并没有充分关注被"东方学"客体化的"东方人"对"东方主义"的接受史，尤其是"自我东方化"的问题。

《法律东方主义》对"自我东方化"的问题显然是有明确意识的。作者专辟一章，探讨当代中国学者对中国法治的想象如何体现出自主意识，并提出了从"法律东方主义"到"东方法律主义"的前景。但从20世纪上半叶"法律东方主义"的早期形态，突然跳到晚近的三十年中国学者超越"法律东方主义"的可能性，中间似乎还是缺少了一个环节，即自从晚清以来，"法律东方主义"的话语究竟是如何在中国传播的？中国对于列强的"法律东方主义"，又有过哪些抵抗和超越的努力？

也许作者在书中有意不触及这个话题，但如果不展开这个话题，在作者批判"法律东方主义"的叙事中，中国的形象始终是一个被迫害的客体，而不是一个积极行动的主体。中国在积贫积弱的时候曾迫切需要外界同情，但在今天，给予中国类似的同情会遇到什么样的舆论反应，却越来越难以确定——比如说，在作者看来，中国在加入WTO谈判过程中是美国的"法律东方主义"的受害者。但"入世"15年之后，中国这个"受害者"反而一跃成为"世界工厂"和自由贸易的先锋，反而是特朗普及其所代表的势力大呼WTO给予中国的"发展中国家"待遇是对中国的袒护，美国成了中国巨大的制造能力的受害者。要理解这种逆转，我们更需要总结和梳理，自19世纪以来，中国内部究竟发生了何种剧烈的变化。

阿里夫·德里克探讨过中国知识分子在20世纪80年代的"自我东方化"。[1]他们批评中国的传统社会以及20世纪的革命，并且

---

① 阿里夫·德里克：《中国历史与东方主义问题》，载罗钢、刘象愚编：《后殖民主义文化理论》，第92—93页。

相信自己在努力"启蒙"冥顽不化的政府和民众。这些批评的话语形态与从晚清到新文化运动的一系列话语是有亲缘关系的。1899年梁启超在《文野三界之别》一文中谈到:"泰西学者,分世界人类为三级:一曰蛮野之人,二曰半开之人,三曰文明之人。其在《春秋》之义,则谓之据乱世、升平世,太平世。皆有阶级,顺序而升,此进化之公理,而世界人民所公认也。"[1] 而此文野三界说来自福泽谕吉的《文明论概略》的文明发展三级结构(野蛮、半开化、文明),而福泽的文明论又在很大程度上源自他所阅读的美国政治地理教科书。[2] 类似的文明等级论论述,在清末民初的日本非常流行,一批留日学生将这些论述在中国广为传播。甚至在1915年陈独秀发表于《青年杂志》上的《东西民族根本思想之差异》一文中,我们仍能感受到这种文明论的余绪。在此文中,陈独秀以"西洋民族"为参照,批评"东洋民族":"西洋民族以战争为本位,东洋民族以安息为本位;西洋民族以个人为本位,东洋民族以家族为本位;西洋民族以法治为本位,以实利为本位,东洋民族以感情为本位,以虚文为本位。"[3] 但是,我们是否就可以据此推断,1915年的陈独秀其实就是"自我东方化"的典型,而他后来作为思想领袖所开启的这场猛烈冲击中国传统的革命,也是一场"自我东方化"的运动?在一个文化保守主义复兴的年代,许多人会很自然地得出这个结论。但是,如果仔细分析历史的脉络,恐怕不能简单地这么看。

19世纪日本精英"脱亚入欧",通过恶补西方知识,推进内部

---

[1] 梁启超:《文野三界之别》,载《饮冰室合集》(专集之二),北京:中华书局1989年版,第8—9页。

[2] 赵京华:《福泽谕吉"文明论"的等级结构及其源流》,载刘禾主编:《世界秩序与文明等级:全球史研究的新路径》,第217—221页。

[3] 陈独秀:《东西民族根本思想之差异》,载《青年杂志》第1卷第4号。

改革，终于在打赢中日甲午战争和 1905 年日俄战争之后，被列强接纳为俱乐部成员，晋升到国际秩序的第一等级。这是一个虚心的"学渣"通过努力学习，混成"学霸"，终于顺利毕业的故事，但这个学生努力的前提是承认既有的文明等级——福泽谕吉在《文明论概略》中所表达的文明观就是一个例证。在跻身第一等级之后，日本精英从经过西奥多·罗斯福重新阐释的"门罗主义"获得启发①，试图以"黄种人""大亚细亚主义"这样的修辞树立起日本版的"门罗主义"，建构区域霸权。而众所周知，西奥多·罗斯福在 1904 年 12 月 6 日针对门罗主义提出的所谓"罗斯福推论"（The Roosevelt Corollary），恰恰是以"文明等级论"为基础的："（拉美国家）时常发生的越轨行为，或因虚弱无能而造成文明社会的纽带普遍松弛，在美洲也正如其他地区一样，终将需要某一个文明国家（civilized nation）的干涉……"②而日本正是通过类似的论证，自称对朝鲜与中国等国具有领导地位。

---

① 1905 年，日俄战争刚刚结束，在美国出面协调日俄召开朴次茅斯会议过程中，美国总统西奥多·罗斯福诱导日本外交代表、枢密顾问金子坚太郎推行"亚洲门罗主义"。日本赢得日俄战争，信心膨胀，其精英阶层产生了主导亚洲事务的意识。一战爆发后，日本打出"维护东亚和平"的旗号对德宣战，随后利用欧洲列强无暇东顾的时机，向袁世凯政府提出了"二十一条"，试图将中国全境变为其势力范围。1917 年，日本特命全权大使石井菊次郎在与美国国务卿蓝辛会谈期间，发表公开演讲称："类似于'门罗主义'的观念，不仅在西半球，在东洋也存在。"1917 年 11 月 2 日双方签订的《兰辛—石井协定》承认日本"在中国享有特殊利益"。但 1922 年华盛顿会议签订的《九国关于中国事件应适用各原则及政策之条约》加强了列强对中国的共同支配，抑制日本对中国的"特殊利益"追求，日本的"亚洲门罗主义"遭到挫折。然而，1929—1933 年的世界经济危机给日本带来了新的机会。石井菊次郎等人重新大肆宣传"亚洲门罗主义"。在退出国际联盟之后，1934 年，针对国际联盟对中国的援助，日本外务省发布《天羽声明》，称日本须"全力履行在东亚的特殊责任"，坚决反对"外国以技术或金融援助共管中国或瓜分中国的政治意图"。这些修辞在多方面模仿了美国的门罗主义表述。

② Edward Renehan, *The Monroe Doctrine: The Cornerstone of American Foreign Policy*, New York: Chelsea House, 2007, p.103.

而在福泽谕吉写作《文明论概略》的同一时段，中国士大夫郭嵩焘摆出的姿态，甚至比福泽谕吉还要低。郭嵩焘认为英国体现了"三代之治"，认为自汉以来，中国教化"日益微灭"，目前已经远不如西方各国；郭更是遗憾中国的士大夫不知欧洲各国视中国如同华夏视夷狄。[①] 而对于英国对于广大殖民地的征服，郭嵩焘更是表现出了认同，认为这是将野蛮转化为文明的教化事业。郭嵩焘当时对西学的理解有限，他很大程度上是从儒家理学内部来理解西方，而理学视野中的世界，本身就是一个有等级的世界。郭在很大程度上颠倒了传统的华夷观——既然西方是今日的新华夏，那么包括中国在内的非西方世界就变成了夷狄，需要"大顺"于西方的文明教化。[②] 这对于当时坚持"天朝意识"的士大夫主体而言，显然是离经叛道之论。郭嵩焘被弹劾，也与此有关。

但在甲午战争之后，士大夫们认识到中国在国际体系中处于极其危险的位置。严复翻译的《天演论》则在士大夫之中进一步普及了一种深刻的竞争意识与危机意识——这种竞争并不是缓慢的在世代更替中进行的演化，而是迫在眉睫的猛兽式竞争。[③] 康有为在《上清帝第五书》中即痛陈，中国在国际体系中原本被列强视为"半化之国"的地位，现在有坠落到"非洲黑奴"地位的危险。[④] 康以日本明治维新与彼得大帝改革为榜样，激励光绪皇帝启动改革，重新提升中国的国际地位。康承认，中国在当下的"万国竞争"中当然落后于西方，但他又借助今文经学的"三世说"框架，阐发了他对

① 郭嵩焘:《伦敦与巴黎日记》，钟叔河、杨坚整理，长沙：岳麓书社 1984 年版，第 491 页。
② 高波:《晚清理学视野下的英国殖民秩序——以〈礼记质疑〉与〈伦敦与巴黎日记〉为中心的探讨》，载《社会科学战线》2017 年第 4 期。
③ "猛兽式竞争"之说源于高波教授的概括，特此感谢。
④ 康有为:《上清帝第五书》，载姜义华、张荣华编校:《康有为全集》（第四集），北京：中国人民大学出版社 2007 年版，第 2 页。

世界走向的思考：随着世界走向一统，当下这个使中国处于不利地位的"万国竞争"终究是要被克服和超越的；但中国只有适应这个"万国竞争"时代，才能为超越做好准备。在这种意识之下，康有为在流亡时期着力研究欧美列强，鼓吹"物质救国论"，并一度将威廉二世领导之下的德国，作为最值得中国模仿的典范。①

康有为的弟子梁启超在 1899 年写作《文野三界之别》之时，尚保留了康式今文经学的痕迹。但梁启超很快跳出经学的框架探讨列强的成功之道。梁启超比较早地将日本对帝国主义的讨论引入汉语世界。1903 年赴美考察，梁启超更是对美国的托拉斯表示了震惊②，并将托拉斯大王摩根称为"实业之拿破仑"③，认为其力量比"武力之拿破仑"有过之而无不及。梁启超主持的《清议报》更是刊载大量文章讨论"帝国主义"，但主要目的不是为了批判，而恰恰是为了让中国适应与模仿。20 世纪初中国国内诸多报刊也好谈"帝国主义"，其态度也接近于梁启超，即不是批判列强，而是主张通过模仿列强，最终成为列强中的一员。④

甚至清廷高级官员也受到时代思潮的影响。1907 年受命考察日本的清廷大臣达寿在其 1908 年 8 月 7 日上奏的《考察宪政大臣达寿奏考察日本宪政情形折》中将立宪作为使中国跻身"帝国主义"列强的必要手段："欲行帝国主义者，咸以财富文化为先锋，而以战斗为后盾，此为今日世界列国之公例。循是者兴，反是者亡，无可逃矣。宪政体者，所以厚国民之竞争力，使国家能进而行帝国主义

---

① 参见拙著：《万国竞争：康有为与维也纳体系的衰变》，北京：商务印书馆 2017 年版，第 62—107 页。

② 梁启超：《二十世纪之巨灵托辣斯》，载张品兴主编：《梁启超全集》，北京：北京出版社 1999 年版，第 1114 页。

③ 梁启超：《新大陆游记》，载张品兴主编：《梁启超全集》，第 1147 页。

④ 马思宇：《爱恨交织的"帝国主义"》，载《读书》2014 年第 1 期。

者也。"① 而作为革命派代表的汪精卫在《民报》上驳斥梁启超等立宪派的主张时候，却同时接受立宪派的"民族帝国主义"主张。如其在1906年《希望满洲立宪者盍听诸》中直陈："我中国实行民族主义之后，终有实行民族帝国主义之一日"②。汪精卫代表了大多数革命派在这个问题上的态度。当然，革命派中也有章太炎这样的密切关注殖民地半殖民地革命力量联合的人物。章太炎于1907年发起组织亚洲和亲会，其《约章》声明，该会宗旨"在反抗帝国主义，期使亚洲已失主权之民族各得独立"③。但这一行动即便在革命派阵营内也具有一定的超前性。

然而，在当时的国际体系下，东亚无法同时容纳两个列强。日本跻身"学霸"的结果，就是断了中国按照日本的路子做"学霸"的可能性。第一次世界大战爆发之后，1915年，袁世凯试图加入协约国一方作战，遭到了日本的强烈反对。日本担心，在协约国有求于中日两国的国际形势下，中国参加世界大战，有可能借机提高自身的国际地位，并加强袁世凯的政治整合能力，从而影响到日本在东亚的国际地位。④ 1917年，中国终于获得日本同意参加世界大战，但这是以段祺瑞政府接受日本"西原借款"，丧失相当的自主性为前提的。

一战对中国的第一个巨大影响，就是打破了列强原来共同维

① 达寿：《考察宪政大臣达寿奏考察日本宪政情形折》，载夏新华等编：《近代中国宪政历程：史料荟萃》，北京：中国政法大学出版社2004年版，第58页。夏晓虹考证，梁启超曾为出洋考察各国宪政的五大臣做枪手（夏晓虹：《梁启超为出洋五大臣做枪手真相》，载《南方周末》2008年11月13日）。此文内多处出现梁启超稍早时候的表述，也无法排除梁启超"代笔"的可能性。
② 汪精卫：《希望满洲立宪者盍听诸》，载《民报》第5号（1906年6月），第4页。
③ 《亚洲和亲会约章》，转引自王有为：《试析〈亚洲和亲会约章〉》（附录），载《学术月刊》1979年第6期。
④ 参见唐启华：《洪宪帝制外交》，北京：社会科学文献出版社2017年版，第82—133页、第191—235页。

护的文明等级论的神话。欧洲列强在一战中大规模的相互屠杀，让殖民地半殖民地民族看到，欧洲的"文明"最终获得的是这样一种野蛮的结果，"文明"的话语于是跌落神坛，"帝国主义"也从之前令人恐惧与羡慕的强权形象，变成了一种自我毁灭的形象；作为西学传播先锋，严复在 1918 年 8 月 22 日致熊锡育（字纯如）的信中感叹："不佞垂老，亲见脂那七年之民国与欧罗巴四年亘古未有之血战，觉彼族三百年之进化，只做到'利己杀人，寡廉鲜耻'八个字。回观孔孟之道，真量同大地，泽被寰区。"① 梁启超在战前以欧洲文明为范本，将竞争与文明紧密关联在一起，将来自瑞士的德国国家学学者伯伦知理奉为 20 世纪精神之代表②，但目睹欧洲一战之后的满目疮痍，在《欧游心影录》中批判竞争，倡导互助，并认为"社会革命，恐怕是 20 世纪唯一的特色，没有一国能免，不过争早晚罢了"③。

　　同时，19 世纪维也纳体系中一度相当有效的"大国协调"机制，在一战之中更是灰飞烟灭。在一战之前的国际体系中，列强通过某种外交政策上的协调，共同压制着国内的工人运动与殖民地被殖民地的民族独立运动。但在一战爆发之后，由于列强之间无法重新协调，相互拆台，那些被战前的"大国协调"体系压制的反抗力量，获得了释放的机会。1917 年俄国布尔什维克就是从"帝国主义链条中的薄弱环节"获得突破，赢得了十月革命。这一胜利，促进了革命派在晚清传入的社会主义思想的进一步发展壮大，为中国政治—文化精英的未来想象，提供了一种新的可能性。

　　当然，在一战刚刚终结之时，威尔逊主义在华影响更为显

---

① 汪征鲁、方宝川、马勇主编：《严复全集》（第八卷），福州：福建教育出版社 2014 年版，第 365 页。
② 张品兴主编：《梁启超全集》，第 1076 页。
③ 梁启超：《欧游心影录》，北京：商务印书馆 2014 年版，第 13 页。

著——美国总统威尔逊的宣传机构公共情报委员会在上海设有分部，不遗余力地宣传威尔逊主义。在国际体系即将重组之际，威尔逊提出的一系列新秩序主张让中国的政治—文化精英加倍振奋，试图抓住这一机会，摆脱种种不平等待遇。然而，迎面而来的却是1919年巴黎和会上的当头一棒：列强将德国在中国山东的利权转让给了日本。一个战胜国，获得的却像是战败国一样的待遇，这使得中国人对国际秩序的信任，降到了冰点。尽管在1921—1922年的华盛顿会议上，中国的山东问题得到了新的处理，日本的殖民利益受到了其他列强的限制，但已经无法挽救中国人对于国际体系的不信任。在此背景之下，同样是被凡尔赛—华盛顿体系排斥的苏俄所代表的道路，就产生了更大的吸引力。而苏俄为减轻自身面临的外部压力，在中国寻找盟友，更是产生了直接的影响。1921年，中国共产党成立；1923年，中国国民党开始改组。东西方列强马上遭遇到的，是国共两党联合发动的国民革命喊出的"打倒列强，除军阀"的口号。

与此前寻求融入列强秩序的辛亥革命不同，这场新的"反帝反封建"革命，已经放弃日本式的从"学渣"混成"学霸"的老路，否定列强的文明等级论，试图重置世界秩序的游戏规则。而一战之后的凡尔赛和会与华盛顿会议，未能重建起一个有效的大国协调机制，共同维持西方列强对于全球的宰制。以国际联盟（League of Nations）为例，它的内部权力结构问题重重：苏俄是19世纪帝国主义文明等级论的批判者，长期被国联排斥在外；美国发起成立国联，自己却因为内部意见分歧而未加入国联，国联因承认"门罗主义"而无法管辖美洲事务，但美国却可以通过一系列美洲国家，来间接影响国联决策；作为国联常任理事国，英法两国对于如何重建欧洲秩序，有着不同的思路，法国试图严厉惩罚德国，但英国继续实施"离岸平衡"，试图借助德国的力量来制衡法国；同为国联常任理事国的日本致力于在亚洲搞自己版本的"门罗主义",对国联持机会主义态度,合则用,不合则去,而建立在这样的大国关系基础之上的国联,从根本上缺乏协调大国关系的能力。而当大国之间相互拆台成为常态之时,维系一种稳定的文明等级论,也就变得比19世纪更为困难。而殖民地半殖民地的国家与民族也就有可能利用列强之间的矛盾,推进追求独立自主的事业。

但不可否认的是,尽管革命以否定建立在"文明等级论"之上的帝国主义国际秩序为前提,在革命的过程中,欧洲作家们对于中国帝制社会的诸多批评,确实被转化成了革命动员的宣传工具。从孟德斯鸠、黑格尔到托克维尔,都不乏对中国传统社会的高度失真乃至扭曲的描写。但引用这些来自西方的批评,不等于自己服从于列强划定的世界等级秩序,顺从列强的支配,或者加入列强成为支配者,而是借此推动革命自身的议程。在此,我们可以把革命过程中所运用的诸多具有"东方主义"色彩的话语,看作尼采在《历史的用途与滥用》中所说的"批判的历史"——一个具有光辉灿烂过去,但同时也背负着沉重历史包袱的民族,通过看似简单粗暴的方式,卸下历史沉积的虚文,放弃种种从把玩祖宗遗产中所获得的"小确幸",让自己成为一个充满危机感的、面向未来进行创造的主体。[1]

这场"旧邦新造"的革命,其成果积淀为天安门城楼上的两句口号:"中华人民共和国万岁""世界人民大团结万岁"。中国不仅自己通过革命走向了国家重构,也帮助大量殖民地半殖民地国家独立建国,并且提出"和平共处五项基本原则"来处理彼此之间的关系。所有这一切,其前提就是对19世纪列强的文明等级论的否定。

---

① 尼采:《历史的用途与滥用》,陈涛、周辉荣译,上海:上海人民出版社2000年版,第23页。

中国的新民主主义革命与随后的社会主义改造与建设，不是像近代日本明治维新一样，将自己从国际体系中的被压迫者变成压迫者，而是寻求改造既有的霸权秩序，使之进一步平等化。

当然，在这一方向上，中国经历了从激烈的革命者到温和的改革者的转变。20 世纪 70 年代末，中国停止了"输出革命"，将工作重心转移到经济建设上来，外交工作的重点，很大程度上变成如何为国内经济建设创造一个良好的外部环境。中国避免与西方直接对抗，加入 WTO 等西方主导的贸易体系，同时在国内改革中大量借鉴西方的历史经验。但中国始终保持着独立自主，尤其保持着和亚非拉广大发展中国家的关系，保持着推动国际秩序的多极化和民主化的承诺。

作为 20 世纪 70 年代末转折的结果，"现代化史观"在中国知识界逐渐兴起。许多流行的"现代化"论述重新带入了西方的"文明等级论"，将中国放到一个相当于"半开化"的位置上去，认为中国的任务就是"补课"，从"学渣"混成"学霸"。中国各行各业涌现出了一批正在行走的当代福泽谕吉，但中国的领导层在以下这一点上保持了清醒的头脑：以中国比西方发达国家人口总和还大的人口规模，要按照西方列强认可的方式发展并最终加入其俱乐部，几乎是不可能的事情。自 80 年代以来，以下两个事例具有极大的冲击力：第一个事例是，即便在美国监护下实现经济重新起飞的日本，在其经济实力威胁到美国经济霸权的时候，还是遭到了《广场协议》的沉重打击，经济陷入停滞；第二个事例是，苏联解体之后，俄罗斯总统叶利钦全力向西方靠拢，最终换来的还是西方对车臣分离主义势力的支持。一个块头太大的独立政治共同体，即便虚心地承认自己是"学渣"，对于领导"文明世界"的"导师委员会"来说，这也是一个天生就会威胁"导师"们饭碗的学生，需要先"去势"才能通过其答辩。

如果说日本的"答辩式"道路在中国近代很难走得通，在中国20世纪的独立自主探索结出硕果之后，这样的路是否还值得走，都成为疑问了。根据世界银行统计数据，2020年，中国按美元计算的GDP总量，已经超过美国的70%，是日本的2.9倍，德国的3.86倍，英国的5.44倍，法国的5.65倍，意大利的7.8倍[①]；中国是世界制造业第一大国，货物贸易第一大国，也是世界上工业门类最为齐全的国家，在国际价值链中，中国企业也在不断从中下游向上游攀升。但中国的官方政策目标，既不是顶替G8（西方文明等级论中的第一等级俱乐部）中被"开除"的俄罗斯的位置，也不是和美国组建取代G8的G2集团。从中国官方的"一带一路"倡议与对广大发展中国家市场的重视，我们可以看到的是一种推动更多发展中国家共同发展、进一步促进世界秩序多极化的努力。

中国经济崛起带来的巨大冲击，使得许多美国精英怀疑既有的国际体系从根本上对中国而非美国有利，而这是一个他们曾以很大的热情去推进的、承载了诸多普遍主义话语的国际体系。但正如葛兰西所指出的那样，霸权或领导权既需要强制（coercion），也需要受众的同意。特朗普在这一背景下上台执政，实际上削弱了美国在国际体系中生产"同意"的能力。特朗普直接宣布自己是"民族主义者"（nationalist），奉行"美国优先"（America First），在其2017与2018年两次联合国大会演讲中大讲"主权"（sovereignty）原则，抱怨美国承担了过多的国际义务。在特朗普领导下，美国退出了跨太平洋伙伴关系协定（TPP）、巴黎气候协定、联合国教科文组织、联合国人权理事会、《维也纳外交关系公约关于强制解决争端之任择议定书》、万国邮政联盟、《中程导弹条约》等条约或组织。在贸

---

① Gross domestic product 2020，https://databank.worldbank.org/data/download/GDP.pdf，2021年1月5日最后访问。

易上，特朗普不仅将矛头对准中国，同时也迫使日本、加拿大、墨西哥、欧盟等传统盟友对美国作出让步。至于WTO，这个当初由美国推进的国际贸易组织，被特朗普政府视为对美国主权的限制；美国频繁以国内法惩罚其他国家的做法，已经使得WTO的纠纷解决机制对美国来说形同虚设；美国更是以退出WTO为威胁，迫使后者进行有利于美国的改革；而被特朗普政府认定为不利于美国的规则，有一些恰恰是当年美国强烈主张的规则。拜登政府上台之后，面对美国国内政治分裂，在许多政策上继承了特朗普的做法，尤其是进一步升级了对中国的围追堵截措施。

络德睦在写作《法律东方主义》的时候，或许还很难想象WTO这个"法律东方主义"色彩十足的组织，最终却被美国视为有利于中国、不利于自己的组织。中国在"入世"谈判中确实做出了不少让步，包括按照美国的要求，大规模地修改自己的法律或者制定新法，而许多规则对当时的中国来说并不是有利的。然而，在2001年加入WTO之后，中国经济在相当可观的一段时间内保持了两位数速度的增长，中国对美国货物贸易顺差也不断积累，中国成为美国国债的最大持有者，但更重要的是，中国不仅成为"世界工厂"，而且在国际价值链上不断攀升，在许多领域进入了第一梯队，甚至对美国呈现反超之势。

这种"后来居上"的态势是如何成为可能的？事实上，中国在加入WTO之前，就已经积累了巨大的经济"势能"，而"入世"则是在很大程度上将"势能"转化为"动能"。而这种"势能"，是中国在独立自主的发展道路上长期积累的后果：庞大的人口规模，完整的工业体系，强大的基础设施修建能力，在发展中国家中相当突出的劳动力素质，土地制度所带来的强大的社会"减震"能力……所有这些条件结合起来，才有获得"世界工厂"地位，进而超越"世界工厂"之可能。但这些条件的出现，离不开20世纪革命所奠定的独立自主的发展道路。

美国未能从一个自己主导规则制定的组织中获得所预期的好处，其执政精英反而从中国经济的增长与产业的升级中，感受到了自身霸权的脆弱性，而这就带来对全球主义（globalist）路线的逆转。当特朗普政府以一种狭隘的、非常物质化的方式来界定美国的国家利益，并日益依赖于强制手段的时候，美国在后冷战的全球化进程中所诉诸的一套普遍主义话语，也就日益褪色。拜登政府试图重拾这套普遍主义话语，然而其内外政策都严重受制于高度分裂和对立的内政局面，其行动根本无法与话语相匹配，最终未能超越一种"没有特朗普的特朗普主义"。而这也使得美国之外的其他国家有更大的话语空间来提出自己的普遍主义主张。如果美国持续不断出现特朗普式的对普遍主义话语缺乏兴趣的领导人物，我们将有可能看到一个更具多样性的世界，而中国的秩序主张在其中当然会有一席之地。

因此，络德睦所提倡的从"法律东方主义"到"东方法律主义"的转变，最坚实的基础不是他所列举的那些具有中国自主意识的学者的思想，而是中国独立自主的革命与建设道路及其取得的成果。用笔写作的学者自己无法单独造成中国复兴的时势，但中国复兴的时势，却可以源源不断地产生具有文明自觉的中国学者。只要中国平稳地发展下去，我们可以预测，中国法律人身上的"尾随者"意识也将持续弱化，超越"法律东方主义"的自觉也会变得越来越强。

超越"法律东方主义"，并不意味着减少对外国法的研究借鉴，更不意味着回到西方入侵之前的中国制度和文化中去，而是意味着，相信当下的自己是一个劳动和创造的主体，能够自主地运用理性思考和解决自己所碰到的问题，制定和选择自己遵守的规则，而不是事事先问西方或祖先的权威。中国式法治秩序的建设，不仅是解决中国自身的特殊问题，同时也必然面对和回应人类面对的一系列共同问题，中国的答案，尽管会有自己的局限性，但完全有可能对其他民族和文明，产生参考与借鉴价值。

前路虽非坦途，未来终究可期。

尼采《历史的用途与滥用》与现代中国的历史叙事

　　"历史"一词既指向过去发生的事情，也指向后人对这些事情的记忆与书写。尼采《历史的用途与滥用》（*Vom Nutzen und Nachteil der Historie für das Leben*，更早时期的中文译本译名为"历史对于人生的利与弊"，更接近德语标题字面含义）是一本薄薄的小册子，但实际上是关于记忆与遗忘的"大书"（great book）。它并不教导具体的技艺，但富含对人类事务的洞察力，因而也可以为我们对现代中国的理解带来启发。

　　在本书开头，尼采首先将我们的眼光引向草地上吃草的牲口，它们缺乏记忆的能力，经历过的事情很快就忘记掉了，因而能够无历史地活着。但是，人与兽类相反，其记忆力过于发达，经历不断转化成记忆，经常导致人生不堪重负。只要反思一下我们自己的种种负面情绪乃至精神疾病的来源，我们很容易就能理解尼采的这个对比。我们恢复积极健康心态的关键方法，就是尼采所说的"积极的遗忘"，比如说把贬损自己的人"拉黑"；删掉那些过于写实的自拍照，留下那些比平时的自己更英俊漂亮的照片；开始一段新的感情，以便覆盖掉对旧感情的回忆。尤其对于那些遭遇了巨大的心理创伤的人来说，所有的安慰都不如"积极的遗忘"管用。

这一记忆和遗忘的原理引出了"历史的用途与滥用"这一话题。尼采指出，有三种历史——实为三种记忆的方式：纪念碑式（monumentalistische）的历史、好古的（antiquarische）历史与批判（kritische）的历史。每一种记忆的方式都与特定的人生需求关联在一起。一个在行动与战斗之中的人在过去寻找他的行动的榜样，以纪念碑式的历史为自己提供激励和行动的借鉴；一个热爱传统与可敬的事物的人需要好古的历史，通过对过去事物以及历史连续性的玩味，获得某种恒久的感觉；一个处于过去的重压之下，寻求自我解救的人需要批判的历史，他无情地审问过去，"并最终给它定罪"，以便激发朝向未来的行动力。每种记忆的方式都服务于一种人生的需要。但如果人生的需要与记忆的方式之间发生了错误的配置，那么就会出现"历史的滥用"，其结果是让记忆者变得更衰弱而非强大。

究竟该如何理解尼采笔下这三种不同的历史？我们也许可以在现代中国的语境之中，考察这三种历史的运用方式。当我们到达天安门广场，瞻仰正中间的人民英雄纪念碑，我们就遭遇到了第一种历史。1949 年中国人民政治协商会议第一届全体会议决议竖立起这个纪念碑，其基座上的汉白玉浮雕呈现了 150 多年来中国人民前赴后继，通过奋斗和牺牲探索道路的历史。建国者们是从血与火中走来的行动者，他们在纪念碑上呈现一个奋斗与牺牲的叙事，并不是为了发思古之幽情，不是为了呈现文明的延续与个体的渺小，而是为了给自己与后世的行动者留下长久的榜样和精神激励。人民英雄纪念碑承载的历史叙事，记载了一种起源性的力量。这样，人们可以经常通过"回到开端"，召唤这种力量，制约现实世界中出现的败坏。

而当我们进入广场东侧的国家博物馆的时候，扑面而来的就是强烈的"好古的历史"。在那里，你可以看到对中国五千年不断延续的文明的实物呈现，你可以徜徉其中，玩味一件西周的青铜器，一件唐朝的书法作品，或者一个元代的青花瓷碗，感受着自己的渺小与文明的伟大，内心中充满崇高的平静。但这不只是满足于我们个人的某种爱好。博物馆是一种具有政治功能的机构，它通过对历史连续性的建构和呈现，服务于集体政治认同的建构与维持。"中华民族"与"中国文明"的认同，都有赖于这样的"好古的历史"的空间与实物呈现。各国的国家博物馆，都发挥着这种"好古的历史"的功能。

但国家博物馆又有自己的演变史。它曾经叫作中国革命历史博物馆，它对中国历史的呈现方式，曾经带有很强的源于近代革命的"批判的历史"色彩。在一个世纪前的新文化运动中，孔子之教被贬为"孔家店"，家族制度被视为阻碍社会进步的旧物，甚至不少人主张废除汉字。"好古者"会把新文化运动的思想者们斥责为"数典忘祖"。但尼采会告诉我们，这些可以被理解为一种"批判的历史"。新文化运动的批判者们朝向未来，对过去进行了审判，他们在进行一种"积极的遗忘"，抛弃祖先的虚文，由文返质，试图创造新的方式与制度。

事实上，1919 年的中国是一片涌动着生命力的土地。帝制已经失败了，军阀主导的假共和声名狼藉，中国的青年们在寻找新的政治可能性；同时，由于欧洲列强在一战中的自相残杀削弱了其对于地球的联合宰制，中国获得了一个十分难得的历史机遇，可以同时推进国内与国际秩序的变革，这一可能性带来了巨大的想象与行动的空间。1921 年，鲁迅在《故乡》中写下了一句话："希望是本无所谓有，无所谓无的。这正如地上的路；其实地上本没有路，走的人多了，也便成了路。"[1] 这是一句很有尼采色彩的话，仿佛是对接

---

[1] 鲁迅：《呐喊》，成都：巴蜀书社 2020 年版，第 57 页。

下来的革命的某种预言。在没有祖先与其他国家提供现成道路的时候，行动者需要从荒芜之中，蹚出一条道路来。

在一个剧烈变革的年代，历史意识的主轴从"纪念碑式的历史＋好古的历史"逐渐走向"纪念碑式的历史＋批判的历史"。一个处于生存焦虑之中的人没有多少心思去赞美祖先，因为祖先给他提供的现成的东西已经不足以让他强大，他想的是"变则通，通则久"，而要"变"，就需要克服守旧者的阻力。他一开始会"托古改制"，通过重新解释祖先的精神，来为革新积累权威；但当形势变得更加危险的时候，他放弃祖先精神的名义，用当下和未来审判过去，重估一切价值，对守旧的力量发动攻击。

作为行动者，变革者也需要行动的榜样，而中国历史中充满着各种类型的榜样，探索者提炼出一条新的线索，赋予那些改革者与革命者以崇高的地位，于是商鞅、秦始皇、王安石、张居正等等就被树立成了伟大的典范。革命者没有试图、也不可能全盘抛弃古代传统，更准确的说法是"古为今用"——因为其行动正当性首先依赖于朝向未来理想社会的奋斗，并不依赖于祖宗成法的认可，而这使其获得了很大的自主性，对古代的资源进行灵活的组合。一些遗产被送进了博物馆，但有更多的遗产以日用而不知的方式得以延续。

然而，当时代的主题转向经济发展之后，中国在一个全球风云激荡的年代曾拥有的作为革命典范的自信，就无法持续下去。在下一个时代的开端，我们看到了一种新起的"批判的历史"的兴起，它既激烈批判20世纪的革命，也激烈批判中国的"封建传统"，并认为革命也无非是"封建传统"的延续。它指向的出路是按照当下西方的面貌，全面改造中国。这种"批判的历史"的确在一定程度上支持了官方对前一个时代的告别与向西方的更大开放，但它基于一个超出官方预期的未来理想社会图景，在一定程度上打乱了"摸着石头过河"的步调，其发展空间因而出现了上限。事实上，在世纪转折之后，当20世纪革命时代的"批判的历史"以新的方式回归，其获得的发展空间同样出现了上限。原因在于，"摸着石头过河"是问题导向的，侧重在于解决当下紧迫的问题，尤其是经济发展的问题，而任何想从一个确定的理想社会图景推出政治改造方案并加以实施的做法，都可能影响其步调。

"渡河者"需要一种集体认同以维持中国的自主性，但在很长一段时间内需要"韬光养晦"，给予国际体系的单极霸权一种能够影响中国发展方向的感觉，因而不可能对河流对岸的理想社会图景做出清晰的描绘。于是过去就变成了一种日益重要的正当性来源。重建与前革命时代的连续性，就成为一个新的努力方向。如果说上一个时代是用本时代的"经"，来灵活运用古代的"史"，"摸着石头过河"的时代在"经"的问题上保持模糊，其结果就是许多人趋近古代的"经"。这种努力很快遭遇到古代的"经"与革命时代的"经"之间的张力，由此也产生了一种新版本的"批判的历史"，以古典传统的名义，批判自五四运动以来的整条中国道路"误入歧途"，而要求回归前革命的传统。不出意料，这种"批判的历史"的发展空间同样出现了上限。

更能获得主流接纳的，是一种在同时重述两个传统的基础上加以调和的"好古的历史"：一方面是将古典的传统精神进一步抽象化，以容纳剧烈的社会变革，另一方面是将20世纪革命论述为中国复兴的必由之路，这种论述必然会过滤掉一些内容，如革命者脑海中的理想社会图景，他们对劳动者在生产过程（而不仅仅是消费领域）中的地位的关注，以及他们的国际主义与世界革命抱负。在新的历史叙事之下，历史上相互之间激烈冲突的祖先，都可以成为"好古"式尊敬的对象。一所进士的大宅子是古董文物，一座红军走过的小桥，也是古董文物，红军可能砸过这所大宅子，但在新的

"好古"视角看来，这又有什么重要呢？他们都是祖先，都是创造文物的人，相逢一笑泯恩仇，携手共进先贤祠。

同时，随着中国的产业升级和科技进步，中国已经无法隐藏自己庞大的经济体量和国际影响力。在奥巴马的第二个任期，美国进一步"转向亚洲"，旨在减缓中国的发展。而特朗普更是奉行"美国优先"方针，采取了压制中国发展的政策。中国单方面向美国展示善意，已经无法换来美国的善意。而一旦不再需要"韬光养晦"，勾勒中国不同于美国的未来社会图景，也就获得了更大的空间。这时候，我们可以看到对前革命与革命时代的思想资源的综合运用，不再仅仅关注如何建构"好古的历史"叙事，同时也在致力于产生一种新的"纪念碑式的历史"——无论是五千年的历史，还是1840年以来的奋斗，20世纪的革命与建设，都是光荣的，包含了一条不同于西方的道路，这条道路通向一种不同于西方主流价值观设定的理想生活图景。

这种历史叙事的不断重构，是历史的长河中屡见不鲜的现象。我们如果把眼光投向欧洲，就可以看到，在近代早期，不知道有多少思想家批判天主教会，批判封建特权，同时将羡慕的眼光投向中国，将中国视为富饶和理性统治的理想国度，魁奈、伏尔泰、狄德罗、沃尔夫，这些启蒙运动时代响亮的名字，都与对中国的推崇关联在一起。但是，当欧洲逐渐探索出一条自己的道路，"重修家谱"的工作也就不断展开，充满断裂的欧洲历史，可以被整理为"从一个胜利走向另一个伟大胜利"的连续性叙事，而原先被启蒙哲人们猛烈攻击过的那些"黑暗"传统，也被论证为新文明的摇篮。与之相应的是，中国在欧洲的形象逐渐褪色，从一个理性和富饶国度的形象，逐渐变成一个贫穷、野蛮、停滞的老大帝国形象。这并不是因为中国自身发生了多大的变化，而是欧洲自己发生了剧烈的变化，它在新道路的探索中，建立起了新的主体性，从而重塑了自己的历史观和世界观。在今天，随着全球力量格局的变化，欧洲的文明自信正在经受考验，欧洲的文明叙事面临着转折，它的未来走向仍然值得我们进一步观察。

尼采的视角，有助于将我们从各种现成与静态的"中国""东方"或者"西方"的观念中解放出来，而追问这些观念是究竟如何被生产和再生产出来的。每一个文明、每一个国家之中，都存在着多样的、异质的力量，存在着不同组合的可能性。这些力量在相互碰撞之中，形成了某种秩序，其中一种力量或若干种力量的联盟，获得了代言整体的地位，从而将自身的原则，论证成为整体的原则。但是，这种秩序始终处于变动之中，秩序的再生产过程中，也会不断出现差异，而量的积累，逐渐就会引起质变。

这并不意味着历史是一个任人打扮的小姑娘，可以想怎么编就怎么编，这一推论将构成对《历史的用途与滥用》的滥用。知识与真理是政治权威的基础之一。试图在人群之中建立持久政治权威的力量，如果在"何年何月发生什么事情"这样的基础数据层面出现明显的编造和扭曲，受众关于这些基础数据的考据与辩驳，就会直接冲击掌权者的地位。这也是求真的历史学科的政治意义所在，它力图超越党派性，从而经常能够在对立的党派冲突发生之时，起到一种仲裁的作用。比如说，某地两个宗族争夺一个古坟，双方都认为里面埋的是自己的祖先，都快到了大规模械斗的地步了，地方官员请权威的考古专家进行专门研究，判定这个古坟跟两个家族都没有任何关系，于是械斗即被消弭于无形。这就是科学的权威，明智的掌权者绝不能拒绝与之结盟。如果这样的学问受到压抑，许多冲突也就失去了以和平的方式得到解决的可能性。

但是，我们无法期待历史学发挥物理学那样的"硬科学"的作用。尼采所说的记忆方式的分歧，关键点并不在于"何年何月发生什么事情"这样的基础数据，而是已经发生的事情究竟如何与其他的事实相互关联，具有什么意义。我们可以都承认一个木桶里的一千颗珍珠的存在，但考虑到我们头脑中的意义结构需要一些历史线索，我们只能选择其中一些珍珠来进行串联，最为关键的分歧发生在如何区分重要与不重要的珍珠，以及如何将那些重要的珍珠串联在一起，这一工作与史家自己的身份认同与价值排序密切相关。而当一群人指控另外一群人的历史叙事"不真实"时，在大部分情况下，他们的意思不是对方伪造或扭曲了基础数据，而是对方串联珍珠的方式，严重抵触了他们的历史经验感与身份认同。在历史的战场上，史家们经常短兵相接，是否有一种更高的科学来对他们之间的斗争做出"一锤定音"的判决呢？

因此，试图在人群之中建立持久政治权威，但又缺乏改造社会境况力量的人，也就不能不考虑到这种差异的存在，不能不"求同存异"，加强那些有一定共识基础的内容，同时对那些有可能激烈冲突的内容作粗线条的勾勒或者干脆保持沉默，努力打造出一种至少不抵触多数人历史经验感与身份认同的历史叙事。举例来说，当普京领导的俄罗斯政府着手编写新的官方历史教科书的时候，就遭遇到了极大的困难。在这个国度里存在着三种不同的力量，一种认同斯拉夫民族与东正教传统，一种认同苏联的社会主义传统，第三种认同西方的个人主义与自由民主。与中国的局面不同的是，在俄罗斯，这三种力量都拥有能够动员群众的组织建制，于是普京不得不像阎锡山一样，"在三个鸡蛋上跳舞，哪个鸡蛋也不能踩破"。官方历史叙事的基调来自第一种传统，而苏联被处理成了俄罗斯的一个时期，卫国战争被解释为斯大林领导俄罗斯人民取得的伟大胜利，并强调当下的民主相对于帝俄时期和苏联时期是一种进步。面对前两个传统的激烈冲突，普京不得不经常出来论证二者的亲和性，比如强调苏联对列宁遗体的处理方式事实上符合东正教的传统，但这种"和稀泥"的方式也引起了这两个传统的一些反弹。什么时候普京才能以更为清晰明快的方式来处理历史呢？普京的历史叙事是俄罗斯当下社会力量对比格局的文化后果，只有当社会力量对比格局发生改变，一种新的政治主体性浮现的时候，才能够支撑一种对历史的更为清晰明快的叙事。但这就是一个更为复杂的实践过程了。

正因为社会存在多样性与内在张力，我们可以从尼采的谱系学眼光出发，展现"正义""公平""自由""法治"这些"大词"在意义上的游移不定，但如果主张彻底抛弃这些"大词"，那就又会构成对《历史的用途与滥用》的滥用。"大词"的缺点在于"空洞"，但它的优点也在于"空洞"，它的"空洞"带来一种开放性，具有不同价值观和利益的群体可以征用它，对它进行有利于自己的解释。因为人们使用的是同样的符号，符号层面的统一，为社会团结提供了基础。每个文明社会都会有一套"核心价值观"，构成它的是若干"空洞"而美好的大词，它们相互之间可能相互抵触，但这并不重要，重要的是解释，是对解释权的争夺。围绕着一些意义并不确定但被赋予美好价值的符号，一个社会成为一个解释的共同体；团结，本身就存在于这些围绕关键词所展开的斗争之中。

从这一眼光来看，当代中国价值秩序的关键症结不在于那些被寄托了美好价值的"大词"是否获得了确定的意义，而在于我们面临着古今中西各个传统留给我们的过多的"大词"，但难以筛选出具有核心意义的"大词"并且确定它们的排序，从而围绕这些"大词"形成一个"解释的共同体"。被选为核心的"大词"不能太多，如果超出人的记忆能力，这种筛选就缺乏实质意义；这些选出的"大词"必须能够满足一个社会的正当化与批判的双重需要，它们能够对一个社会的基本制度进行正当化，但同时也能为改革的实践提供批判空间。这样，当一个社会遇到挑战的时候，人们能够用本社会的理想来批判本社会的实践，而不是用另一个社会的理想来批判本社会的实践，从而导致社会不得不围绕另外一些"大词"来进行重构，而这往往会带来一些不必要的动荡。

对于以学习司法技艺为主业的法科学生来说，以上的大多数探讨或许与立法相关。但我们也许可以探讨一下《历史的用途与滥用》对于我们理解司法技艺的用途。在一种宽泛的意义上，可以说司法是处理历史经验和历史叙事的技艺。汉语词汇"历史"对应的是希腊语词汇 ἱστορία（historia），该词的构成即透露出司法与历史的根源性关联。荷马史诗《伊利亚特》XVIII，497—508 中记录的听取两造陈述、解决纠纷的仲裁者，被称为 ἵστωρ（histor），他们是明事理，有智慧的人；历史学家希罗多德像一个仲裁者一样研究东西方的冲突，留下的研究报告，题目就叫作 ἱστορία。一份司法判决书，在希罗多德的意义上，也完全可以被称为 ἱστορία。

在诉讼与仲裁中，法律人在程序的约束之下去研究过去发生的事情，以明辨是非。从尼采的视角出发，我们能够更清晰地看到当事人是如何将原始的经验事实裁剪为不同版本的"法律事实"，从而带来对己方有利的法律适用结果，在这里，记忆和遗忘都具有高度的策略性与选择性；而法官需要面对当事人给出的不同叙事，形成一个整合的叙事，最后给出自己的判决。但法官并不仅仅是当事人"投喂"的历史叙事的"反刍"者，他需要考虑判决结果是否符合当今社会的"人之常情"，因此经常需要模拟普通民众的叙事角度，他的社会经验越丰富，他的模拟就可能更加准确；他需要思考是否有法律空间达到能够带来最佳社会效果的判决，他需要研究法律规则的解释史，确定自己的解释策略。有时候他会成为一个实质上的革新者，但他的制度角色使他很难高举创新的旗帜，而必须以法律解释的方式，保持"好古"的外观。

不过，现实的司法制度能够实现的正义总是有限的，寻求实质正义的人们往往不得不诉诸一些"兜底"的精神补偿方案，比如神的审判。在中国的传统中，人们往往把更大的正义的实现寄托在历史法庭的审判。所谓"孔子作《春秋》而乱臣贼子惧"，没有得到现实法庭审判的乱臣贼子，是在《春秋》中得到审判的。在此，史家被想象为一个主审法官，用他的历史叙事带来更大的正义。但史家并不像法官一样受到严格程序的限制，他可以不必恪守所谓的"法律事实"，能够作更为积极主动和全面的调查分析，他的判决也可以体现更为复杂而丰富的实质正义标准。他的审判如果出现偏见与错误，也可以得到以后的史家的纠正。

　　关于法官与历史学家的同与异，意大利微观史家卡洛·金兹堡（Carlo Ginzburg）在《法官与历史学家》（ The Judge and the Historian ）一书展开过非常精彩的分析。[①] 金兹堡为其蒙冤的朋友抱不平，以审判记录和判决书为线索，对整个案件进行了历史的重审。这或许就是"历史法庭的审判"，它通过历史的书写者来展开，这种审判不会一次完结，因为一位执行者可能的偏见，仍然有待于之后的执行者来纠正。虽然在大多数情况下，多数冤案没有经过史家的重审就被一个社会"积极遗忘"掉了，但这种重审的可能性，仍然给对现实司法制度失望的人带来某种微茫的希望：正义尽管可能迟到，但终将到来。

---

① Carlo Ginzburg, *The Judge and the Historian: Marginal Notes on a Late-twentieth-century Miscarriage of Justice*, London: Verso, 2002.

第四编
概念的刀锋

万人都要从我刀口走过

去建筑祖国的语言

我甘愿一切从头开始

——海子《祖国（或以梦为马）》

贤能政治的未来 *

读贝淡宁《贤能政治》

冷战的落幕也带来政治制度的想象的贫困化。1989 年弗朗西斯·福山（Francis Fukuyama）宣布"历史终结"，尽管因其表述过于夸张而引起诸多批评，但在西方确实已经形成这样一种主流信念：在多党竞争选举模式之外想象别的政治模式，不仅不正当，也是注定没有什么前途的。这当然是一种缺乏历史感的信念——在更早的五六十年代，恰恰是社会主义国家拥有更大的"民主"话语权，深陷越战泥潭和国内种族冲突的美国很难理直气壮地以"民主"为自己辩护，一代美国知识分子深刻反思自己国家出了什么问题。但在冷战之后的单极世界体系下，西方（尤其是美国）几乎垄断了对"民主"的定义权，弱化了社会主义国家原先坚持的"社会平等"的维度，将"民主"的核心界定为民众通过投票，在相互竞争的精英集团中选出他们的政治代表与领导人的程序。哪怕是一个等级森严的种姓（caste）社会，只要拥有这样的政治程序，也可以毫无困难地宣称自己是"民主"。不具备这种程序的社会，不管治

---

* 本文的一个较早的版本以《贤能政治的未来——评贝淡宁〈贤能政治：为什么尚贤制比选举民主制更适合中国〉》为题，刊发于《中国政治学》2018 年第 1 期。

理绩效多突出、对民众诉求回应性多高，也最多被视为一个治理良好的"威权社会"。

这种熊彼特式的民主定义，早已从政治学家们宣称的"价值中立"的描述性概念，上升为一种更为抽象的合法性（legitimacy）观念。合法性一词源于拉丁词汇 legitimus，在罗马法中，legitimus 指向实证法之外的习惯所界定的"法定"意涵。例如，罗马法学家乌尔比安将监护权分为遗嘱监护人、法定监护人和法庭监护人，这里的法定监护人（Tutor legitimus）就是在遗嘱未规定的情况下由古老的习俗确定（qui ex lege aliqua descendunt）的监护人。① 从古罗马到中世纪晚期，这个词语都指向比成文法或法庭判决更为古老的"高级法"（the higher law），指向用以评判实证法的更高的标准。考虑到 legitimacy 这一词源背景，对"合法性"的考察总是离不开对受众已有的观念与习俗的研究。但是，受众的观念和习俗本身并非一成不变，比如说，"民主"（democracy）一词是在 19 世纪才逐渐成为一个具有正面色彩的关键词的，而此前的政治理论家往往将"民主"当作仅次于"僭政"的坏政体。当"民主"与精英领导的"代议制"而非"直接民主"关联在一起，它才获得社会精英的接受，进而成为一种影响全社会的"高级法"观念。

在后冷战的单极国际体系下，熊彼特式的民主定义事实上已经成为单极霸权手中的概念武器之一，对中国的政治实践构成一种显著的压抑。不管中国是如何"商量着办事"，不管中国有多少亿人

① James Muirhead eds., *The Institutes of Gaius and Rules of Ulpian*, Ediburgh：T.& T. Clark, Law Publishers, 1904, p.382. 感谢李猛教授提醒我 legitimacy 的这一词源背景。本文在此将 legitimacy 翻译成"合法性"而非"正当性"，重点就在凸显其词源背景中所包含的超越实证法的"高级法"意涵，与之相应，强调符合实证法意涵的 legality 就应另作翻译。但将 legitimacy 翻译成"正当性"、将 legality 翻译成"合法性"的处理方法亦无不可，只要译者能有效区分两个概念，并交代译名可能丢失的信息。

脱贫，也不管中国在发展先进生产力方面有多少成就，用这把尺子来衡量，中国都面目可憎。这种"话语困境"引发了种种"突围"的努力。比如说，王绍光试图将"民主"的观念进一步历史化，论证熊彼特式的民主定义绝非民主的原义，真正的民主要讲求实质效果，尤其是政策对于民众诉求的回应性。[①]而一旦将重点从程序转向实质，中国就有许多经验具有非常正面的意义，比如通过协商谋求共识的决策方式。[②]王绍光的路向仍然采用欧美主流所推崇的关键词，但致力于赋予这些关键词更为丰富的内涵。

贝淡宁《贤能政治：为什么尚贤制比选举民主制更适合中国》（系作者在普林斯顿大学出版社推出的英文著作 *The China Model*：*Political Meritocracy and the Limits of Democracy* 的中文版本）[③]代表突破话语困境的第二个路向——不是改变对既有政治关键词的解释，而是提出新的政治关键词，在合法性话语层面，论证存在一种新的、用以判断政治实践高低的规范性尺度。在西方语境中，这是比第一个路向更具挑战性的尝试，因为在第一个路向上，毕竟还可以找到西方内部的多种多样的实践和理论资源，也有19世纪以来的社会主义运动史的探索作为参照。在贝淡宁的方向上，西方历史中可以倚重的资源要少得多，Meritocracy 很少被当作一种政体，或者只是在反讽的意义上与政体关联在一起。贝淡宁因此不得不更多依赖对中国历史传统与当代实践的理论提炼。相比之下，在中国语境中，贝淡宁的努力能够获得更多人的接受。汉语之中"尚贤"所包含的意义要比英文的 Meritocracy 更为丰富与厚重。《礼记·礼运》中写道："大道之行也，天下为公，选贤与能，讲信

① 王绍光：《民主四讲》，北京：生活·读书·新知三联书店2008年版。
② 王绍光、樊鹏：《中国式共识型决策》，北京：中国人民大学出版社2013年版。
③ 贝淡宁：《贤能政治：为什么尚贤制比选举民主制更适合中国》，吴万伟译，北京：中信出版社2016年版。

修睦……"在儒家先贤的想象之中，即便是在"大同"之世，政治权力也是要由贤能之士来行使的。而一千多年的科举制实践，使得"选贤与能"的观念深入人心，影响到了今日中国一系列考试制度的设置。① 对儒家而言，政治是一种教育的事业，《论语》有云："举直错诸枉，能使枉者直。"贤能在位，有利于普通民众"见贤思齐"，从而提升自己的道德品质。对于受到儒家思想遗产深刻影响的中国民众而言，"选贤与能"，毫无疑问可以构成评判中国政治制度的"高级法"之一。

然而，历史的复杂性也就在于，影响中国民众的"高级法"不只有一条。20世纪革命所确立的政治标准，以及当代流行的熊彼特式的民主标准，也同样参与了对中国民情的塑造。贝淡宁意识到了这种历史复杂性。作为一位成长和成名于西方，但已经扎根中国多年的学者，贝淡宁既重视与西方的理论传统对话，又注重总结中国的历史传统与当下实践，并借鉴近年中国学者对"中国模式与中国道路"形成的论证，形成一个视野广阔、内容丰富的理论体系，使得本书成为一本在东西方都获得广泛阅读的著作。在《贤能政治》

---

① "尚贤"是古典中国的政治遗产之一，但古典中国也讲"亲亲"与"尊尊"，尤其在涉及皇位继承的问题上，"尚贤"并非皇位嫡长子继承的精神所在。在辛亥革命推翻帝制之后，像康有为这样的立宪派尖锐地指出，"尚贤"与政治竞争关联在一起，而对一个国家最高权位的竞争，导致了中国无法获得稳定。康有为指出，还不如保留一个虚位的世袭君主，占据最高的尊荣位置，而让有贤能者竞争内阁总理大臣这样有实权但缺乏尊荣的位置。(参见康有为：《拟中华民国宪法草案》，载姜义华、张荣华编校：《康有为全集》(第十集)，北京：中国人民大学出版社2007年版，第46页)虽然康有为提出的重建君主立宪制的方案未必有效，但其提出的问题却是非常尖锐的。这也正是白芝浩(Walter Bagehot)在其《英国宪制》中提出的问题：在一个国家，是否可以将政制的尊荣部分与效率部分分开，而尊荣部分未必"尚贤"。(参见白芝浩：《英国宪制》，李国庆译，北京大学出版社2005年版，第3页)不过，正如贝淡宁指出，在英国当下的社会风尚下，就连英国上议院的世袭议员们的权威也在衰减。因此，也许可以说，是民众日益追求平等的倾向，导致人们更接受通过贤能而非血统来获得尊荣。

中，他试图综合三种不同的遗产，提出一种具有混合色彩的政治体制评价标准：他主张顶层的政治领导人以"尚贤制"的方式产生，而基层干部的产生却不妨引入更多竞争性选举的因素；他主张国家应当节制资本，在经济上缩小贫富差距，应当以社会各阶层为基础建立广泛的人才库，甚至要给弱势群体保留一定的配额，这些主张体现出了对 20 世纪革命遗产的某些尊重。但是这种尊重究竟排除了另外哪些选项，也是值得我们结合 20 世纪中国的历史经验来加以探讨的。简而言之，儒家的"尚贤制"与经过中国 20 世纪平等革命所留下的政治遗产，貌似能够接受相似的领导人产生方式，但其精神气质仍存在重要的差异。本文将首先回顾《贤能政治》的基本观点，进而在分析中展开这两种遗产之间的相似性与紧张关系，从而为阅读《贤能政治》提供一个历史经验的视角。

一、"贤能政治"的规范标准与制度

事实上，汉语中的"贤能政治"或"尚贤制"比英文日常语言中的 meritocracy 具有更加丰富的含义。Merriam-Webster 英语大辞典对于 meritocracy 一词有两个界定：一是"一种以成就为基础选择和提拔人才的制度"（a system in which the talented are chosen and moved ahead on the basis of their achievement），二是"基于智识标准选出的领导"（leadership selected on the basis of intellectual criteria）。其重点在于强调根据才干，而非财富或出身提拔人才。[1] 尽管英语中的 merit 具有"值得赞扬的品质"（a praiseworthy quality）这样宽泛的意思，但在日常理解中的 meritocracy 是成就（achievement）导向的，是在一种功用关系中来理解"才"（talent）。作为比较，尽管汉语中的"能"是在一种

---

① 《韦氏新大学词典》（第 9 版），北京：世界图书出版公司 1988 年版，第 743 页。

功用关系中被认定的，但"贤"却可以超越实用与效率，承载一个政治共同体乃至一个文明对于人的典范的想象[1]，如《论语·为政》中孔子所云："君子不器。"这种典范能够产生的"无用之用"，就是建立和加固政治权威。汉语中的"贤能"概念中包含的"器"与"不器"之间的张力，是英文 meritocracy 中所缺乏的。

或许正是因为英文 meritocracy 一词含义单薄，这一概念长久以来未能成为政治分析的核心关键词，更未能成为政体的名字。而当它被作为一个政体的名字的时候，却又是在一种讽刺意义上出现的。1957 年英国社会学家、工党政治活动家迈克尔·杨（Michael Young）出版过一本名为 *The Rise of the Meritocracy* 的小说，在其中对 meritocracy 进行了辛辣的讽刺。[2] 根据贝淡宁的概括，迈克尔·杨对 meritocracy 提出了三个方面的问题，一是"贤能制"选拔出来的领导人可能会腐化或滥用权力；二是"贤能制"很容易造成政治等级固化，破坏社会流动性；三是很难向权力结构之外的人论证该制度的合法性。由于迈克尔·杨小说巨大的影响力，这个词在西方几代政治理论家眼中几乎就是个贬义词。[3] 贝淡宁要为"贤能政治"正名，就不得不对这样的理论传统做出回应。

贝淡宁首先对他心目中的贤能政治做出界定："贤能政治的基本观点是，人人都有平等的机会接受教育，并为社会与政治做贡献，但不是每个人都拥有同样的能力作出知情的道德与政治判断，

---

[1] 当然，"贤人"并非儒家认可的最高典范，之上还有"圣人"，只是对于多数人来说，"贤人"是一个更有实现可能性的目标。

[2] Michael Dunlop Young, *The Rise of the Meritocracy*, Piscataway, NJ: Transaction Publishers, 1958.

[3] 当时政治理论家们在关心什么呢？贝淡宁写道："从 20 世纪 60 年代，理论家的主要议题是，如何推动人人平等的社会。"（贝淡宁：《贤能政治：为什么尚贤制比选举民主制更适合中国》，第 96 页）而联系一下时代背景，当时正是社会主义阵营对资本主义阵营造成很大压力的时代，也是美国"民权运动"勃兴的时代。

成为出类拔萃的人才。因此，政治的任务就是辨认出具有超常能力的人，让他们为公众服务。如果领导人表现良好，人们就会支持他。"① 隐藏在这个界定背后的，是一种弱化了的"政治作为教育"的理念。完整的"政治作为教育"的理念相信，政治不仅是实现和保障民众私人利益的手段，它更是一种提升参与者品质的教育。但是，贝淡宁非常清楚地意识到，对于"巨大的存在之链"（the great chain of being）的古典式信仰在当代世界已经变得很稀薄，在一个多种完备性学说（comprehensive doctrine）并行乃至竞争的社会里，何谓"德性"和"贤能"，在具有不同信仰的人看来会有不同的答案。人们更容易达成共识的是治国理政的功能性需要，至于政治舞台是否还能实现整全意义上的"人之为人"的理想，已经是一个存在争议的主题。

为了将贤能政治树立为一个合理的政治发展目标，贝淡宁不能不对选举民主作为唯一模式的地位提出挑战。不少政治理论家论证，不管选举民主的结果如何，其程序本身就具有内在价值。贝淡宁承认投票能够带来某种心理满足，以至于一旦获得，就难以舍弃。他并不试图对此做出全局性的批评，而仅在中国案例上提供一个局部的反驳——他引用史天健的东亚民主观念调查指出，论证程序的内在意义，对于重视政治实质结果的中国民众来说，并不是一种好的论证方式。② 那么，接下来需要考察的，就是选举民主是否能产生优良的治理结果，在此，贝淡宁需要回应的是丘吉尔"民主是最不坏的制度"这一说法，这一说法经常被用于对其他的政治可能性的讨论。在贝淡宁看来，选举民主也很容易导向一系列消极的治理结果，他从四个方面进行了理论概括：（1）多数选民缺乏时

---

① 贝淡宁：《贤能政治：为什么尚贤制比选举民主制更适合中国》，第21页。
② 同上书，第7页。

间、动力与认知技能来获得政治知识，有可能做出不合理的政治判断，从而导致所谓的"多数派暴政"；（2）因为存在金钱与选举的结合，富有的少数人也可能在选举民主制下找到方法，以牺牲多数人的利益来扩大自己的经济利益，虽然在理论上穷人拥有更多的政治权力——正是在这里，贝淡宁称颂贤能政治限制资本干政的做法；（3）选举民主也可能会出现"选民共同体暴政"，忽略诸如子孙后代和外国人这样的"非选民"的利益——鉴于民主政治体制中没有人代表这些人的利益，当选民的利益与非选民的利益发生冲突时，选民的利益总是会占据上风；（4）最后，选举民主下政治权力的开放性竞争，有可能会带来竞相抹黑对手的"负面选举"，以及冲突性的"身份认同政治"，造成社会的撕裂。而在这四个方面，新加坡与中国的治理，都可以提供一些相反的例证。这些例证当然不足以证明贤能政治在一般意义上优于选举民主，但贝淡宁的目标非常温和与谨慎，他只需要读者意识到选举民主存在一系列问题，而这些问题，尤其是第四个问题，对于中国这样的广土众民、民族宗教构成复杂的大国来说，有可能是致命的。一旦读者能够接受这个前提，就可以跟着贝淡宁继续往下走，进入选择政治领导人的实质标准的探讨。

《贤能政治》第二章致力于对提拔政治领导人的恰当标准的探讨。在这部分内容中，贝淡宁对商业管理与公共管理中对于领导力（leadership）的探讨颇多征引。贝淡宁特别强调的是，领导力具有不同的社会与政治情境。他回顾了马克斯·韦伯在《以政治为业》中对于具有超凡魅力的（Charismatic）政治家的思考，韦伯强调政治家需要激情、责任感与分寸感，并受到"责任伦理"的引导。但是贝淡宁强调，韦伯所设想的这一类型的政治家，或许更适合战争或国内动乱的环境。贤能的标准需要考虑多种情境，在中国这样的以集体领导为特征的现代化的、基本和平的社会中，领袖的优秀品质可能更接近于"公务员"的特征。贝淡宁提出了三个方面的要求，并探讨了适宜的选拔机制：第一是较高的智商（IQ），需要具备分析能力和对不同学科与传统的了解。中国的科举制度在挑选较高智商的人才方面有突出的表现。第二是较高的情商（EQ），一流的学术人才往往不善于与人沟通，因此难以平衡方方面面的关系，而现代社会个人发声渠道的增多，导致沟通变得越来越重要。而在这方面，考试不是很好的测试方法，更可行的方式是考虑候选人过往的行政经历、年龄，贝淡宁也建议增加管理团队中女性的比例；第三是要具备美德（Virtue），如果不具备美德，智商和情商突出的人往往对社会造成更大的危害。而评估一个人的美德需要更复杂的机制。贝淡宁考虑了排除有犯罪前科者、考虑自我牺牲表现、同级评估等不同的机制和方法。

或许因为最初写作的预设读者是不熟悉中国历史与政治体制的西方读者，贝淡宁对于中国实践的探讨限于哪些选拔机制适合哪些品质的探讨。中国的政治实践中怎么评价政治家的品质，这是一个非常宏大的主题，但笔者认为存在一些比较便捷的研究切入点。中国自古以来就存在远比智商、情商与美德三分法更复杂、也更精细的评价体系，尤其体现在政治领导人去世之后的谥号评定上。中国古代的《谥法表》给出了一系列评价性的关键字，偏正面的，有文、武、恭、明、钦、定、德、襄、宪、孝、康、穆等等，偏负面的，有灵、炀、隐、悼、愍、荒、哀、幽、厉等等。而当代中国对政治家的官方评价虽然经过了话语的转换，但同样体现出了相当的丰富性和复杂性，当然，就偏于负面的谥法而言，中国古代可能更为完备。中国历朝历代为前朝修的纪传体的官史，一个重要的功能就是针对官员和有志于仕途的读书人，树立贤能的评价标准。智商、情商与美德的三分法可以将读者引入对政治家品德的研究，但一旦进入这个领域，这个三分法就无法将我们带到更远的地方，我们需要进入更为复杂和精细的"典范的政治学"（the politics of exemplar）。

不过，以上是中国的贤能政治研究者在贝淡宁的框架里可以进一步展开的工作。在原理层面，贝淡宁对马克斯·韦伯的回应，或许仍存在可以推敲之处。在笔者看来，《以政治为业》讨论的并不仅仅是"卡里斯玛型"政治家所具备的品质，更关系到政治家之为政治家（而非行政官僚）的一般品质。贝淡宁将韦伯笔下的"卡里斯玛型"政治家认定为适合战争或者国内动乱时期的类型，认为这种类型未必适合一个现代化的、基本和平的社会，后者或许更需要"公务员式"的领导。笔者首先对在战争与和平之间泾渭分明的二分有所保留。我们当下的世界已经很少有正式宣布的战争，但紧张和冲突随处可见：恐怖袭击、贸易战、科技战、金融战、网络战、大规模传染病疫情…… 德国总理默克尔在 2015 年面临着巨大的难民危机；法国总统马克龙上台之后，法国因为频繁的恐怖主义袭击而启动的紧急状态还在持续；美国总统拜登面对的是一个枪支泛滥，民间随时都可能发生屠杀的社会；印度总理莫迪时刻面对国内的民族宗教冲突和某些地区的分离主义运动；而前伦敦市长萨迪克·汗干脆宣布，恐怖袭击是"大城市生活的一部分"。而所有国家的领导人在 2020—2021 年都经历了新冠疫情的重大考验。当代世界各个大国拥有的是一种充满紧急状态—例外状况的和平，一个没有能力应对各种紧急和例外状态的政治家，很难在现时代的大国中主持和平与发展的大局。其次，无论是和平时期还是战争时期，政治事实上都很难被还原为一种纯粹的管理工作。经济的发展和社会的变迁不断改变着各个群体的力量对比，产生出种种不同的秩序想象和认同，哪怕一个政治家的使命仅仅是维持既有的秩序，他也需要密切关注社会中力量对比的变化，关注林林总总的离心力。政治家需要拥有区别于行政管理者的"政治素质"（这也是中国的党政体制内常用的一个关键词），要善于从政治的角度，而非工具主义的目标—手段眼光看问题，关注社会中政治力量的对比与政治领导权的状态。有这种政治思维的领导者未必就是"卡里斯玛"式的，但如果没有这种政治思维，他就很难称得上真正的政治家。这是我们在谈"贤能政治"而非"贤能行政"时候，有必要作出的区分。

在树立起"贤能"的标准之后，贝淡宁在第三章中回应了迈克尔·杨对 Meritocracy 的三方面批评。应对关于贤能政治可能会造成腐败的批评，贝淡宁指出，选举民主不一定是遏制腐败的利器，只不过竞争性选举给了民众用选票把腐败分子赶下台的一种期待，但选举机制本身并不能保证再次选上来的领导人不腐败。竞争性选举给民众带来的这种期待减少了腐败对政治体制合法性造成的冲击，但在许多地方也弱化了真正治理腐败的动力。在尚贤制下，民众很难通过选举赶走腐败分子，因此腐败会直接冲击政权的正当性，但其结果是，政权为了自身的存续，也有更强的动机去反对腐败。贝淡宁不同意福山关于当代中国制度与古代都未能解决"坏皇帝"问题的判断。除此之外，贝淡宁探讨了如何处理好政商关系以及官员工资与腐败关系这两个议题，其主旨在于说明，贤能政治解决腐败问题的制度空间远未被穷尽。

针对杨提出的贤能政治可能造成僵化的问题，贝淡宁指出，政治尚贤制的先贤们本来就认为应当从更为宽泛的人才库中选拔人才。而在实践中，可以提升政治精英中代表不同社会阶层的精英比例。针对弱势群体，配额制是值得考虑的技术，从名牌大学的入学到政治人才的选拔，都有必要为弱势群体提供一定比例的配额，以便他们在政治体系中获得代表性。当然，治本的方法，是缩小贫富差距，防止社会出现剧烈分化。同时，贤能标准不能单一，应当具有一定的灵活性和弹性，在一个大国里，可以保留政策试验的空间，便于不同类型的人才脱颖而出。

应对杨质疑的合法性问题，贝淡宁结合中国的案例来进行回答，指出中国政府"已经成功地获得了很高程度的政治合法性"①。合法性的来源有三：民族主义、政绩与贤能制。当然，贝淡宁的论述重在强调前二者的局限性：政府之外的社会群体可能会提出不同的对于国家利益的理解；政府在脱贫、经济发展和应对危机时的成功，恰恰可能会使得民众提出更高的期待和要求。因此，贝淡宁强调第三种合法性来源的重要性。贝淡宁引用史天健等人的政治文化调查指出，中国民众认可高水平政治家的领导，而且自90年代以来，中国人对儒家价值观的依赖与日俱增。

但是，贝淡宁承认纯粹的政治尚贤制存在一个问题：很难向体制外野心勃勃的与具有公共服务精神的人论证其合法性。这时候政府就要提升这些人的效能感，承认其所从事的工作和所取得的成就对社会具有重大贡献，这样政治权力上的落差，可以和平等的社会价值意识并行不悖。而这意味着，古典的"士农工商"的排序在当代并不是合适的话语，需要承认各行各业的人都有机会成为社会的楷模。但即便如此，政治领袖仍然可能拥有最高的社会地位。这时候，就需要想办法对各社会群体中充满政治热情的代表人物进行政治吸纳。贝淡宁指出："最终来说，唯一的方法是让所有民众支持政治尚贤。换句话说，民主或许是为尚贤制的合法性辩护的必要条件。"②

在第四章中，贝淡宁探讨了尚贤制的三种模式：投票模式、平行模式与垂直模式。投票模式的代表者是 J.S. 穆勒，他设计的投票模式的特点是赋予具有不同政治能力的人以不同的投票权，比如说，给大学毕业生或者要求更多理性的专业领域的成员两张或多张

---

① 贝淡宁：《贤能政治：为什么尚贤制比选举民主制更适合中国》，第121页。
② 同上书，第131页。

选票，但普通人也可以自愿参考开放的考试来获得额外的选票。但是，贝淡宁指出这一模式在当下已不可欲，因为在大众中挑选"理性选民"是"粗鲁而且不可靠的"[1]。第二种模式是水平模式，中央政府层面既有选举产生的机构，也有尚贤机构，既反映一人一票民主选举政治领袖的需要，又能反映挑选出具有超越平均水平的美德与能力的贤能领袖的需要，但是赋予贤能领袖更高的权力。贝淡宁探讨了孙中山的"考试院"、哈耶克的两院制和蒋庆的三院制设计，但他倾向于认为，人们一旦开始选举某些中央机构的领导人，就会希望他们拥有较高的权威，让未经选举产生的贤能机构高于民选机构，总是会遇到人们的合法性质疑。因此，平行模式的可能性也值得质疑。

在排除前两种模式之后，剩下的只有中国所代表的"垂直模式"。贝淡宁对中国模式的概括是：基层民主，上层尚贤，在中层留出诸多进行试验的空间。政府层级越低，可以有更多的民主成分；层级越高，有更高的尚贤成分。当然，贝淡宁在此所说的"民主"不限于竞争性选举，民众参与公共协商，也被他视为基层民主的形式。中层的试验空间，不仅是治理大国所需，同时也有利于探索多元的贤能标准。贤能政治排除高层领导人的竞争性选举，但可以兼容诸如基层政府民主选举、非选举形式的政治参与协商、审议、透明度和公民复决投票等民主价值观和政治实践。

贝淡宁对中国这个"垂直模式"特征的讨论，重点在人才的选拔方面。《贤能政治》对于人才的培养、锤炼、考验机制，相对来讲着墨较少。这当然并不意味着贝淡宁对其他几个方面缺乏意识。在《贤能政治》第一章对新加坡的探讨中，贝淡宁就探讨了新加坡对于人才长达数十年的培训，而这种培训在多党竞争的条件下将很难

---

[1] 贝淡宁：《贤能政治：为什么尚贤制比选举民主制更适合中国》，第140页。

实现，因为如果被培养的优秀人才获得政治权力的预期经常被选举周期打断的话，他们将很容易对政治生涯失去兴趣。[①] 不过，《贤能政治》确实缺乏专章讨论人才的培养、锤炼和考验。在中国的政治体系中，一位顶尖大学的毕业生从进入体制成为公务员，到成为高级领导人，中间还隔着漫长的距离。他需要努力表现，进入组织部门的视野，成为重点培养和考察的对象；他会被放在不同类型的岗位上锻炼，以获得较为全面的政治经验；等他成了省一级的官员，他可能会辗转数省，从农业大省到工业大省，从内陆边疆到东南沿海，从民族地区到汉族为主的地区，以获得全面的履历和丰富的领导经验；他有时候会被置于风险较大的地区与岗位上，接受严峻的考验；他在重大政治事件中的表现，也是组织部门关注所在。如果无法通过考验，他的政治生涯就面临着止步不前乃至停摆的命运。这个培养、锤炼和考验的过程是如此漫长，以至于我们非常难以看到 45 岁以下的省部级干部。像马克龙这样 39 岁成为法国总统、库尔茨 31 岁成为奥地利总理的事例，在和平年代的中国很难发生。要研究这个培养、锤炼和考验政治人才的机制，当然需要研究组织部门的运作，但在此，高级干部的任职履历可以提供一个很好的切入点，研究者可以从中发现一些规律性的现象。《贤能政治》如果能够增加相关的内容，其所呈现出来的中国"垂直模式"的图景将更为完整。

这个"垂直模式"在国际上具有多大的可推广性呢？贝淡宁对此有清醒的认识：这个模式适合大国而非小国，因为小国很难开展基层政府层面的试验；这个模式也不可能在政府变动频繁的选举民主制国家实行，因为民众很难放弃选票所带来的心理满足，同时政府变动频繁也使得长时间的政策试验很难持续。最后，也很难在一

<hr>

① 贝淡宁：《贤能政治：为什么尚贤制比选举民主制更适合中国》，第 23 页。

个没有贤能政治传统的国家实行贤能政治。推行竞争性选举本身并不困难，但是建立支撑贤能政治的官僚和政治机构是困难的，没有历史的传承，很难无中生有。

行文至此，我们大致可以这样理解贝淡宁对于选举民主和贤能政治的判断：选举民主的制度框架易于建立，而且在很多时候无需产生良好的治理结果，也能在一个低水平层面自我维系，民众尽管会对治理结果不满，但很难想象别的制度可能性；但贤能政治必须追求结果上的良治，没有良治，就很难说明在位者的贤良品质，从而瓦解"贤能政治"的自我认定。由此可以进一步引申出，既然"良治"是不可或缺的，贤能政治就必须关注通向良制的各种国家基本制度和基础能力，因为"良治"需要的不仅是"贤能"的领导者，更需要一系列基础制度作为保障。在这里，贝淡宁将遭遇到重视国家基础能力研究的王绍光——从两位学者的理论逻辑来看，在加强国家基础能力这一点上，他们的意见不会有明显的分歧。

而另一个值得我们特别重视的表述，是贝淡宁对于尚贤制与民主关系的这一判断："最终来说，唯一的方法是让所有民众支持政治尚贤。换句话说，民主或许是为尚贤制的合法性辩护的必要条件。"① 当然，贝淡宁在这里说的"民主"，与竞争性选举没有必然关系，它指向的是民众自下而上的同意（consent）。一个"尚贤制"政体，在建立自身的合法性的时候，可能恰恰难以以"当政者皆贤能"标榜，因为这样可能就会让体制外那些有公共服务抱负与热情的人产生失落感。到最后，尚贤制的运作，仍然离不开"民主"的话语。在这个环节，贝淡宁的路径与王绍光的路径再次交叉。但这回，他们的观点是否会完全一致呢？

---

① 贝淡宁：《贤能政治：为什么尚贤制比选举民主制更适合中国》，第131页。

二、"贤能政治"如何获得民众同意

如何能够始终获得民众对"贤能政治"的同意？这一工程需要两个环节：第一是在一个具有不同衡量标准的世界里，让民众能够认同"贤能政治"的规范标准；第二是政治家积极进取，产生符合"贤能政治"规范标准的良治。在一个民众缺乏这种"高级法"观念的国度，政治家再努力，也未必能够确立起自己领导模式的正当性。而这意味着，公共教育需要倡导"尚贤"，以便维持这样一种民意：政治家是一个需要特殊才干的职业，需要培养和锻炼，尽管获得培养和锻炼的机会具有开放性，但最终能够进入这一职业路途的，只可能是少数人；但即便是未能进入这一职业路途，普通人在社会基层，在各行各业，都能够参与公共事务，并有可能做出卓越的成就，得到国家的承认和表彰。在历史上，儒家的教育完成了前半部分，但其坚持"士农工商"的序列，因而未能完成后半部分。是20世纪中国革命带来的变迁，完成了对这两个方面的同时覆盖。但20世纪革命产生的新传统，是否属于一种新的"贤能政治"的传统呢？

如果我们将眼光投向20世纪50—60年代，我们能够在主流的政治话语中看到这样一幅图景：一方面，舆论强调党员干部发挥"先锋队"作用，在社会生活中承担更大的责任，在各个方面做普通群众的榜样，强调将"先进分子"提拔到更重要的位置——显然，这里的选拔机制和竞选式的民主制没有什么关系；另一方面，在荣典的授予上，非常强调一线的劳动者。我们耳熟能详的劳动模范几乎都是来自一线：北京淘粪工人时传祥获得"全国劳动模范"称号，受到国家主席刘少奇的接见。刘少奇握着时传祥的手说："你掏大粪是人民勤务员，我当主席也是人民勤务员，这只是革命分工不同。"贝淡宁在分析贤能政治的合法性的时候提到，政治权力上的落差可以和平等的社会价值意识并行不悖，以激励其他行业的有抱负者①，要说对其他行业的价值激励，我们恐怕很难找到比刘少奇与时传祥的对话更好的范例。

当时的中国与今日的差异之一，是不存在"体制外"与"体制内"的清晰二分。获得荣典的一线劳动者，也经常能获得政治提拔，走上更大的政治舞台。这些选拔人才的实践塑造和加固了一种社会信念：平凡的职业是可以做出重要的贡献的，甚至有可能通过"又红又专"的表现，从其他职业，转到领导岗位上，接受组织的锻炼和培养。

但在《贤能政治》一书看来，这种模式可以被称为"贤能政治"吗？当贝淡宁谈"贤能政治"时，是将其与晚近四十多年的实践关联在一起，而他重点关注的是诸如大量高校毕业生走上领导岗位这样的事例，这也许隐含地表示了对之前的历史实践的态度。"贤能"是"又红又专"的意思吗？贝淡宁看来并不会这样认为。要理解这一态度，或许就要回到上文对 Meritocracy 英文原意的考证——不管 merit 这个词从逻辑上可以被多么宽泛地解释，Meritocracy 始终包含着对绩效的要求。一个发明了更先进的掏粪机械的工程师，将可能被视为比时传祥有更大的绩效贡献，因而也符合 Meritocracy 的提拔要求。而时传祥尽管具有很高的觉悟，根据革命的道德，称得上"贤"，但其只有在一个有限的范围内获得突出的绩效贡献，而从党与国家对时传祥的宣传来看，他所表现出来的能干苦干精神，最终还是为了说明他的"贤"。因此，借助谢淑丽（Susan Shirk）的概念来说，对时传祥授予荣典，体现出的是"德举"（virtuocracy）的精神，是对德性的弘扬和奖励，但不是西方意

---

① 贝淡宁：《贤能政治：为什么尚贤制比选举民主制更适合中国》，第130页。

义上的 Meritocracy。①

西方受众熟悉的 Meritocracy 强调的是，总体来说要从受过更高教育的人，而不是从工地上的建筑工人中选择政治人才；只不过可以同时补充，教育需要向各阶层开放，甚至需要给弱势群体保留一部分配额。相比于这个做法，当年从普通工人农民中选拔干部的做法，似乎显得过于重视思想觉悟，而忽略绩效。由此，我们可以触及汉语之中"贤"与"能"两字之间的张力。我们面对的两大传统——儒家传统与 20 世纪革命与建设中产生的社会主义新传统，都是重视"贤能"的，也都没有接受将竞争性选举作为高层领导人的主要产生方式。在这两大传统之中，20 世纪革命产生的新传统背后有一个很强的对社会平等的承诺。与此同时，中国又面临着工业化的迫切任务。推进社会平等与发展生产力之间存在着一种紧张关系。发展生产力需要讲绩效，而讲绩效有可能拉大社会差距。"又红又专"是对这个紧张关系的回应，要求干部群众在这两方面之间保持一种平衡。但从儒家的角度来看，即便是这样一个努力维持平衡的姿态，也有可能过于忽视绩效，忽视受过更长时间学校教育的知识分子的作用。

当中国转向"以经济建设为中心"之后，对绩效的关注不断加大，劳模的评选逐渐向管理人员和专业技术人员倾斜，以至于倾斜过度，近年来不得不重新强调要有一定比例的基层一线劳动者。现在，我们看到了一个更重学历与书本知识，更符合西方受众熟悉的 Meritocracy 定义的社会。但这是不是意味着 20 世纪新传统已经变成了过去？显然不是这样。在两个时期，中国的政治制度的基本框架是连续的。而联系到贝淡宁说的"民主或许是为尚贤制的合法性辩

---

① 李放春教授建议将 virtuocracy 翻译成"德举"而非"德治"，因其重点在"举"，而不在"治"（参见李放春：《共产党革命、中国文明与人民民主德治》，载《开放时代》2017 年第 1 期）。

护的必要条件"，可以思考的是，这个新传统可以在哪些方面增强已有的尚贤制的民主合法性。

最大的资源，可能还是从革命年代产生的"群众路线"。"群众路线"倡导"从群众中来，到群众中去"，这不是为了政治精英树立亲民形象的"亲民路线"。"群众路线"反对的是少数精英"先知先觉"，所以可以自上而下地指导"后知后觉"与"不知不觉"者的看法，而是认为对真理的认识是一个被集体的实践不断修正的过程，党员干部只有深入群众，保持与群众的血肉联系，才能够克服自己的教条主义与经验主义，形成更为符合实际的认识，而这对于制定正确的路线、方针、政策是非常重要的。就此而言，"群众路线"是一条思想路线。与此同时，它也是一条组织路线，要求在用人时，重视从基层和一线提拔干部，重视那些能与群众打成一片的干部，同时在锻炼干部时，也重视群众工作、调查研究的重要性。

要践行"群众路线"，还需要"找到群众"，这不仅需要干部往下走，同时也在一定程度上要求基层社会的某种组织化，从而在决策者、执行者与基层社会之间，建立起无数的毛细血管，这有助于决策者迅速听到基层社会的政策诉求，并做出及时的回应。而一个具有很强民意回应性的政治体制，无疑更能获得普通民众的支持。"群众路线"并不符合熊彼特意义上的"民主"定义，但完全合乎王绍光强调的实质主义路向的"民主"。干部往下走到群众之中，这在王绍光来看，是一种"逆向参与"。①

在《贤能政治》中，贝淡宁将新加坡与中国并列为"贤能政治"的范例。但《贤能政治》未能呈现的是，两国在"群众路线"的实践上有很多的共通性。新加坡的人民行动党在创党之后，汲取了中共的"群众路线"经验，在政党与政府两条线上，都注意保持

---

① 王绍光：《中国·政道》，北京：中国人民大学出版社 2014 年版，第 10—14 页。

顺畅双向沟通，既重视自上而下解释政府政策与政治决策，又重视听取民众自下而上的批评与建议，并推动基层的组织与动员。人民行动党推动建设的基层组织网络，核心就是人民协会，其中公民咨询委员会居于顶端，社区俱乐部管委会、居委会、邻里委员会、社区发展理事会等为中层组织，而妇女执委会、乐龄执委会、马来族执委会、印族执委会、青年执委会、民防执委会等组织为基层组织。执政党及政府与群众之间，形成无数毛细血管，而大量社会精英就被吸纳到这些毛细血管之中，承担其某些公共职能。这使得新加坡的政策体现出对基层民众意见较大的回应性，同时削弱了扩大选举竞争性的诉求。这正是王绍光与欧树军最近出版的《小邦大治：新加坡的国家基本制度建设》向读者讲述的故事。[①]

"群众路线"源于中国，但在新加坡落地生根，开花结果，乃至于反过来对其输出地产生重要的借鉴价值。这对"贤能政治"的叙事来说意味着什么？在笔者看来，在分析"贤能政治"的时候，仅仅强调儒家传统是不够的，还需要同时归纳列宁主义政党组织模式的传入及其"中国化"。中共拥有比苏共更艰难的革命历程，由此也发展出了更为显著的"群众路线"传统。高度精英主义的苏共最终未能保存苏联这个国家，但重视"群众路线"的中共与新加坡人民行动党至今还在稳固地领导着各自的国家。如果当代的"贤能政治"的合法性最终还是要依赖于人民的同意，"贤能政治"运作本身离不开"民主"的话语，那么在提出"贤能政治"这个新关键词的同时，我们也许还是要回到"民主"这个老关键词，尤其是回到一种更为实质主义的对于"民主"的理解——尽管这一理解的平等主义导向与"贤能政治"观念隐含的某些等级制预设是存在紧

---

① 欧树军、王绍光：《小邦大治：新加坡的国家基本制度建设》，北京：社会科学文献出版社 2017 年版。

张的，但逻辑上看似矛盾的东西，在现实当中未必就不能出现交汇点。在 20 世纪的"群众路线"实践中，先锋政党深入群众的"逆向参与"，使其领导权能够不断获得民意的支持，提供了竞争性选举之外的另一种可能性。这一经验，无论对于"贤能政治"还是对于"民主"，都是重要的知识资源，值得今人认真总结和接续。

三、余　　论

尽管后冷战时期是一个政治想象贫困化的时期，但种种迹象都在表明，我们正在进入国际体系大变动的时代。随着全球经济格局的改变，冷战之后的单极霸权体系日益难以为继。1989 年宣称"历史终结"的福山，近年来重新开始讨论"政治衰败"（political decay）问题，甚至对美国的政治衰败感到忧心忡忡。① 与此同时，从俄罗斯、土耳其到波兰、匈牙利，许多国家都在偏离美国多年来倡导的政治发展方向。尽管这些变迁并不总是正面的，但一些新的想象空间正在打开。

贝淡宁的《贤能政治》正是在这样一个新的历史时刻产生的思想成果。这本书面对西方的读者，大胆地提出选举民主并不是唯一的政治发展目标选项，贤能政治可以成为新的政治发展目标。《贤能政治》阐述了贤能政治的评价标准，探讨了制度层面的挑战与困难，并提炼出了贤能政治的不同模式。《贤能政治》是一个对古典中国的贤能政治遗产、20 世纪平等革命遗产与当代主流的竞争性选举政体经验进行综合的方案，而不是向古典的简单回归。贝淡宁极具现实感地意识到，在当代社会的语境中延续贤能政治，其合法性论

---

① Francis Fukuyama，"America in Decay: The Sources of Political Dysfunction"，*Foreign Affairs* 93（September/October 2014）: pp5—26.

证很难直接依赖"天道""天命"这样的古典概念。当代社会的贤能政治，其合法性论证最终还是无法离开民意的支持。

而正是在这里，我们可以看到，贝淡宁提出新的政治关键词的路向，恰恰可以从本文开头所提到的重新解释已有的关键词这一路向上获得有力的响应，这一路向凸显出"民主"在"竞争性选举"之外的其他含义，探索提升政治参与度与政策回应性的不同方案。20世纪的平等革命产生了中共的"群众路线"，影响到新加坡人民行动党的执政风格。将新加坡与中国作为"贤能政治"加以探讨的同时，我们也许可以进一步思考连接两个国家的20世纪革命遗产。这种遗产的不同强度，将会产生不同的"贤能政治"可能性，但这同时也是"民主政治"的可能性。历史尚未终结，未来并无定数，我们需要保持开放的心态，在新的时势下，思考和总结当代中国的实践有可能为人类做出的普遍贡献。

卢梭与抽签 *

读王绍光《抽签与民主、共和》

1772 年，卢梭完成了波兰立陶宛联邦（Rzeczpospolita Obojga Narodów，简称波兰）境内反对君主的天主教激进派巴尔联盟（Konfederacja barska）贵族成员米哈尔·叶霍斯基（Michał Wielhorski）委托给他的课题，写成了《波兰政府论》（*Considérations sur le gouvernement de Pologne*）。也正是在那年，巴尔联盟反叛国王与沙皇的后果继续发酵，波兰经历了沙皇俄国、奥地利与普鲁士的第一次瓜分。卢梭为波兰立宪，所依据的就是他的《社会契约论》提出的原理。但卢梭非常清楚，他是在为一个在列强重压之下的国家提供宪法建议，国际政治条件的考虑必不可少。于是，在《波兰政府论》提出的立法建议之中，我们可以看到这样令人惊异的主张：

> 一俟国王死亡之后，也就是说，在可能最短的并且将由法律加以确定的间隔期之后，那一进行选举的议会将被庄严地召集起来；所有那些伯爵的名字将被投入竞选之中，将以所有可

---

* 本文一个较早的版本发表于《地方立法研究》2019 年第 5 期，《信睿周报》2019 年第 14 期转载。

能的预防措施通过抽签选出 3 名人选，这样就没有任何欺诈将会败坏这一行动。这 3 个名字将被大声地向会议选读出来，后者将在同一个会期上并且通过投票的简单多数决，将选出它更喜欢的那一个，而他将在同一天被宣布为国王。①

这是一个"抽签＋选举"的方案：先从担任波兰终身参议员的 33 名伯爵之中，抽签选出 3 位，然后再由波兰贵族进行选举。卢梭承认，运用抽签的方法，可能会使得最有威望的伯爵在第一轮遴选中落选，但是抽签方式有自身独特的优势，它"一举克制了派系，克制了外国民族的阴谋"②。既然外国民族和有恶意的候选人都无法运用欺诈的办法取胜，他们运用这一方法败坏波兰政治的动力也就会减弱，波兰将会赢得安宁。即便偶尔有人运用欺诈的方法在抽签环节胜出，最后选举的环节也有机会让德位不配的候选人落马。

卢梭的波兰国王选拔方案旨在解决波兰多年来的"自由选王制"所造成的困扰。1573 年以来，波兰确立了由贵族选举国王的惯例，而且对于候选人的资格限制很少，导致波兰周边的王侯们纷纷竞选波兰国王。从 1573 到 1795 年，波兰贵族共选出 11 名国王，其中有 7 名是外国人。一个很有意思的例子是，1688 年英国"光荣革命"推翻英王詹姆士二世统治，詹姆士二世逃亡法国，法王路易十四一度想介绍他去波兰当国王，只是由于詹姆士二世担心做了波兰国王，不能再回到英国当国王，最后作罢，但路易十四的邀约表明，当时在欧洲大陆最有权势的法国君主想安插人去波兰当国王，并非特别困难的事情。波兰贵族们选外国人做波兰国王的重要原因恰恰在于外国君主在本地缺乏根基，因而很难推动中央集权

---

① 卢梭：《波兰政府论》，载田飞龙编：《卢梭立宪学文选》，北京：中国政法大学出版社 2013 年版，第 180 页。

② 同上书，第 181 页。

运动，削弱贵族的既得利益。然而波兰贵族们打的小算盘从长远来看却是灾难性的，因为周边的普鲁士、奥地利与俄国都在推进绝对主义国家的建设，波兰保持为一个极端松散的等级制国家，这就给了周边强权控制波兰内政的机会。到了 18 世纪，波兰事实上沦为沙皇俄国的保护国，而沙皇正是通过波兰的"自由选王制"来控制波兰，并且警惕波兰内部出现的一切改变波兰古老宪制的改革举措。

1764 年，沙皇叶卡捷琳娜二世支持其情人斯坦尼斯瓦夫·波尼亚托夫斯基（Stanisław August Poniatowski）当选为波兰国王，期待他与前一个国王一样服从沙俄统治。但波尼亚托夫斯基不愿做俄国傀儡，试图改革波兰的"自由选王制"，排除外国影响。但这样的中央集权改革也会削弱波兰贵族的力量。于是，波兰的一些贵族结成巴尔联盟，既反对俄国，也反对正在推行改革的国王，试图重写波兰宪法。贵族结盟的权利源于 1573 年的"亨利王约"规定的联盟（konfederacja，confederatio）制度——当贵族认为君主侵犯了他们的权利和特权的时候，就可以组织临时联盟，发布声明宣布不再效忠君主。而这项制度是君主即位之时宣誓承认的。在历史上，贵族频繁组织联盟反对君主，而君主也可能组织相反的贵族联盟来保护自己。[①] 卢梭的课题即缘此而生。

1569 年以来的波兰是波兰王国与立陶宛大公国的共主联邦，拥有君主，但经常被称为"共和国"。按照 18 世纪主流的"共和"观念，拥有君主并不妨碍一个国家被称为"共和国"，关键在于整个国家是否拥有一个"混合政体"，使得各等级民众（尤其是贵族）享有应得的政权份额。波兰君主实质上就是一个终身行政官，而且

---

① Norman Davies, *God's Playground: A History of Poland*, Vol.1, New York: Columbia University Press, 2005, pp.259—260.

不能世袭；君主死后，马上要进行新君主的选举。而卢梭对既有君主选举制的改革，一是将候选人限制在本国伯爵范围之内，排除了外国君主竞选波兰国王的可能；二是用"抽签＋票选"，取代了原有的单一票选制，让领导人的产生机制从"单轮驱动"变成了"双轮驱动"。

既有的中文研究文献对于卢梭为波兰国王选举所做的制度设计缺乏探讨，本文试图在这一方面做出推进。首先要问的问题是，这种限定候选人范围，先抽签，再票选的机制，是卢梭首创吗？王绍光教授在 2018 年底出版的新著《抽签与民主、共和》一书可以给我们一个否定的回答。虽然这本书对卢梭的直接讨论只有一页[①]，但全书可以为我们提供一张巨大的地图，从而帮助我们定位卢梭在其中的位置。按照王绍光的分类，卢梭在《波兰政府论》中对抽签的运用，可以被归纳为"共和抽签"，而非"民主抽签"。卢梭继承的是从一个从罗马共和国到佛罗伦萨共和国、威尼斯共和国的"共和抽签"传统。那么，"共和抽签"和"民主抽签"究竟有什么区别呢？为何在卢梭之后，甚至连"共和抽签"都走向衰落，票选逐渐成为民主的首要标志呢？

一、"民主抽签"与"共和抽签"

王绍光在《抽签与民主、共和》中指出，"民主抽签"与"共和抽签"之区分的关键，就在于"抽签"这种遴选机制究竟是服务于民主制还是共和制。古希腊源初意义上的"民主"，δημοκρατία，指向的是人民普遍与直接参与立法、行政与司法审

---

① 王绍光：《抽签与民主、共和：从雅典到威尼斯》，北京：中信出版社 2018 年版，第 379—380 页。

判事务的政府形式。雅典的民主制在选任领导人和官员时，主要运用的是抽签这种办法，除了领兵打仗的将军等少数需要特殊才能的人才是用投票遴选的之外，绝大部分岗位的选人用人，都离不开抽签机制，这从根本上基于这样一种假设：普通人就可以承担起当家作主的责任。[①] 当然，在古希腊，实行抽选，未必是民主政体，因为一些寡头政体也会部分适用抽选，但没有抽选，肯定就不是民主政体。在接下来的两千多年的欧洲政治思想中，民主与抽签也一直携手而行，直到18世纪后期以来理论突变的发生。

但是，王绍光指出，在两千多年的欧洲政治实践中，抽签并不仅仅被运用于民主政体，它同样被共和政体广泛使用。民主强调政治共同体的成员应当具有平等的参政议政权利和机会，但共和政体更倾向于一种"几何平等"观，认为不同的人应当根据自己的不同能力，获得相应的政治权力与责任，而只有少数精英才具有治国理政的能力，绝大多数人并没有这种能力。因此，关键是如何从人群之中选拔出这样的精英，并赋予其相应权力。罗马政治家、哲学家西塞罗自豪地宣布罗马是一个"混合政体"，它将君主制、贵族制和民主制的因素混合在一起，元老院有权威（auctoritas），官员有权力（potestas），人民有自由（libertas）。[②] 在这样的理念之下，票选取代抽签，成为共和国选人用人的主流机制。

既然如此，抽签对于更重精英统治的共和政体，还有什么意义呢？王绍光指出，票选最大的弊端是，它总是会带来形形色色的贿选行为，而这就可能激化统治精英集团内部的矛盾；精英的内斗，又可能进一步导致权力集中到少数人的手里，最终坠入君主制乃至领主制的深渊。因此，为了保证精英集团能够作为一个集团牢牢控

---

① 王绍光：《抽签与民主、共和：从雅典到威尼斯》，第53页。

② 西塞罗：《国家篇 法律篇》，沈叔平、苏力译，北京：商务印书馆2003年版，第83页。

制政权，有必要运用抽签的方法，减少选举中贿选的机会，压缩施展竞选策略的空间。[①] 因此，在历史上，罗马、佛罗伦萨和威尼斯这三个共和政体都运用抽签，来对票选的弊端加以补救。

为了清晰地描述抽签在雅典、罗马、佛罗伦萨和威尼斯政体中的运用，王绍光系统梳理了这些政治体的政治制度，从宏观的全貌概括，到中观的机构与权限划分，到更微观的选人用人机制。王绍光指出，罗马共和国对抽签的运用最少，主要决定已经当选的官员同僚何时、具体承担哪些职责，此外，抽签还会在外事、司法、军事、经济和宗教事务中发挥一定作用。[②] 佛罗伦萨共和国先通过推举的方式进行提名，以票选的方式进行审核，最后在核准的候选人中进行抽签，在抽签环节之前，暗箱操作的空间比较大[③]；而威尼斯共和国则把抽签提早到了第一步——先用抽签的方法产生选举团成员，使得所有的合格人士都有机会进入选举团，选举团进而通过推选或票选，产生官员。王绍光认为，威尼斯的做法比佛罗伦萨的做法更为开放，因为凡是有资格的人士都有机会入围。但佛罗伦萨的做法会让许多合乎资格的人士在前面的阶段就被排除出去。[④]

《抽签与民主、共和》综合并提炼了国内外大量对于这四个政治体政治制度的经典研究和最新讨论，同时将对抽签与票选的关注贯彻始终，形成了一本理论聚焦点高度集中的比较政治制度著作，在具体细节上也纠正了国内学者研究中的不少错漏。笔者长期从事外国法制史的授课，目力所及，至少在对佛罗伦萨共和国与威尼斯共和国政治制度的论述上，国内尚没有一本专著达到《抽签与民主、共和》的细致程度。即便是那些对票选和抽签关系不感兴趣的

---

① 王绍光：《抽签与民主、共和：从雅典到威尼斯》，第373—374页。
② 同上书，第135—141页。
③ 同上书，第234页。
④ 同上书，第349—350页。

读者，也可以通过这本著作，非常便捷地了解雅典、罗马、佛罗伦萨和威尼斯政治制度的具体运作方式，这可以说是《抽签与民主、共和》一书突出的理论贡献。

众所周知，卢梭是欧洲共和主义的理论大师，他的理论创新建立在对于欧洲共和传统的系统研究基础之上。从王绍光教授提供的理论框架来看，卢梭在《波兰政府论》中对"抽签"的运用，可谓一种典型的"共和抽签"，而且从顺序上看，是先抽签，再选举，与威尼斯共和国对抽签的运用方式高度接近。这种相似性的出现并不是偶然的，在1743至1744年，30岁出头的卢梭曾经担任法国驻威尼斯大使的秘书，因而有机会亲眼目睹威尼斯共和国的"共和抽签"。在《波兰政府论》中，卢梭对抽签的运用，其关注点不在于保障波兰人乃至波兰贵族当选国王的平等机会，其重点在于将33人的候选人范围限缩到3人，减少在此过程之中贵族的派系斗争，同时减少外国势力以此为契机对波兰内政的干涉。而一旦3人名单产生，抽签也就完成了其阶段性任务，让位于更具尚贤精神的票选。

在设计了其"抽签＋票选"的方案之后，卢梭还总结了抽签的优势。他把重点放在减少欺诈和派系斗争之上。[1] 相比之下，王绍光在《抽签与共和、民主》之中作了更为全面的概括——除了卢梭关注的减少权谋和抑制派系斗争之外，抽签的另外两个优势就是突出的公平性与对政治体制的认受度的促进。抽签制之下，候选人之间当选的概率是同样的，而当他们知道这一点之后，不管他们自己对当选的期望有多大，都很难质疑遴选机制本身的中立性，而这是操纵空间较大的票选制度难以做到的。[2]

---

① 卢梭:《波兰政府论》，第181页。
② 王绍光:《抽签与民主、共和：从雅典到威尼斯》，第375—376页。

二、抽签的式微与重生

在 18 世纪，欧洲与北美的大多数政治理论家对"民主"的理解仍然是非常古典的，即这是一种民众有平等的机会直接出任行政官和法官的政体，它的主要遴选机制是抽签而非票选。尽管理论家们对于民主和抽签会有感情色彩不同的评价，但对于"什么是民主"的理解却大同小异。然而 18 世纪后期以来，对民主的理解却逐渐发生了改变，民主日益与票选而非抽签关联在一起。"民主"的主要特征，不再是政治共同体全体成员平等地参政议政，而是民众通过选票，从相互竞争的政治精英中选出统治他们的官员，而这些官员宣称自己"代表"了民众。用王绍光的话说，"民主"变成了"选主"。

如何才能将"选主"论证为"民主"？王绍光指出，政治话语转变的关键，就在于区分主权与治权，前者关于最高权威的归属，后者涉及国家机器由谁来运作。古典的民主观念要求二者都归于民众。但从 18 世纪末至 19 世纪初以来，这两个层面发生了分离，越来越多的理论家赞成，在主权层面不妨讲"人民主权"，但在治权层面，需要依赖通过选举产生的精英。借助"人民主权"这个转换器，代议制就带上了"民主"的属性——选举产生的精英虽然不是民众自身，但他们是受人民的委托并为人民的利益而工作的，因此最终服务的还是人民的主权者地位。主权与治权的分离，带来了代表理论的勃兴。哪怕是大部分人口并没有参与投票，代表制的理论家们仍然可以通过类似"实质代表"（virtual representation）的理论，论证他们也得到了被少数选民选出的精英的代表。

19 世纪以来，选举权逐步扩展，直至 20 世纪普选成为绝大部分自称民主的国家的标配制度。王绍光指出，选举权的扩大并非统治者的恩赐，而是下层人民不断斗争的结果。然而，尽管普选制在20世纪得到普及，欧美流行的民主理念似乎距离古代的民主理念更远了。今人更熟悉的是熊彼特式的民主概念，将精英之间的竞争性选举界定为民主的核心特征，进而将普通民众的政治参与削减到形式意义上的投票。这种"极薄"的民主从一开始就将精英统治视为不可变易的前提，它可以和票选相关联，但肯定会排斥抽签的广泛运用。

但是抽签的衰落并非不可逆转。在第二次世界大战之后，尤其是在20世纪60—70年代，在社会主义国家的平等和实质民主话语的冲击下，西方重新出现对抽签的关注。我们在此可以特别注意王绍光对于美国民主理论家罗伯特·达尔（Robert Dahl）的评论。1970年，达尔在其《革命之后？良善社会中的权威》（*After the Revolution？Authority in a Good Society*）中指出，代议民主（他称之为Polyarchy，"多头民主"）与理想的民主之间的差距必须以光年计。为了加强实质民主，达尔建议重启抽签机制，比如说，为重要官员配备通过抽签产生的顾问委员会。此后，达尔多次呼吁用抽签机制来改造代议制。达尔本人在耶鲁大学任教多年。王绍光指出，"一批曾在耶鲁大学学习、工作过的人后来成为抽签的倡导者，这不完全是偶然的，恐怕都直接或间接受到过达尔的影响"①。值得提醒的是，王绍光本人从1990年到2000年就在耶鲁大学政治学系任教，在此期间应该与达尔有不少交流。回国任教之后，王绍光继续着达尔对民主未来的思考。该书最后一部分对于全球各地在抽签理论和实践上的探索的系统梳理，可以向读者展示王绍光的思考在政治学研究中的前沿性。

值得一提的是，十多年来，王绍光可谓"吾道一以贯之"。区

---

① 王绍光:《抽签与民主、共和：从雅典到威尼斯》，第433页。

分"民主"与"选主"，呼吁超越"选主"，是其 2008 年出版的《民主四讲》①一书中就已经明确的理论立场。《抽签与民主》一书对《民主四讲》的发展，是将源初意义上的民主，追溯到抽签这一制度操作层面，通过分析抽签机制的兴衰，一方面解释源初意义上的民主何以衰落，"选主"何以窃据"民主"的美名，另一方面，也向读者展示，"人民当家作主"并不是一句口号，而是有大量不同的制度和实践制度可供参考和运用。当下的西方只代表西方文明的一个阶段，非西方国家和民族根本无须奉之为圭臬。

三、作为转折点的卢梭

借助王绍光《抽签与共和、民主》对于抽签与选举历史的思考，卢梭《波兰政府论》对波兰国王产生机制的设计，就可以被放在"共和抽签"的范畴中，得到理解和解释。不过，同时要指出的是，本书对卢梭思想的描述稍显模糊。作者认为，卢梭的思想里有一些自相矛盾，一方面在理论上美化普通人，认为普通民众的潜质与其他人相差无几，世界上存在真正的民主制，另一方面对现实中的普通人却完全没有信心，甚至设想了一个"立法者"来教育人民什么是他们的普遍意志，从而背离了古典民主的精神。②与此同时，在讨论主权与治权分离的时候，作者列出的第一个理论家是康德，此后是西耶斯、麦迪逊，这个名单里并不包括卢梭。③

卢梭与这个名单的关系，值得我们细致讨论。如果将治权界定为包含了立法权在内的一束具体权力，那么可以说，卢梭自己坚决反对主权与治权的截然二分，他的"人民主权"理论要求人民必

① 王绍光：《民主四讲》，北京：生活·读书·新知三联书店 2008 年版。
② 王绍光：《抽签与民主、共和：从雅典到威尼斯》，第 379—380 页。
③ 同上书，第 400—401 页。

须实实在在地参与立法，而非委派自己的代表来代劳。但是，他的理论与后世出现的主权与治权的分离，却并非没有内在关联。事实上，无论是康德还是西耶斯，都是卢梭的直接理论后裔，尽管在一些关键地方修改了卢梭的思想。卢梭的意义在于，他决定性地将主权与政府区分开来，认为前者的本质是人民的集体意志，后者是执行这种意志的力量。世界上只有一种正当的主权形式，那就是人民主权，不可能有正当的君主主权或贵族主权。人民主权的内核是集体的"总意志"或"公意"（volonté générale）。在人民主权之下，可以有不同形式的政府——君主制、贵族制、民主制，乃至某种混合政体①，只要人民主权立法赞同这种政府形式，其正当性就有保障。既然人民主权被卢梭视为任何正当政治体的标配，卢梭所说的民主制，就不是"人民主权"意义上的民主，而是政府层面的民主，其特征是普通民众直接担任行政官和法官。

自从卢梭理论传入中国以来，中国读者经常只关注卢梭的"人民主权"论述，强调卢梭的激进性，而不关注其在"主权"与"政府"之间的区分——事实上，这一区分可以带来一些相当保守的结论。实际上，对于政府层面的民主制，卢梭并没有多少信心可言。这种民主制意味着，普通民众既要作为主权者的一分子行使立法权，又要作为行政官和法官，来执行人民主权的立法，但这需要不同的思维方式。按照卢梭的人民主权原理，立法权具有内在限制——它必须针对普遍的对象，体现普遍的意志，它只能考虑共同体整体和抽象的行为，而不能考虑个别人与个别的行为。比如说，人民主权者在行使立法权的时候，可以在政府层面建立君主制，只要公民们经过深思熟虑，认为君主制有利于全体，这种立法就是正当的；但是，他们却不可以通过立法来指定一个具体的君主和王

① 卢梭：《社会契约论》，何兆武译，北京：商务印书馆 2005 年版，第 81—82 页。

朝，因为这样立法就针对了特殊的对象，在人群之中造成了被指定为君主的那个人与其他人的分野。当立法者考虑的不是全体，而是全体的子集，法律就不再反映普遍的公意。①如果将立法与执行分开，全体人民专注于立法，人民中的一部分人担任行政官来执行立法，那么全体人民可以专注于一种普遍的思考。然而，如果人民在立法的同时也担任行政官，他们就会混淆普遍和特殊，把行政官的思维和利益带到立法中去，这就会造成法律偏离公意。简而言之，政府层面的民主制，在卢梭看来，最大的风险是造成立法者的败坏。②

要克服两种思维方式之间的相互混淆，就需要非常严格的前提条件，比如说，小国寡民，风俗淳良，人民质朴，财产与地位高度平等，不存在奢靡之风，不存在政治派系，在这样的条件下，人民或许能够在立法的时候着眼于全体，在执行的时候又能很好地考虑特殊对象。③但这样的民众，按照18世纪启蒙思想家的主流看法，也许恰恰是开化程度比较低的民众。启蒙主义主流派乐于见到商业与贸易的发展，科学与艺术的繁荣，人与人之间相互依赖程度的提高，但卢梭却将这一文明的进程视为人的本真性不断丧失的过程。丛林中游荡的"高贵的野蛮人"依赖自己而不依赖他人，但在一个文明化的商业社会里，人与人之间发展出紧密的相互依赖关系，而且这种关系日益倾向于不平等。卢梭具有一种很深的悲剧意识，在很大程度上认为这个文明化（同时也是败坏）的过程难以逆转。如果历史上曾经有某些人群建立过真正的民主制，随着他们发展起商业、科学和艺术，社会分化程度加剧，对于他们而言，这种民主制就可能一去不复返了。

---

① 卢梭：《社会契约论》，何兆武译，北京：商务印书馆2005年版，第46—47页。
② 同上书，第84页。
③ 同上书，第84—85页。

《社会契约论》的思路，并不是让已经浸淫在商业、科学与艺术的现代人放弃当下的文明成果，放弃相互依赖的关系，返回到一个更为自主、质朴和粗野的时代，而是立足已经文明化的当下，致力于为他们打造一套正当的枷锁。[①] 对既有的文明枷锁进行正当化的关键在于，要为既有的相互依赖关系注入平等的精神，一个共同体的全体民众要结合成为一个单一的人民主权，牢牢掌握立法权，每个普通公民要亲自参与立法，而非通过自己的代表去立法。如此，在理想条件下，"他律"与"自律"之间的鸿沟就被克服了：公民服从人民主权，实际上是服从他们自己的意志。

在这个前提之下，作为执行权的政府，其形式完全可以根据不同政治共同体的具体情况量身定制。在一个满足卢梭所列出的严格条件的民族那里，或许可以实行更为接近民主制的政府形式，但在一个已经被奢靡之风败坏的民族那里，也许某种形式的君主制也是合适的。所以，卢梭完全可以接受人民主权下的君主制，可以接受通过人民立法建立起来的贵族等级，只要当政者能够执行人民主权的意志，并且不阻碍人民主权的出场。在《波兰政府论》中，卢梭对现实甚至做出了更大的妥协——在主权层面，他只是主张通过渐进的过程，为全体波兰人的平等集会创造条件，比如逐步解放农奴以促进平等，实行联邦制以利于人民集会立法；在政府层面，他既没有提议取消贵族等级，更没有提议取消君主名号。[②]

卢梭对于主权与政府、意志与力量的区分，实际上就为下一步的发展准备了基础条件。在西耶斯那里，人民已经不必亲自出场行使立法权，而是可以通过自己的代表来制宪与立法。于是，作为一种具体权力的立法权，就与人民主权区分开来了。人民不再是广场

---

① 卢梭：《社会契约论》，第 4 页。
② 王绍光：《抽签与民主、共和：从雅典到威尼斯》，第 110—113 页。

上集会的那个具体的集体，而是一个抽象的共同体，它派生一切权力，但自身却又面目模糊。政治精英们在争夺政治权力时，关键是争夺对人民的代表权，人人都宣称自己得到了人民的授权，为了人民的利益而努力。哪怕是传统的王朝与君主，也不得不放弃自己代表更高的力量、自上而下统治人民的正当性论述，将自己论述为人民的代表和公仆。但由于"人民"变得极其抽象，现实中出现了许多将其重新具象化的努力，比如以民族、种族、文化等种种标准，去界定"人民"的边界。但这种具象化的努力又可能会造成对异质成分的排斥乃至清洗，19世纪以来的许多政治悲剧，即与此密切相关。[1]

因此，在从抽签—民主到票选—选主的过渡之中，卢梭是一个重要的转折点。尽管卢梭所设想的人民形象仍然是广场上的集会群众，但他将人民主权的本质界定为意志，将政府界定为力量，这两个层面之间的截然二分，为人民主权的进一步抽象化准备了理论条件。在《抽签与共和、民主》的前言中，王绍光告诉读者，这本《抽签与共和、民主》只是他正在写作的三卷本中的第一卷，第二卷《选举与民主的变异》（暂定名）正在到来的道路上。如果说由于主题和论述重点的限制，卢梭在第一卷中的形象略显模糊，我们完全可以期待第二卷的论述呈现出一个更加清晰和饱满的卢梭形象，一个集中了民主与共和制度与观念的种种张力，既问题丛生，又深具理论与实践启发性的卢梭形象。

---

[1] 代表性研究，参见迈克尔·曼：《民主的阴暗面》，北京：中央编译出版社 2015 年版。

"认证能力"的学术认证 *

读欧树军《国家基础能力的基础》

我相信，将欧树军《国家基础能力的基础》（以下简称《基础》）称为拓荒之作，表达的不过是任何一个严肃认真的读者在读到本书时的直觉。在这本书出版之前，"认证"通常被视为其他国家行为的附属品，严格来讲，还不存在一个清晰的"国家认证能力"研究领域。《基础》实现了对"认证能力"概念的"学术认证"，使其能够作为一个极具解释力的学术概念，在学界流传开来。

"拓荒"从字面上既可能意味着开创性的发现，也可能只是不痛不痒的"填补学术空白"，写了一些别人不久之后总会想到的东西。欧著显然属于前者，正如何包钢教授在序言中指出的那样："这将是政治与公共管理的必读书之一。"（序二）何包钢在此说的是"政治与公共管理"，而不是"政治学与公共管理学"，这意味着《基础》不仅会影响着两个学科的学术研究，更会对治国者有所裨益。笔者完全同意何包钢教授的判断，并进一步认为，《基础》的影响力绝不会仅仅限于政治学与公共管理学，而且会进一步扩展

---

* 本文曾以《拓荒与播种之作——评论〈国家基础能力的基础〉》为题，原载于《政治与法律评论》2014 年第 1 辑。

到法学、经济学、社会学、人类学与历史学等学科。任何对"国家"和"信息"这两个关键词感兴趣的研究者都有必要读读这本书。它的意义绝不仅仅在于其分析框架与结论的新颖性，更在于它所开启的诸多学术可能性。

一、理 论 框 架

欧树军不仅是将"认证"从作为其他国家行为的附属品的位置上解放出来，甚至确立了其作为"国家基础能力的基础"的地位。所谓国家基础能力，按照迈克尔·曼（Michael Mann）的界定，是国家通过基础结构协调、限制与规范社会生活的能力，是一种双轨权力，国家用它来渗透社会，社会也用它来控制国家；与之相对的是专制能力，即国家精英不需与社会群体作理性化的协商即可实施的权力。[①] 在欧树军写作此书之前，王绍光已提出了一个宏大的国家能力理论体系，包含了汲取、强制、濡化、统领、再分配、规管、吸纳、整合和学习—适应 9 种能力。而欧树军在这一理论体系中贡献了第 10 种能力，而且是最为基础性的一种。

本书共分为四编，第一编"认证政治学"致力于为国家认证能力建立一个基本的分析框架；第二编"认证的演化史"则追溯了认证从古到今的发展历史，以中国的历史经验为主，但也兼顾了欧美各国，从身份、财产、宗教、福利与社会经济五个方面的认证入手进行梳理；第三编"认证与国家基本制度建设"探讨了认证能力与汲取能力、再分配能力、监管能力之间的关系；第四编"国家的未来"则探讨"有效的认证体系"的特征，并展望中国建构"认证国

---

① See Michael Mann, *The Sources of Social Power*, *Vol.II*: *The Rise of Classes and Nation-States*, New York: Cambridge UP, 1993, pp.59—63.

家"的前景。

欧树军将国家认证界定为"国家在可靠事实基础上，建立和执行明确、精细和统一规范的能力"。认证能力受两个变量影响，一个是事实可靠度（进而分为真实度、唯一度、整合度三个指标），另一个是规范统一度（进而分为分类的明确度、规范的精细度、标准的统一度三个指标）。而国家也可因这两个变量的不同而形成"弱事实，强规范""强事实、强规范""弱事实，弱规范""弱规范，强事实"四种类型。这一类型学划分在很大程度上回应了詹姆斯·斯科特（James Scott）以及西方监控研究学派和对国家扩张消灭社会的丰富性和多样性的担心。在欧树军看来，他们所反对的只不过是"弱事实、强规范"类型的国家，但在他们的视野之外，事实上存在着"强事实、强规范"的国家类型。

在界定"认证"本身之后，欧树军接下来考察"认证"受什么影响，又能影响什么。如果把"认证"作为因变量，可以看到，一个国家的国土面积、人口规模、地形地貌、生产方式、社会结构、沟通渠道和社会流动性等都会影响认证能力。而如果将"认证能力"作为自变量，则可以发现，它对其他9种国家基础能力都会产生重大影响。而这既为研究"认证"的演化历史打下了基础，同时也得以展开对"认证能力"作为"国家基础能力的基础"这一属性的分析。这在事实上为我们勾勒出了数十个经验与历史研究的课题，由于"国家认证能力"概念的新颖性，所有这些课题都是前沿的——在这种意义说，本书可以算得上一本前沿学术课题选题指南。

然而一本书的体量无法展开对所有这些课题的研究。就认证演化史而言，欧树军只能是勾勒出大致的历史脉络，提供基本的历史类型，而无法深入到各个历史时段的细节；而在与其他国家基础能力的关系方面，他也只选取了汲取能力、监管能力、再分配能力三种，作为认证能力的因变量来进行研究。这些研究具有示范意义，读者完全可以按照他的基本方法，来推进他未完成的研究。尤其对于政治学与公共管理学的学生来说，如果将本书作为一个选题指南，在欧树军奠定的基础之上，在许多方面加以推进，就可以取得有学术创新意义的成果。在此意义上说，本书又可以算得上一本播种之作。

二、国家认证能力研究之于法学

如前所述，欧著对于诸多学科的研究都具有启发意义，由于专业所限，笔者在此仅就其对法学学科的启发略谈浅见。

现代法治旨在规范国家权力的运作，减少恣意和专断，以保障社会生活的稳定性和可预测性。但限制和规范国家权力并不是取消国家权力。出于学科划分的方便，国家在法教义学和解释学中往往不直接出现，而这容易让人产生一种错觉，认为法治就是要弱化国家。我们只要引用霍姆斯和孙斯坦的《权利的成本——为什么自由依赖于税》就足以驳斥这种谬误：各种自由与权利，哪怕是被作为"消极自由"典型的言论自由，一旦受到侵犯，其保护还是要诉诸国家，而要维持国家运作，就需要税收。[①] 如果一个国家弱到收不上来税，公务员队伍人数不够，或消极怠工，不仅会导致社会秩序混乱，就连公民的自由也会得不到保障。也许国家已经弱到无法侵犯公民的言论自由，但黑社会可能来侵犯公民的言论自由，而对此，公民不可能有什么办法。因此，现代法治以国家为前提，当然也就需要国家能力作为自身的基础。而在各项国家能力中，认证能

---

① 史蒂芬·霍尔姆斯、凯斯·R.桑斯坦：《权利的成本——为什么自由依赖于税》，毕竞悦译，北京：北京大学出版社 2011 年版。

力作为"基础的基础",地位殊为重要。

国家认证能力是立法正当性(legitimacy)的重要基础。立法(就功能而言,亦可包含行政立法和最高法院的司法解释)既要解决一定的问题,又要不违多数民众的价值偏好,而这两方面都需要立法机关具有足够的信息,这既包括对问题具体形势的信息和解决手段的信息,也包括对民众政策偏好的信息。而这一切都需要有国家认证能力作为基础。

在行政机关的执法中,我们可以看到各项国家能力在发挥作用:维持执法队伍的良好运作需要汲取能力与统领能力,对市场的监管需要监管能力,福利体系的建设需要再分配能力,获取执法对象的自愿配合需要濡化能力、对付不配合的执法对象需要强制能力……而正如欧树军指出,这种种能力都需要认证能力作为其基础。国家认证能力提升往往对多个领域的执法产生重大影响。比如当下正在进行的不动产统一登记,一旦系统建成,则不仅有利于不动产交易的效率与安全,也有利于征税和反腐。国务院推动的电子政务平台建设,不仅有利于行政执法者与行政相对人之间的沟通,促进更好的执法,同时也有利于中央借助民众力量对地方政府进行监督。

在司法中,国家认证能力也起到极为重要的作用。刑事侦查和司法鉴定的水平高低直接影响到刑事审判中证据链的完整性;在民事审判中,虽然法官依职权调查的空间小得多,看似其主要工作只是权衡双方的诉求和证据,但如果有强大的国家认证能力作为后盾,法官可以在审判中形成更为健全与成熟的判断。而就行政诉讼而言,国家认证能力不仅仅体现在法官的依职权调查与对双方出示的证据的判断上,甚至可以说,强大的国家认证能力起到减少行政纠纷发生的作用——因为地方政府的滥权往往与国家统领能力不足有关,而强大的国家认证能力为增强统领能力提供了基础。最后，在最高人民法院对全国各级法院的统领工作中，认证也起到基础的作用。比如说，最高人民法院推动各级法院司法判决书公开，这可以被认为是加强国家认证能力的一项举措。判决书公开可迫使各级法院提高自身业务修养，加强对司法腐败的控制，从这个角度来看，是加强了最高法院的统领能力；判决书公开可引发学界的研究，而这些研究的成果，又可以被整合到最高人民法院的司法政策中去，使司法政策制定的事实基础更为牢固。

三、社会认证能力与国家认证能力

《基础》提出了社会认证能力与国家认证能力的区分，并将国家认证能力界定为以中央政府为代表的国家的认证能力，这就排除了地方政府对于国家的代表资格。但由于篇幅所限，本书并没有集中处理社会认证能力与国家认证能力之间的关系。笔者不揣冒昧，略呈浅见。

在国家体系运作正常之时，国家认证能力与社会认证能力之间，在多数情况之下存在着相互促进的关系。国家认证能力往往得益于社会认证能力的提升。一些重大的认证技术的突破或运用，一般首先发生在企业之中，因为企业出于对利润的追求，有最大的动力去提升自身的认证能力。在一些重大的社会变化发生之时，企业和社会组织通常比中央政府感觉更为敏锐，更早地适应社会的最新变化。而一个具有正常学习—适应能力的政府，也能够吸收社会层面的认证能力提升成果，以为己用。举例来说，腾讯、阿里巴巴或抖音必然比中央政府更早更细致地对中国网民进行认证，更早掌握他们的年龄、地域、职业、收入、意识形态倾向、消费习惯等方面的信息。但只要中央政府具备正常的监管意识和学习—适应能力，腾讯、阿里巴巴或新浪的许多认证成果，就能够很快为中央政府所用。

　　反过来，国家认证能力的提高也有助于提高社会认证能力。这不仅是因为国家认证的许多成果可以作为公共信息产品，为企业、社会组织与个人所用，比如说国家统计局的经济统计数据，中国互联网络信息中心所发布的互联网统计梳理，有助于社会自身增强对经济大局的把握；更是因为，国家认证能力的提高，有助于在一个具有高度流动性的社会维系社会生活的稳定性和可预测性，而社会认证能力的提高需要这样一个环境。

　　这种互惠关系的最好例子就是美国互联网企业与美国政府之间的关系。互联网本身是美国军工项目的副产品，军用转化为民用之后，引发了一次信息革命，IBM 与谷歌这样的企业从中大大受益。而政府又随即成为他们产品的最大客户：IBM 公司是靠给美国政府提供家户普查（包括人口与财产普查）、经济普查技术和设备发家的；谷歌的关键词过滤技术，又很快为美国国家安全部门所用。这些技术和设备都大大增强了美国国家认证能力。甚至时下美国民权组织所抱怨的美国国家监控侵犯隐私权问题，有了 IBM、谷歌和思科这样的大企业，情况只会更加严重。

　　但是，在中央政府缺乏对地方政府的统领能力的情况之下，国家认证和社会认证之间未必就存在这样顺畅的互相促进关系。以民国时期为例，南京国民政府对许多地方没有建立起实质控制，山西和广西社会认证能力的提高只会惠及阎锡山控制的山西省政府和李宗仁、白崇禧控制的广西省政府，而很难惠及南京国民政府。而中共领导的陕甘宁边区可以说实现了社会与国家认证能力的双飞跃，但这与南京国民政府之间也没有太大的关系。反过来，由于割据局面的存在，地方的企业与社会组织受到地方政府的阻隔，也难以直接从中央政府的认证能力提高中获益。当然，即便不存在地方政府独立性过强的情况，国家监管能力与学习—适应能力的低下也可能会造成社会认证的成果无法促进国家认证能力的提高。在这种情况之下，一些大企业形成了"数据封建割据"（digital feudalism）①，用它们自身出色的认证能力掌握了所在国的大量数据，但对所在国家的国家认证能力并无贡献。

这一分析的实践意义就是，应当坚持"全国一盘棋"，打造统一的国内市场，打造适应流动性社会的福利体系，加强国家统领能力和监管能力建设，打破各种有形无形的"封建割据"。在这种情况下，国家认证能力与社会认证能力可以相互促进。

四、走向更宏大的"认证政治学"

欧著在第41页提到了"如何解决认证与反认证之间的冲突"，不过，由于篇幅所限，本书并没有对这一冲突展开论述。在笔者看来，这一思路包含了将本书发展为更为宏大的"认证政治学"的可能性。

国家认证的努力在现实中总会遭遇到方方面面的困难。一些困难主要源于科技的瓶颈，科技无突破，认证不可能。比如说，欧洲中世纪的刑事审判一开始高度依赖于"神判"，后来由于罗马教廷要求教士退出"神判"，刑事审判转向高度依赖于口供，但无论是"神判"还是依赖于口供，其缘由都是刑事侦查很难搜集犯罪的直接证据。随着科技的逐渐发展，刑事侦查的证据搜集能力逐渐提高，口供在刑事审判中的证据效力也在逐渐降低。以强奸罪为例，在DNA识别技术出来之前，定罪在绝大多数情况下依赖于受害人的指认；但在DNA识别技术出来之后，就可以更为精准地建立证

① 关于"数据封建主义"，参见 Jakob Linaa Jensen, *The Medieval Internet*: *Power*, *Politics and Participation in the Digital Age*, Bingley: Emerald Publishing Limited, 2020, pp. 95—109。

据链，对诬告的识别率大大提高。而有了 DNA 识别技术作为依托，公安机关也可以建立相应的 DNA 数据库，其不仅在刑事侦查中发挥关键性作用，而且也成为控制重点高危人群的威慑利器。

另外一些困难则未必源于科技上的绝对不能，而是因为在当时的社会条件下，对被认证者进行定位和调查成本太高。古代农业社会对乞丐、游方僧道、行商、季节性劳工、逃荒者等流动人口的普遍疑惧，就跟当时社会的认证能力低下有很大关系。调查流动人口的背景和信用状况并不是因为科技上绝对不能，而是因为其要付出的调查成本太高，只能在发生重大事件的时候偶尔为之，而难以建立一个普遍的认证体系。而在今天，人口流动已经成为常态，国家也有许多手段和渠道很便捷地对流动人口进行认证，对流动人口的疑惧也随之降低。但在新冠疫情期间，这一问题又重新出现了。追溯一个旅行者的行程，以及其是否感染新冠病毒，在技术上是完全可能的，但如果旅行者的规模过大，调查就要付出极高的成本。因此，对旅行的限制又重新出现。

另外一些困难主要源于对象人群的抵抗。比如说，在收高额人头税的情况之下，要获得准确的人口数据，就会遇到很大的困难。这是因为认证对象为了避税，倾向于隐匿人口。这种情况在中国历史上一直是个大问题。在雍正皇帝"摊丁入亩"之后，朝廷不再征收人头税，于是中国人口数量在乾隆朝出现惊人的飞跃，这不太可能完全是由于人口的繁殖，同时也是由于原先隐匿的人口现在终于进入国家统计。在 20 世纪 80 年代以来"一胎化"计划生育政策下，尽管有定期的人口普查，但民间总是会存在一定数量的"黑户"人口。而为了逃避税收而少报、虚报和转移资产的情况更是古今中外的普遍现象。在当今世界，巨富人群逃避各国税收有种种手段，也由此催生了庞大的离岸金融体系。如何将这个庞大的离岸金融体系重新纳入监管，成为一个关系到金融安全的棘手问题。

以上种种情况，恐怕用"反认证"一词难以完全涵括，因此有必要探寻一套新的术语体系。对政府而言，可以认证、同意认证、认证确定性高的对象，可以被顺利地纳入公共政策的轨道中来，剩下的就是一个操作问题。真正构成治理难题的是不可认证的、拒绝认证的或认证确定性不高的对象。在这里恰恰存在着真正的陌生性、异质性乃至敌对性，对其处理不好，可能会造成政治危机或社会危机。

我们由此可以提出新的问题：国家如何面对不可认证的、拒绝认证的或认证确定性不高的对象？从认识上，这就意味着要让国家运动起来，进入真实的政治斗争场域中去，发掘出认证政治的政治性（the political）——它本身就与陌生性、异质性乃至敌对性这些关系属性密不可分。在治理体系中，国家是中心和顶点；但在政治关系中，国家可能只是诸多行动者之一，它必须整合各种资源、运用各种策略，驯化陌生的、异质的甚至敌对的对象。而这就为一种更为宏大的"认证政治学"提供了可能。这种政治学能够描述与解释政治斗争的过程，而不仅仅是探讨如何在"驯化"对象之后将之纳入公共政策轨道。

近年来，阿桑奇和斯诺登相继对美国的秘密监控系统发难，可以说为"认证政治学"提供了很好的范例。在这里，我们可以发现，美国联邦政府所实施的监控早已经超越了传统的国家安全领域，而已经扩展到为美国企业监控与打击竞争对手的地步。但这一扩展，需要面对的绝不仅仅是这些个体麻烦制造者（trouble maker），同时还有寻找新闻卖点的媒体、锲而不舍的民权运动组织、幸灾乐祸而又从中看到新机会的各国政府、心态复杂的受监控的外国企业等等。而2020年新冠疫情在全球的蔓延，也为我们观察"认证政治"提供了一个重要的切入点。各国政府为了控制新冠疫情，必然要求加强对个人身份信息的搜集和使用，如推广使用人脸识别、出行证明（"路条"）、健康通行证，等等。这些措施在一些国家获得了民众的广泛接受，但在另外一些国家却引发了极大的政治抵制，反对党和很大一部分民众会以"自由"的名义对执政党的相关政策提出抗议，司法系统也可能会裁定相关法令违宪或违法。不同国家之间对于抗疫措施的接受程度，以及由此引发的政治争议，是非常好的"认证政治学"案例，值得我们深入研究。

总之，《国家基础能力的基础》是一本具有开创意义，并为后续研究者提供了诸多灵感的著作。它所开启的诸多学术可能性呼唤着更多的研究者投身这一研究领域。即便是欧树军自己可能也只能实现这些可能性中的很小一部分，但我相信会是其中最具挑战性的部分。作为一位"75后"学人，作者的思想远征开始不久，必将征服更多的高山大河，值得读者投入更多的期待。

后　记

　　2002 年 12 月，我在上海浦东机场登上飞往美国洛杉矶的飞机。一年半之后的暑假里，我写下一篇题为"留学之害"的短文，总结了"八大害"，并在文末提出我的愿望：但愿下辈人成长之时，已有成熟的学术传统可供继承，而不需负笈万里，受种种零碎之苦。这篇短文在当时的中文网络上流传很广，很多海外留学生读过这篇文章，向我表达过深刻的共鸣。

　　归国多年后，突然有一天有人告诉我，国外有好事者把这篇短文翻译成了英文，还加上一个按语，大意是：看，中国的知识分子多么傲慢，居然反对留学！这个按语让我忍俊不禁。好事者显然不知道写这篇短文的人后来一直在研究西学，一直在坚持用外文写作，甚至还在做致力于中外交流与文明互鉴的区域国别研究院的工作，好事者更不清楚这篇短文针对的是什么问题。自从 1905 年清廷废科举之后，中国的人才认证和选拔制度出现了断裂，留学部分填补了空白，去海外兜一圈混个出身，成为许多精英子弟的热门选项。但这兜一圈究竟学到了什么东西，因为有"高等文明"的光环加持，社会的认证体系往往不加关注。《留学之害》关注的不是简单的留学，而是"留学运动"。

　　留学之所以成为一种"运动"，正是因为一个寻求变革的社会还在"探路"的过程之中，不能清晰地知道自己需要什么，不需要什么，于是采取了"霰弹打鸟"的做法，先把人撒出去再说。这在特定的时势下可以说是一种必然。但这一阶段究竟要持续多久，积极的反思和自觉的行动就可以发挥一定作用。

离我们最近的一波"留学运动"是从 20 世纪 80 年代开始的。在我出国之前，许多在 80 年代或 90 年代初出国留学的"50 后"学人已经完成留学回国任教，我因而有机会目击他们"西途东归"的历程。比如说，我的本科法理学课程老师苏力老师作为留美归国博士，在"转轨""接轨"声浪高涨的 90 年代讲"法治的本土资源"，就让许多人大惑不解。对于爱好政治哲学的青年学生具有极大影响的刘小枫老师，当时已经在大力译介施特劳斯，以西方的古典思想资源，来反思西方的现代，并重估中国自身的古典传统的意义。一个二十出头的年轻人还不足以想象所有这些不同的理论方向的实践后果，当时只是觉得苏力老师和刘小枫老师的见解要比那些"转轨""接轨"之论更复杂也更深刻。现在回头来看，这种判断或许具有过强的审美的色彩，但其中包含着一种模模糊糊的中国主体意识。

这种模模糊糊的中国主体意识在我的留学生涯中变得更加明晰起来。在加利福尼亚大学的课堂上，我意识到，当代西方比较政治学中根深蒂固的"民主 / 威权"的二元对立，其实还有可能衍生出对我们这些中国留学生的某种居高临下的看法：因为你们长期生活在某种"不正常"的政体之下，思考能力受到了某种损害，因此，你们的见解的参考价值始终是有限的。这种压力会促使一些留学生表现出某种"皈依者狂热"，以获得周边的承认。而我的选择是转向研读西学原典的政治思想史研究。对于中国留学生来说，这一领域的毕业难度更大。但是，在这一领域，我完全可以不必与老师和同学因为对当代中国不同的见解而争论。更重要的是，我相信中国不太需要预测中国什么时候会发生"政治转轨"的政治占卜师，但肯定需要更为可靠的关于西方思想源流的知识。

正是在这一方向上，我遭遇了佩里·安德森与卡洛·金兹堡两位历史学大家。现在回想起来，我之所以被他们吸引，除了他们百科全书的学识和深邃的思想之外，一个很重要的原因在于，他们对20世纪中国的许多探索与努力怀有深深的敬意，这与西方中心主义的"接轨论""转轨论"者存在天壤之别。我向他们学习批判式的阅读方法，学习如何通过捕捉差异和变异来生成新的问题意识。这可以说是我在留学期间最重要的收获，也是我后来进行书评写作所凭借的"基本功"。

2008年，我从洛杉矶回到北大法学院任教。而我突然发现，我的留学生涯与新的职业身份之间出现了比较大的断裂。如果在国内读博，博士阶段的研究和作为高校"青椒"的教学科研通常可以"无缝对接"，博士论文拆出章节来就可以作为专业论文发表，在博士论文研究领域稍作准备，也就可以给学生上课。然而，我是从美国的政治学系到国内法学院去任教的，我的英文博士论文与我后来教的课程以及发表的论文都没有直接关系。这意味着，无论在教学上，还是科研上，我都必须"二次创业"。我不得不放弃了沿着博士论文继续往下做研究的计划，在法学内部找到能够发挥自己特长的研究领域。若干年后，我在摸索中逐渐找到了自己感到相对舒适的位置，那就是立足于法学、政治学和历史学的交叉地带，从"边缘"地带发力，回应各个学科探讨的一些重要议题。由于是"二次创业"，留学期间的积累中能够发挥直接作用的，主要是问题意识和研究方法，而非具体知识，我展开的新研究，主要基于回国之后新积累的知识。

有不少师友通过从事翻译来积累新知识，我赞同这一路径，因为翻译为细致的品读提供了契机，但由于种种原因，我自己只翻译过一些零散的篇章。我更多通过书评的写作来进行新的学术积累。不过，如果没有佩里·安德森的引导，我大概不会把书评的写作作为如此重要的知识活动来对待。2009年，安德森约我为《新左翼评论》（New Left Review）撰写一篇对汪晖教授《现代中国思想的兴起》的书评。这是个庞大的工程——要通读汪晖教授的四卷本就已经相当吃力，要有所评论，那就更具挑战性了，更何况，我之前在中国古代思想史方面的基础比较薄弱。接到任务之后，我就硬着头皮，从细读汪晖教授的四卷本开始。我读了好几遍，做了很多笔记，对各个部分的内容进行了一个概括，并尝试用安德森与金兹堡当年教给我的方法，来展开一些评论：首先是将汪晖的著作与同时期中国的其他同类著作相比，进而扩展到与近代以来非西方世界所产生的同类作品比较；其次是在汪晖教授自己的著述历程中进行纵向的比较，这些比较必然将时代的情境带进来。这看起来是一篇书评，但本质上是用思想史的方法来对一个当代作者进行研究。

我将初稿交给安德森之后，他还会不断地对我提出新的问题，并发来其他审稿人的意见，我不断补充新的论述。最后，我写成了一篇题为"The Future of the Past"（过去之未来）的书评，发表于2010年的《新左翼评论》，后来还被翻译为法语和西班牙语。我后来认识的许多西方学者告诉我，他们是通过我的书评才第一次系统地了解汪晖教授的问题意识和思想贡献的。

这是我第一次围绕一位作者的著作写严肃的长篇学术书评，对我而言，写作这篇书评的工作量，可能远超过在美国撰写一篇硕士论文。但经历过磨炼之后，再动笔写其他书评，就有一个成熟的流程可以遵循了：那就是将作者置于一定的时代背景与学术脉络之中，比较该作品与其他作者的论述，阐述其独特的贡献以及局限性，同时也纵向比较作者自己的一系列作品，勾勒其思想的演变轨迹。由于一篇重要作品往往涉及多个学术传统、多种研究方法，比较的范围还可以不断扩大，乃至于可以成为对一本著作的专门的思想史研究。当然书评人很难对每个文本都下这么大的功夫。对于大多数著作而言，一篇书评如果能够在一个学术脉络里阐明其贡献与局限，就已经具有实质意义。

在写完这篇书评之后，我持续写了一系列书评。正如《现代中国思想的兴起》一样，有许多著作的主题，是我原来不熟悉的，在书评写作过程中，为了言之有物，我不能不上下求索，修补自己知识上的短板。比如说，如果没有对汪晖教授《现代中国思想的兴起》的研读，我大概很难顺利过渡到中国近代思想史，然后转入经学史，从而写出我后来对于康有为的研究；如果没有对黄兴涛教授《重塑中华》的研读，我大概很难对近代中国的国家建设与中华民族意识的塑造之间的关系，形成较为清晰的认识，同时对于我自己的近代宪法史论述作出一些必要的调整；没有对王绍光教授理论著作的研读，仅凭我在美国留学期间阅读的民主理论著作，我还不足以认识到抽签对于西方的古典民主以及后续的共和政治的重要意义；没有对贝淡宁教授《贤能政治》的研读，我大概很难有契机深入思考中国的干部人事制度中的儒家传统与列宁主义政党传统之间的关系；没有与欧树军教授《国家基础能力的基础》的对话，我大概很难将今天科技领域的许多创新，与传统的政治理论概念关联起来，对欧著的学习也让我进一步深化了对于王绍光教授的国家能力理论体系的认识，而这又帮助我对福山《政治秩序的起源》的实质贡献做出判断，帮助我理解和评价奈格里与哈特的主权论述。苏力《法治及其本土资源》是我在本科时代就非常熟悉的文本，但时隔多年之后，将其与苏力新著《大国宪制》一起加以研读，恰好推动我去进一步思考"内外关系"与"法律移植"之间的关联，同时也更深地体会到苏力在2009年就提出的将中国"和平崛起"作为重大法理学问题加以思考的深意。

本书收集了我在十多年里撰写的一系列书评，也记录了我学习新知识、新思想并加以反刍的轨迹。对这些书评的发表时间做一个集中记录，也许是必要的：对汪晖《现代中国思想的兴起》的评论发表于2010年，是这一系列书评中发表最早的。我在2012年评上副教授，花了更多时间去做符合自己兴趣、但未必赚学术工分的事情，于是在 2013—2014 年集中发表了对于福山、施特劳斯、麦考米克、孔飞力与欧树军著作的评论，对络德睦与苏力著作的评论分别发表于 2016 年与 2017 年，这正是我加速转向研究内外关系的两年，我的第二本专著《万国竞争：康有为与维也纳体系的衰变》就是在这两年完成与出版的；对黄兴涛与贝淡宁著作的评论均正式发表于 2018 年，对尼采《历史的用途与滥用》的评论也是在 2018 年发表于网络；对王绍光、克拉斯特耶夫著作的评论发表于 2019 年与 2021 年；对奈格里、哈特与伯尔曼著作的评论则发表于 2022 年。

本书所评著作的作者，有相当一部分是我的师友。他们以极大的雅量，接受和容忍我提出的未必恰当的批评性意见。事实上，每一个研究都会受到种种条件的限制，难免留有缺憾。指出这些缺憾总是显得比较容易，毕竟"站着说话不腰疼"，但要真正把自己代入原作者的位置，思考如何克服这些缺憾，就会意识到"突围"之艰难。当我收到对自己作品的批评性意见时，我自己也无法做到"应改尽改"，只能在既有的条件之下做可行的调整，继续留下很多缺憾。这是作品的生产者共同的经验。但学术是天下公器，在很多时候，"功成不必在我"，一位作者未能完成的工作，可能是由一位有心的读者来完成的。因此，只要是针对问题本身的认真研讨，始终会具有积极意义。基于同样的理由，我也热烈期待读者对本书严肃研讨与批评。

本书的写作，得益于与佩里·安德森、卡洛·金兹堡、汪晖、黄平、刘小枫、苏力、马戎、张静、王绍光、强世功、黄兴涛、吴重庆、贝淡宁、杨立华、李猛、赵晓力、渠敬东、周飞舟、郑戈、络德睦、殷之光、欧树军、王献华、宋念申、魏南枝、昝涛、张泰苏、田耕、刘晗、高波、陈柏峰、唐杰、萧武、李广益、陈颀、李晟、戴昕、胡凌、张梧、罗祎楠、阎天、左亦鲁、刘训练、魏磊杰、王锐、傅正、邵六益、施越、刘典等师友的讨论，同时也得益于张守文、潘剑锋、王锡锌、郭雳、钱乘旦、唐士其、王周谊、王栋、郭琳、翟崑、王丹、李昀、向勇、吴杰伟、段德敏等领导和同事的支持与鼓励。当然，本书的一切错漏，概由本人负责。感谢凯风公益基金会的支持，同时感谢田雷兄与万骏兄的通力合作，使得这本小书有幸成为"雅理"丛书在东方出版中心出版的第一本著作。

2023 年 8 月 18 日于北京安河桥北